国家社会科学基金一般项目(19BTY062)
教育部人文社会科学研究青年基金项目(16YJC890014)
湖北高校省级教学研究项目(2018160)
中国地质大学(武汉)本科教学工程及教学研究项目(2018A32)
中国地质大学(武汉)学科培育计划(2015)

户外运动组织与管理

(第二版)

HUWAI YUNDONG ZUZHI YU GUANLI

主　　编：刘华荣　秦长胜　刘转青　孙　辉
副 主 编：周　云　刘仁仪　方海明　卢志成　李正林
　　　　　钟远绩　褚鹏飞　邱承柏　陈　亚　姜宇翔
　　　　　彭　振　苗潍弋　曾启非　潘　鸿
参编人员：黄华杰　肖晓媚　蒯丽芳　李　勇　钟　点

图书在版编目(CIP)数据

户外运动组织与管理/刘华荣等主编. —2 版. —武汉:中国地质大学出版社,
2020.7(2021.5 重印)

ISBN 978-7-5625-4816-4

Ⅰ.①户…
Ⅱ.①刘…
Ⅲ.①体育锻炼-组织管理
Ⅳ.①G806

中国版本图书馆 CIP 数据核字(2020)第 116475 号

| 户外运动组织与管理(第二版) | 刘华荣 秦长胜 刘转青 孙 辉 | 主编 |

| 责任编辑:韦有福 | 策划编辑:毕克成 韦有福 段连秀 | 责任校对:徐蕾蕾 |

出版发行:中国地质大学出版社(武汉市洪山区鲁磨路388号)	邮政编码:430074
电 话:(027)67883511	传真:(027)67883580	E-mail:cbb@cug.edu.cn
经 销:全国新华书店	http://cugp.cug.edu.cn

开本:787 毫米×960 毫米 1/16	字数:304 千字	印张:15.5
版次:2009 年 10 月第 1 版 2020 年 7 月第 2 版	印次:2021 年 5 月第 2 次印刷
印刷:武汉市籍缘印刷厂	

| ISBN 978-7-5625-4816-4 | 定价:42.00 元 |

如有印装质量问题请与印刷厂联系调换

户外运动专业教学训练系列教程

编 委 会

主 任 委 员：王焰新　李致新

副主任委员：赖旭龙　王勇峰　吕万刚　张志坚
　　　　　　　周建伟　董　范　庞　岚

委　　　员：次　落　毕克成　冯　岩　牛小洪
　　　　　　　刘华荣　黄　静　李　伦　代新华
　　　　　　　刘良辉　董　利　李　元　黄江华
　　　　　　　陈　刚　杨　华　邓焰峰　马欣祥
　　　　　　　罗　申　游茂林

策 划 编 辑：毕克成　韦有福　段连秀

总序1

户外运动教学是以户外运动项目群所共有的基本知识、技术、技能为主要教学内容,以培养学生参与户外运动及相关竞赛所具有的身体素质、心理品质和适应能力为主要教学目的,帮助学生形成完美人格、全面提高综合素质的系列体育课程,对促进学生成长成才具有独特的、不可替代的重要作用。

户外运动课程系列教材付梓出版,我由衷地感到高兴。这是近半个世纪来,我校体育教师科研团队在董范教授的带领下,在特色体育教育教学领域中取得的最新科学研究成果。这一系列教材的出版,将有助于更多有志于从事户外运动的人士分享我校特色体育教学和科研成果,促进户外运动教学培训进一步规范高效发展。

自建校以来,我校就以特色体育为方向,充分发挥学科专业优势,不断拓展体育教育的内容和途径。2012年5月19日8时16分,我校大学生登山队成功地从北坡登上海拔8 844.43m的珠穆朗玛峰顶峰,成为登上世界最高峰的首支中国大学生登山队,其中我校2011级户外运动专业硕士研究生陈晨成为全国第一位登顶珠峰的在校女大学生。当晚,校友、时任国务院总理温家宝向学校表示热烈祝贺,并指出:"这给我们一个重要的启示,那就是只要不畏艰苦和挫折,就一定能够达到光辉的顶点,这应该是我们的传统。"2013年5月4日,在"实现中国梦、青春勇担当"主题团日座谈会上,陈晨同学作为全国大学生代表,畅谈了她2012年登顶珠峰的体会,受到习近平总书记的勉励和肯定。2012年9

月,我校承办了中国登山协会主办的"中日韩三国大学生登山交流活动",在亚洲户外运动界产生了巨大的反响,进一步促进了我校户外运动的国际影响力。

从20世纪80年代开始,我校就把登山训练引入到课堂教学,把登山的基本技术——攀岩,确定为学校体育必修课教学项目;20世纪90年代中期,又在国内首创了集体育学、地理学、管理学、气象学、医学等学科为一体的野外生存体验课,引入了智力与体力相结合的体育项目——定向越野。随后,又率先在国内开设了"户外运动"普修课。2005年开始招收全国第一届社会体育专业(户外运动方向)本科生,由此而成为了全国高校户外运动课程和登山户外运动专门人才的"发源地"。经过我校体育教师多年的教学实践、研究与积累,户外运动的教学内容、方法、手段以及组织形式不断完善,逐渐形成了一整套较科学系统的"课内课外相结合"的教学模式和较全面、丰富、前沿的教学内容体系,得到了社会各界的广泛认同。2012年我校体育课部董范教授主持申报,杨汉、刘华荣、牛小洪、冯岩等骨干教师参与的"坚持特色教育,培养拔尖人才——创建登山户外运动教育教学体系的理论与实践"项目荣获湖北省教学成果一等奖。60多年来,我校先后有1万多名学生接受了各类登山户外运动训练,向国家登山队、攀岩队输送了多名高水平专业运动员,王富洲、李致新、王勇峰、次落就是其中的杰出代表。

户外运动的发展急需完善的人才培养体系提供理论支撑。面对社会的迫切需求,我校体育教师结合多年来开展户外运动教学的经验和科研积累,编写了一套面向户外运动相关专业的应用型教材。本系列教材内容丰富而系统,涉及户外运动教学的各个方面,具有如下鲜明的教学与实践特征:

(1)体系完整。本系列教材系统地总结了我校长期开展户外运动教学与实践积累的经验,吸收了近些年开展户外运动教学、实践与科研取得的最新成果,深入剖析了各户外运动项目之间的知识结构,并进行了有机组合,整个结构体系十分完整。

（2）内容丰富。本系列教材涵盖户外运动下辖的登山、攀岩、野外生存、定向越野、拓展训练等项目课程,内容涉及户外运动教学、训练、活动与赛事组织、营销等各个方面,教材中的很多内容都是我校优秀体育教师对多年教学、训练、实践成果的经验积累,具有较强的借鉴价值。

（3）注重实践。本系列教材在阐述基本理论的基础上,特别注重学生实践技术与技能的培养和锻炼,力求做到不断强化学生的思维能力、动手能力以及创造性解决问题的能力,促进学生理论知识水平和实践操作能力的全面提高,教学实践操作性强。

对从事户外运动教学、实践、训练与科研的高校教师、研究生、本科生而言,本系列教材均有重要的学习指导价值。希望本系列教材的编写能够成为我国更多高水平、高质量的户外运动教材或专业书籍出版的起点,能吸引更多专业人士参与户外运动的科学研究,为促进我国户外运动事业科学、健康、快速发展做出更大的贡献!

中国地质大学(武汉)校长

2013 年 6 月

总序2

欣闻中国地质大学(武汉)编写出版户外运动系列配套教材,谨致热烈祝贺。

户外运动是一项新兴的体育运动,是人们休闲娱乐的重要方式。随着我国经济社会的发展,特别是人民生活水平的提高,人们对高质量、有品味、有个性的生活和休闲娱乐方式越来越看重,并一直在努力追寻。户外运动作为一种愉悦身心、锻炼自我、亲近自然的生活方式受到广大群众的青睐。此项运动在全国发展十分迅猛,据了解,目前我国户外运动活动组织形式多达几十种,各类户外运动俱乐部有700余家,每年参与户外运动人数超过5 000万人,已逐渐形成了装备制造与销售、竞赛表演、培训服务等市场,有效刺激了户外运动装备、户外运动服务、户外运动赛事,甚至是旅游等相关产业的发展,成为全民健身运动的重要组成部分和经济社会协调发展的重要促进力量,很好地推动了资源节约型和环境友好型社会的建设,传达了积极健康的生活方式和文明行为观念,为增进人与自然的协调发展和社会的和谐开拓了有效的空间。

促进户外运动健康有序地发展,是全社会非常关注的事情。中国地质大学(武汉)作为以地球科学为主要特色的重点大学,为我国的登山和户外运动发展做出了卓越的贡献,积累了丰富的成功经验。学校深知该项运动发展离不开高素质专业人才的培育,非常注重规范科学的教材建设,努力改变当前教材和教育教学与蓬勃开展的户外运动及其教育不相适应的状况。多年来,学校一直在酝酿编写户外运动规范教材,总结户外运动实践经验,不断提高户外运动教育教学的针对性和有效性。经过多方面的努力,数易其稿,终于成就了本套系列教材。作者在教材的编写过程中,努力做到体育理论和运动实践的统一,人体运动科学和社会哲学的统一,理念战略和技术方法的统一,全方位、多层次、有重点地展示了户外运动的全貌,有利于广大读者和户外运动爱好者全面系统地掌握户外运动的基本内涵、重大意义、发展趋势、技术要领等知识和技能,从而推动户外运动健康有序地发展。可以说本教材既是开展户外运动教育的好教材,也是广大运动爱好者的理想读物,既有较强的针对性和时效性,又有较强的趣味性和严密的科学性。

与天浮游、幕天席地是古人笃定的最为旷达的生活方式。"天地与我并生,万物与我为一"。处在现代化和都市化进程的人们,在繁缛的生活中向往着奔赴自然。户外运动成为了人们锻炼身体、适意生活、亲近自然、回归自我、愉悦身心的重要方式。而教材的编写和出版发行,必将更大地推动该项运动的科学开展及其理念的普及,推进其大众化、规范化、科学化、系统化。

最后,衷心希望本套教材对户外运动及其教学发挥重要的作用,也希望本套教材不断完备,臻于至善,为我国户外运动的科学发展做出积极的贡献。

国家体育总局登山运动管理中心主任
中国登山协会常务副主席
2009 年 9 月

前　言

近30年来,户外运动在我国的发展非常迅速。20世纪80年代被引入我国,90年代进入大学课堂,2005年被国家体育总局批准为我国正式开展的体育项目。随后十几年,随着我国国民经济水平快速提升,群众体育需求与户外休闲需求持续高涨。有数据显示,2015年全国户外运动爱好者已达1.3亿人,2018年户外运动产业零售总额近250亿元,预计2020年零售总额将达270多亿元。目前,我国山地户外运动产业已广泛覆盖用品与服务的研发、生产与销售,赛事策划与组织,竞赛表演,教育培训,资源规划、开发与建设,场馆租赁,健身指导、信息咨询等方面,呈现出向第一、二、三产业渗透融合的良好发展态势。在此背景下,户外运动的内涵、外延、价值及功能逐渐演化,其组织实施形式也从传统的野外生存、户外拓展、徒步露营等向户外运动教育、户外运动培训、户外运动休闲、户外运动旅游、户外运动康养、户外运动产品等形态转变。2014年国务院第46号文《关于加快发展体育产业促进体育消费的若干意见》,2016年国家体育总局、国家发展改革委员会、工业和信息化部、财政部、国土资源部、住房和城乡建设部、交通运输部、国家旅游局印发的《山地户外运动产业发展规划》,2019年国务院办公厅第43号文《关于促进全民健身和体育消费推动体育产业高质量发展的意见》等文件密集出台,为户外运动及其产业发展提供了千载难逢的环境与机遇,同时也对相关管理、经营等组织与机构以及户外运动管理的主客体及利益相关者提出了挑战与要求。总体看来,我国户外运动虽处于快速发展阶段,但仍存在管理体制不完善、运行机制不顺畅、法制监管滞后、市场发育不成熟等诸多问题,如何提升我国户外运动的治理能力、管理水平与经营能力,营造良好的组织管理与经营发展环境,促进我国户外运动事业与产业健康持续发展,已成为学界、业界需要共同面对及深入思考的紧迫议题。

本书从理论和实践两方面着手,对户外运动的组织和管理行为进行了较为系统的梳理和分析。此次再版在编撰框架上作了章节增设、节段合并或删减等调整,除此之外,还进行了相关数据与资料更新。本书共分为九章,前两章是对户外运动组织管理理论的梳理,具体包括户外运动的概念界定、分类、功能,以及户外运动管理的基本原理、基本原则与基本方法。第三章是对我国主要户外运动法规制度的概括。第四章至第八章是对户外运动各类业务管理的分析,通过具体案例分析,体现了对理论结合实践的重视。第六章为新增章节,具体包括户外教育活动的概述、原则和方法以及户外教育活动的风险管理。第九章系统分析了我国户外运动发展的现状,目前存在的主要问题,并针对性地提出了促进我国户外运动健康、稳定、可持续发展的对策。

本书在编写过程中,借鉴和引用了国内外许多有关专家和学者的文献、观点及研究成果,对此我们已经尽可能地注明了出处。因篇幅所限,还有一些参考文献未能一一注明,在此向有关作者、编者致以深深的歉意,并表示诚挚的感谢!本书的顺利再版,感谢中国地质大学(武汉)教务处、体育学院给予的资助。最后,尽管笔者在本书编写方面做了很大的努力,但由于我国户外运动发展历史仅约40年,其相关理论和实践研究成果还比较有限,可供参阅的文献资料不多,加之囿于笔者自身研究水平,本书肯定还存在不少纰漏之处,敬请各位读者指正。

刘华荣

2020年7月于武汉南望山

目 录

第一章　户外运动概述 …………………………………………………………（1）
　　第一节　户外运动的概念、起源与发展 ……………………………………（1）
　　第二节　户外运动的分类与功能 ……………………………………………（3）

第二章　户外运动组织与管理的基本原理 …………………………………（8）
　　第一节　户外运动的管理系统、过程与职能 ………………………………（8）
　　第二节　户外运动的管理原理 ………………………………………………（15）
　　第三节　户外运动的管理方法 ………………………………………………（22）

第三章　我国户外运动的法规制度 …………………………………………（34）
　　第一节　户外运动法制建设的意义和任务 …………………………………（34）
　　第二节　户外运动法规制度的分类及主要内容 ……………………………（36）

第四章　户外运动教学的组织与管理 ………………………………………（40）
　　第一节　户外运动教学概述 …………………………………………………（40）
　　第二节　户外运动教学的组织与实施 ………………………………………（46）

第五章　户外运动活动的组织与管理 ………………………………………（50）
　　第一节　户外运动活动概述 …………………………………………………（50）
　　第二节　户外运动活动的组织与实施 ………………………………………（58）

第六章　户外教育活动的组织与管理 ………………………………………（77）
　　第一节　户外教育活动概述 …………………………………………………（77）
　　第二节　户外教育活动的组织与实施 ………………………………………（83）

第七章　户外运动的赛事管理 …………………………………… (91)

第一节　户外运动竞赛概述 ………………………………………… (91)

第二节　户外运动竞赛活动策划 …………………………………… (96)

第三节　户外运动竞赛的过程管理 ………………………………… (103)

第八章　户外运动俱乐部经营管理 ……………………………… (125)

第一节　户外运动俱乐部概述 ……………………………………… (125)

第二节　户外运动俱乐部的运营管理 ……………………………… (128)

第三节　户外运动俱乐部的市场营销 ……………………………… (135)

第九章　我国户外运动发展现状及对策 ………………………… (139)

第一节　我国户外运动的发展现状 ………………………………… (139)

第二节　我国户外运动发展存在的问题 …………………………… (145)

第三节　我国户外运动的发展对策 ………………………………… (148)

附录一　主要的户外运动管理组织和机构 ……………………… (151)

附录二　主要的户外运动法规制度 ……………………………… (153)

附录三　主要的户外运动赛事 …………………………………… (172)

附录四　主要的户外运动赛事竞赛规则 ………………………… (175)

附录五　中国登山协会登山户外运动俱乐部管理办法 ………… (223)

主要参考文献 ……………………………………………………… (231)

第一章

户外运动概述

【内容提要】 本章系统概述了户外运动的定义,户外运动在国内外的起源与发展概况,以及户外运动的分类与功能。

【学习要求】 掌握户外运动的基本内涵,了解户外运动的起源与发展,理解其分类与功能。

第一节 户外运动的概念、起源与发展

一、户外运动的定义

户外运动作为新兴的、集运动和休闲为一体的运动项目群,起初只是少数人寻求刺激、挑战自身极限的游戏。随着经济文化的发展、社会的进步,环境污染、生活压力等问题却越来越严重,人们迫切要求亲近自然,放松紧张心情,户外运动由此诞生并得以快速发展。户外运动的普及以登山、徒步、山地自行车、攀岩、皮划艇、定向越野等为主,这些运动在欧美等发达国家已十分盛行,并形成了较完整的体系。随着我国改革开放进程的加快、人们生活水平的提高,户外运动在我国逐渐开展起来,并为广大群众所接受。

目前,国内对户外运动还没有准确的定义,但国内学者普遍认为户外运动有广义和狭义之分。广义的户外运动,包括所有在室外进行的运动,如各种室外球类、游泳、骑马、射箭等大类和其中包含的各种小项。狭义的户外运动,意指在室外进行的、通过参与者自身努力而使自己的身心得到锻炼,使自身更能贴近自然、感受自然的运动(包括少数极限运动),主要包括徒步、滑翔伞、皮划艇、帆船、骑行、定向越野等大众所熟知的休闲娱乐项目。2003 年,国家体育总局登山运动管理中心主任李致新在《户外运动的健身意义及其规范化》一文中如此界定户外运动:户外运动是指在自然场地(非专用场地)开展的户外运动活动。同年,登山运动管理中心户外运动部主任李舒平在《登山户外运动在户外运动领域中的研究与对策》一文中指出,户外运动是一组以自然环境为场地(非专用场地)的带有探险性质或体验探险的体育运动项目群。

综合上述观点,我们认为户外运动是一组在自然环境或模仿自然环境的人工场地(如公路、楼房、塔、桥梁等)进行的具有探险性和体验性的运动项目群。户外运动概念包含两层意思:首先,户外运动的基本特点是以自然环境为运动场地,这是区别于其他体育项目的显著特点;其次,户外运动的基本属性是体验和探险,这是区别于旅游的根本特征。

二、户外运动的起源与发展

户外运动是多项运动的集合,不同的运动项目起源时间不同,但社会上公认为户外运动起源于登山运动。野营探险、登山、攀岩等项目的起源时间和地点最早可追溯到18世纪的欧洲。在那以前,人们总认为山区是魔鬼一样的地方,不敢接近。直到18世纪,一些传教士为了传教,不得不穿越山区。随后,科学家开始走进山区,开展有关自然生态的研究。此外,工业革命后形成的实业家和企业家等社会新阶层,在有了一定的经济基础后,为了追求刺激,开始把登山当成一种运动方式。

18世纪,"首登"(某座山峰被人类第一次登顶)成为所有登山者追求的目标,当阿尔卑斯山区比较平缓而容易到达的山头被登顶之后,有相当难度的山峰便开始成为登山者的目标。为了克服终年积雪的冰岩地形,当时的登山者虽已开发出一整套技术,但无论在技术上还是装备上都相当简陋。

第二次世界大战期间,为了适应特种地形作战的需要,提高野外部队的作战能力和团队协作能力,英军突击队利用自然障碍和绳网技术进行"越障训练",形成了攀岩和野营的雏形。这是人类第一次把户外活动系统地、有意识地运用到现实生活中。经专家们研究发现,在第二次世界大战期间发生的多起海难中,逃生人群的年龄大多分布在28岁至38岁之间,这一年龄段的人群大多心理成熟,具有丰富多样的生活经历和良好的团队精神,而正是这些因素帮助他们在危机中幸存下来。第二次世界大战后,随着全球经济的恢复与发展,户外活动"军事"和"求生"色彩逐渐淡化,渐渐发展成为现今的户外运动。作为一种体育休闲项目,户外运动发展步伐更加快速,模式更加多样,功能也得到了实质性的升华。进入21世纪后,户外运动渐渐成为了娱乐、休闲和提升生活品质的一种全新生活方式。

进入19世纪70年代以后,户外运动真正形成了具有多种分类形式的户外运动项目集群。1989年,新西兰首次举办越野探险挑战赛后,各种形式的户外活动和比赛在全世界如火如荼地开展起来。1996年,四川举办了我国首届七星国际越野挑战赛。2001年,在瑞士举办了首届越野挑战赛和世界锦标赛。如今,欧洲每年都会举行众多的大型挑战赛,各种大型越野挑战赛(也称"探险越野赛")正在全世界盛行。新西兰是现代户外探险、越野运动的起源地,每年全国有2/3的人口参加了不同形式的户外运动。在美国,半数国民一生中至少参加一次户外探险活动和无数次的野营郊游活动。户外运动项目的发展历史虽然短暂,但发展速度迅猛。经过几十年的发展,户外运动现已成为美国、日本、新西兰、欧洲等国家十分普及的体育运动,野外露营更是老少皆宜、喜闻乐见的活动。

第二节 户外运动的分类与功能

一、户外运动的分类

户外运动的项目及内容繁多,可以简单地分为以下三类:①垂向运动(即参与者在参与该项运动时,身体必须有垂向移动),如登山、攀岩、山地速降等;②水平运动(即平面上的位移),如徒步、器械运动等;③考验随机应变能力和克服障碍能力的运动。户外运动中的各种突发事件和困难障碍对以上两种能力有着严格要求,因此在内容上应包含野外生存、障碍赛等。

按照开展活动的地形,我们还可将户外运动分为五大系列,即山地运动系列、峡谷运动系列、海岛运动系列、荒漠运动系列、建筑物运动系列(表1-1)。

表1-1 户外运动分类

大项	系列	项目
山地运动	丛林	滑草、定位与定向、丛林穿越、丛林宿营、丛林觅食、丛林联络、丛林急救、紧急求援等
	岩壁	(器械)攀岩、岩降、攀冰等
	其他	群众登高活动
峡谷运动	谷内	横渡、溯溪、攀瀑、溪降、漂流等
	谷缘	搭索过涧、溜索、悬崖跳水等
海岛运动	荒岛生存	觅食、海水淡化、宿营、联络、求援等
	滩涂运动	滑沙、滩涂运动游戏、结绳负重等
	峭壁运动	海上攀岩、悬崖跳水、溜索等
	近岸水域运动	木筏环岛、水中滚木等
荒漠运动	沙漠运动	滑沙、沙漠穿越、沙漠生存等
	戈壁运动	戈壁穿越、戈壁生存等
	荒原运动	穿越项目、生存项目等
建筑物运动	垂向户外运动	攀楼、攀塔、地下管道攀降等
	水平户外运动	自行车、汽车公路穿越、直排轮滑公路穿越、公路徒步穿越、地下管道穿越等

2005年4月,国家体育总局将山地户外运动纳入我国正式开展的体育项目,对户外运动的具体内容给予了明确规定。目前在我国开展比较广泛的户外运动是登山运动下属的运动项目。山地户外运动比赛项目设置采取"3+X"制。"3"是指3个必须进行的项目,即登山(包括攀岩、岩降等)+水上竞渡+有地理位置变化的定向穿越;"X"是指根据比赛场地实际情况而设置的项目,大致有山地自行车、山间跑、负重穿越、溯溪、溜索、划筏渡湖、漂流、野外生存等项目。

二、户外运动的地位与功能

1. 户外运动的地位

近年来,随着我国人均收入水平提高和消费结构升级,以及人们消费心理的变化,户外运动已经成为许多人假日休闲的首选。人们走出城市,贴近自然,利用节假日走向户外,自觉与体育健身结合起来,形成了声势浩大的"户外运动热潮"。作为新颖、健康、时尚的休闲生活方式,户外运动体现着现代人对"磨练意志、超越自我"的渴望。以山地自然环境为主要活动场地的户外运动传入我国后,深受群众欢迎,具有广阔的发展前景。截至2019年2月12日,在中国登山协会正式注册的民间登山户外运动俱乐部有369个,每年参加户外运动的人数超过5 000万人,已形成较大规模。据凯度消费者指数发布的2018年全球户外消费市场报告显示,中国一、二线城市人均户外运动消费已达到千元。

为了促进体育产业的快速发展,国务院及各地政府相继出台多项利好政策。2014年10月,国务院印发《关于加快发展体育产业促进体育消费的若干意见》,在各省、市、自治区陆续出台的实施意见中"发展体育休闲业"属于高频词汇。湖北、海南、重庆、贵州、天津等拥有地利优势的省、市、自治区将发展户外休闲运动作为重要工作,相继提出发展山地户外运动、水上户外运动、体育旅游休闲等健康产业,开发地方特色休闲基地,培育体育运动休闲市场等目标。

此外,随着互联网、移动互联网的高速发展与广泛应用,户外休闲旅游产品正变得更加标准化与结构化,消费者更加容易获取,线路正打破"熟人经济""小圈子"的局限,逐渐成为人人触手可及的大众消费产品。

综上所述,目前我国户外运动休闲产业正处于成长期,丰富的自然资源为我国户外运动休闲产业发展奠定了良好的基石,政府政策的支持、居民生活方式的改变为我国户外运动休闲产业发展提供了契机。

另外,户外运动在全面提高人们的身体素质、思想道德素质、心理健康素质和团队精神,促进全民健身运动的发展,促进人与自然的和谐发展上有着不可替代的作用。随着各地山地马拉松、山地户外赛事遍地开花,攀岩进入奥运会,滑翔伞进入亚运会,我国也更加重视户外运动的发展。2018年,由中国登山协会主办的中国攀岩联赛、自然岩壁系列赛在全国各地开展,充分说明了户外运动在我国体育事业发展中占据着不可替代的地位。国家体育总局将山地户外运动设立为我国正式开展的体育项目,成立专门的组织机构,完善法规制度,并不断加强管理,对我国体育事业,尤其是群众体育的发展发挥着不可忽视的重要作用。

2. 户外运动的功能

作为一种新生的体育项目,户外运动在我国发展30多年后,已受到广大爱好者的青睐,已经在人们心中占据了重要的地位。在经历了认识、熟悉到产生兴趣的过程后,越来越多的人开始加入到户外运动的行列中,户外运动的功能也日益凸现出来。户外运动既有体育项目的普遍性,也有其自身的特殊性。体育项目的普遍性决定了户外运动促进身心健康的基本功能;而其自身特点则决定了户外运动能够培养团队协作精神,锤炼坚忍不拔和处事不惊的沉稳性格,增强环保意识,促进人与自然的和谐发展等特殊功能。除此之外,户外运动还具有教育功能和经济价值功能。

(1)促进身心健康是户外运动的基本功能。户外运动对健康能发挥积极作用的理念越来越得到重视,人们的思想认识也越来越深入。未来人才不仅要掌握现代化的科学技术,具有学习创新和社会适应等全面的能力,而且要有强健的体魄、健全的人格和健康的心理素质。个体的身心健康直接决定其智力发展、品德培养和综合素质的提高,以及创新意识、竞争能力、自主人格、适应能力的形成和发展,户外运动对身心健康的积极作用显而易见。一方面,在空气清新、环境优美的野外进行攀爬、跳跃、徒步行走等户外项目锻炼,能十分有效地增强心肺功能和锻炼肌肉,达到提高人的力量、速度、耐力、灵敏、柔韧等综合身体素质的目的;另一方面,户外运动的强度不是很大,主要方式是徒步、低海拔骑行等,平均心率在110次/分钟,多属于有氧运动,更有利于达到锻炼目的。

进行户外运动锻炼对个体心理健康也有很大的影响,它能培养自我激励、坚忍不拔、处世不惊、拼搏向上的果敢品格。参与户外运动是以自然环境为锻炼场所,以"自由选择、运动、健康、愉快"为原则的锻炼方式来调整身心偏差,在紧张的学习、工作后投身大自然的怀抱,尽情享受大自然的空气和阳光,在户外运动的刺激中享受成功的喜悦,在宣泄中感受精神的轻松,在队伍中体验团结的力量,在能量的释放中获得满足。通常野外环境复杂、气候多变、条件艰苦,与方便、舒适的都市生活条件形成强烈对比。在艰苦的野外环境中,户外运动的参与者要背负沉重的行囊,跋山涉水、披荆斩棘,不仅要与险恶的自然环境作斗争,还要时刻与内心的犹豫、妥协、放弃思想作斗争。在思想和体能的双重压力下,户外运动不仅能够练就过硬的身体素质,还能够锻造勇于拼搏、坚韧不拔、沉着冷静的良好品格。

(2)培养团队协作精神、促进和谐的人际关系是户外运动的社会功能。个体是组成社会的基本单位,人不能脱离社会,人与社会相辅相成、相互影响。社会是人的社会,人际关系和谐是社会和谐的重要标志。人只有完全融入社会之中,才能不断发展自我、完善自我,才能成为真正意义上的人。然而,在市场经济飞速发展的今天,人际关系并没有随之取得明显改善,发达的交通工具使世界变成地球村,但钢筋水泥构筑的城市阻碍了人们之间的交往和沟通。日新月异的信息技术改变了人际交往的方式,使得人们之间的直接交流越来越少,人与人之间的情感、友谊日益被淡化,甚至被利己主义湮没。

作为集体性项目,户外运动尤其强调协作互助,它的开展自始至终都强调团队精神。人是一种情感动物,需要感情的交流和沟通,在野外,大自然为参与者提供了畅所欲言、互帮互助的空间和机会,空旷、美丽、宁静的大自然激发了人们交流的欲望和思维。当你筋疲力尽时,会得到同伴亲切的问候;当你面临艰难险阻而恐惧胆怯、徘徊不前时,同伴会送来温馨的掌声;当你因疲倦心生退意时,会得到同伴耐心的鼓励……在都市、校园、家庭中微不足道的一句关怀、一句鼓励、一句问候,都能给予你战胜困难的勇气和信心,同伴之间的情感、友谊随之更加深厚。在户外,同望一片星空,同宿一顶帐篷,同食一锅饭菜,同饮一壶清水……大家从素不相识到相识、相知。在挑战自然与自我的过程中,大家相互配合、协作与帮助,对提高人际的相互信任、形成乐于助人的良好习惯和团队协作精神、锻炼吃苦耐劳精神都有十分显著的成效。

此外,在户外运动中,每个人都承担着一份属于自己的工作,而每个人的责任又与整个集体休戚相关。因此,每个人在野外活动时,不仅要注意个人的安危,更要时时处处为集体为他人着想,时刻要从集体利益出发,而集体又时刻牵挂和关心着每一个参与者。团结互助、关心同伴是户外运动参与者必须具备的思想素质,只有这样才能够将户外活动中产生的矛盾平稳化解,更好地促进人际关系的和谐。户外运动集体项目需要参与者在面临困难时同舟共济、同甘共苦、群策群力,每个人都必须为解决困难出谋划策,从而培养他们的团队精神与合作能力,消除孤独心理,克服个人主义意识,指引个体融入社会。

(3)增强环保意识、构建人与自然的和谐是户外运动的附加功能。和谐社会就是人与人、人与自然和睦相处的、稳定有序的社会。在世界经济迅速发展的今天,大自然的阳光、空气、水、动物、植物时刻经受着环境污染的威胁和破坏,为了保护我们赖以生存的地球,为了子孙后代的长远利益,环境保护成为迫在眉睫的问题。"环保"理念是户外运动所强调的最重要的理念之一。户外运动提倡在野外留下脚印、带走垃圾,还天空以蔚蓝,还江河以清澈,还山川以秀美,还鸟兽以自由,只有切实做好户外活动中的环境保护工作,才能真正做到珍爱自然、善待自然。

(4)户外运动对人的发展具有教育功能。随着时代变迁与社会的进步,高校体育课程的教学内容、教学方法和教学目标发生了深刻变化。体育教学内容由"以运动技术为中心"向"体育方法、体育动机、体育活动、体育经验"转移。教材内容强调可接受性、科学性,更加突出健身性、娱乐性、趣味性、终生性和实用性。在教学理念上强调素质教育,尊重学生的人格,承认学生的个体差异,重视学生的个性发展。"快乐体育""健康体育""终生体育"思想已是高校体育工作的核心。

　　1998年,中国地质大学(武汉)开全国之先河,率先将野外生存(户外运动的项目之一)作为一项新型体育项目列入体育教学计划。早在2002年,教育部印发的《全国普通高等学校体育课程教学指导纲要》中就明确指出应"充分利用空气、阳光、水、江、河、湖、海、沙滩、田野、森林、山地、草原、雪原、荒原等条件,开展野外生存、生活方面的教学与训练,开发自然环境资源"。户外运动作为一种符合现代"以人为本"教育观的新型体育课程,得到了教育界的一致认可和推崇。据不完全统计,目前我国开设与野外生存、攀岩、拓展、定向越野等户外运动相关内容课程的高校已达200余所。

　　(5)户外运动的经济价值功能逐渐凸现。随着经济全球化的迅速发展,户外运动在世界各国的日益普及,户外运动休闲产业正在逐渐成为21世纪最具前景的行业之一。目前,欧美经济发达国家的户外运动产业已经成为不可或缺的支柱性产业之一。而在众多的户外运动项目中,休闲运动项目备受民众喜爱。据经济观察家预测,21世纪7个最佳的投资方向其中之一是"休闲运动将大行其道,成为人们生活的重要内容"。户外运动牵动一条产业链的发展,包括了装备、服务等多个产业类别。就全球范围讲,户外运动市场潜力巨大,无法估量。在我国推动体育产业成为目前经济新的增长点的伟大征途中,户外运动、户外休闲与产业也逐渐成为体育产业的新亮点。

本章讨论题

1. 户外运动的功能有哪些?
2. 户外运动与其他体育运动的本质区别是什么?
3. 如何理解户外运动的社会功能?

第二章

户外运动组织与管理的基本原理

【内容提要】 本章简要概述了户外运动组织与管理的要素及其相互关系、管理过程与特点等基本知识,重点介绍了户外运动组织与管理的基本原则、基本原则、基本方法及其应用等内容。

【学习要求】 要求基本掌握户外运动组织与管理的基本要素、过程与特点,熟知户外运动组织与管理的基本原理、原则与方法并能熟练运用。

第一节 户外运动的管理系统、过程与职能

一、户外运动组织与管理的定义

要弄清"户外运动组织与管理"的定义,首先要对"管理"的概念要有一定程度的理解。所谓管理,是指一定组织中的管理者,在遵循事物客观规律的前提下,通过运用合理的管理手段、方法、程序,设计营造一种良好的环境,并实施计划、组织、控制、领导等职能,以便协调管理客体,发挥管理资源的作用,使他人同自己一起实现既定目标的活动过程。那么在户外运动系统中,究竟有哪些户外运动组织呢?简要按照体育事业或体育产业的分类,可以将户外运动组织分为竞技户外组织、校园户外组织、户外公司企业、社会户外组织等几类。在这些组织中实施的管理活动,均可称之为"户外运动的组织与管理",即户外运动组织中的管理者,通过实施决策、组织、领导、控制、创新等职能,协调户外运动管理客体的活动,实现既定目标的活动过程。

二、户外运动组织与管理的研究对象

户外运动组织与管理是研究户外运动组织与管理规律的学科。管理不仅是一种活动过程,还是一种社会现象,更是人类社会生活各种实践领域普遍存在的现象。体育管理是其中的一种特殊管理现象。户外运动管理的根本目的是要实现组织目标,创造更多、更好的社会效益和经济效益。户外运动组织与管理规律则是构成户外运动管理内容体系的依据和基础。户外运动管理的内容体系包括:户外运

动管理系统的构成要素及其相互关系；户外运动管理系统运作中必须遵循的基本原理、原则和方法；户外运动管理的基本职能，管理客体正常运作的要求与程序，户外运动活动的计划、组织、控制过程等。

三、户外运动管理系统的构成

户外运动管理系统主要由户外运动的管理主体、管理客体和管理中介等组成。

（一）管理主体

管理主体是指在管理过程中具有主动支配地位和影响作用的管理要素，它可以是单个管理者，也可以是由管理者群体组成的管理机构。管理的所有职能都要通过管理主体发挥作用。

1. 管理者

户外运动管理是一个动态的过程，作为管理主体的管理者，在这个过程中要"创造出一个大于其各组成部分的总和的整体，创造出一个富有活力的整体，他要把投入于其中的各项资源转化为较各项资源的综合更多的东西"（彼德·德鲁克，1987）。正因为如此，作为一个管理者，就必须具有不同于一般人员的素质和能力。管理者往往通过行使管理权力，运用管理手段，施加作用于管理对象。他们负责制订目标计划、组织实施、指导检查，在户外运动管理活动中处于主导地位。但是，管理者与被管理者地位具有相对性，经常随着管理环境的改变而改变。

2. 管理机构

管理机构是对人类社会经济活动进行管理的实施单位，根据生产力发展水平和一定社会生产关系的要求而设置，既是协调和组织生产力的机构，又是代表生产资料所有者行使所有权和管理权的机构。管理机构的设置主要采用行政直线制。通常与行政机构的设置相联系，按照行政系统从上到下划分为相应的层次，层层设置管理机构，上一级层次的机构对下一级施行直接指挥，所有管理权限最终集中到最高层。在这种机构设置中，基层单位权力很小，不能对自身活动的后果负责。它的理论依据是实现社会化大生产按比例发展的要求，最好的方法莫过于对全社会的经济活动进行统一的管理指挥，而建立在生产资料公有制基础之上的这种管理和指挥，体现了所有权和管理权的统一。

（二）管理客体

管理客体也称为管理对象，是指能够被一定管理主体影响和控制的客观事物，它是相对于管理主体而言的。从管理资源角度来看，户外运动管理客体主要包括人、财、物、时间、信息等。

1. 人

在户外运动管理客体中,"人"主要指被管理者,具体是指接受和执行管理指令的各种人员。这些人构成执行层和操作层,这主要是相对于管理者而言的。如教练员对于主教练来说是被管理者,但对运动员而言却是管理者。户外运动俱乐部的经理对于户外运动行业管理部门或工商行政管理部门来说是被管理者,但对俱乐部员工来说却是管理者。

2. 财

财主要是指户外运动资金。在市场经济条件下,户外运动资金来源多样,户外运动资金的管理主要包括资金的筹措和使用。在资金使用过程中应加快资金的运转,提高资金的使用效率。

3. 物

物指户外运动场地、器材和设备,是开展户外运动活动的基础。对户外运动场地、器材和设备的管理主要是为了提高其时间和空间的使用效率,延长其使用周期。

4. 时间

时间是由过去、现在和将来构成的系统,反映速度和效率,对其管理主要体现为工作计划的制订、实施和控制。

5. 信息

信息主要包括户外运动过程中的各种情报及其指令、处理、反馈等。

(三)管理中介

管理中介是指管理主体在一定管理环境下,为实现管理目标,运用管理职能,对管理对象所采用的管理工具或手段,主要包括户外运动组织机构、户外运动法规和管理工具的运用等。

1. 组织机构

组织机构是指管理系统的"结构",是把管理系统构成整体的纽带。组织机构把管理者与被管理者组织起来,形成一定的机构和体制。

2. 法规

管理的法律手段包括法律和行政规范两个方面,如《中华人民共和国体育法》《外国人来华登山管理办法》《登山户外运动俱乐部管理办法》等。

(四)管理工具

管理工具包括信息网络、计算机等。信息网络是收集和传递信息的必要条件,是各管理环节、管理层次互相沟通和有机联系的纽带。计算机也普遍地应用于现代管理之中,成为现代管理中极为重要的科学量化工具。

（五）管理的核心

在户外运动管理系统中,管理的主要对象是人、财、物、时间、信息。从宏观角度来看,"人"包括户外运动的管理者、组织者和参与者。而从具体的一次户外运动活动来说,"人"主要包括领队（总负责人、总指挥）、教练员、队医、向导和队员等。人是管理对象中最核心的要素,主要有以下两方面原因:一方面,人是社会生产力诸要素中最积极、最活跃的因素。作为体育项目,户外运动管理者和组织者生产的是户外运动服务,是无形产品,消费者享受的是精神体验。提高户外运动服务质量和效率的关键,在于提高管理者和组织者的素质,充分调动管理者和组织者的积极性,而这一点正是对"人"的管理的重要内容。另一方面,人是管理中最积极、最活跃的因素。人既是管理的主体,又是管理的客体。户外运动管理的目标和计划、一次户外运动活动的计划均需要人去制订,组织机构是由人组成的,即使是采用先进的管理技术和管理工具,最终也需要人去操控。

（六）管理环境

管理环境主要是指管理的宏观环境,包括国家的政治、经济、法律、文化、自然等,也包括由此所决定的管理主体与管理客体之间的关系,如所属关系、所有关系、经营关系等。管理环境之所以是管理系统的一个重要组成部分,是因为它直接决定管理的性质,决定着管理主体、管理客体、管理目标的性质,也决定着管理方式、管理方法的具体采用,因而它是任何一种管理活动都必须考虑的因素。

（七）户外运动管理各组成要素之间的辩证关系

户外运动管理中各组成要素有机结合,构成了完整的户外运动管理系统。正确认识组成要素之间的关系,对于科学把握户外运动管理活动的规律具有重要意义。主体与管理对象共同构成不可分割的整体。户外运动管理对象的"整体"是由相对独立、有机结合的不同"部分"组成。户外运动管理的对象既包括可见的、有形的整体和部分,又包括不可见的、无形的各种"关系"。户外运动管理的对象还包括各种"关系"的变化与变化的结果。

四、户外运动的管理过程

在户外运动管理过程中,诸管理要素相互作用、相互影响,并时刻处于运动状态,正是这种运动状态才推动了管理工作的进行,使管理过程成为一种动态发展的过程。管理过程中的运动主要表现为人流、物流和信息流三个方面,信息流往往是伴随着人流和物流同步进行的。管理过程的运动是为了达到一定的目标,并按照时间顺序有规律地进行,其规律性主要表现为管理过程的阶段性和程序性。因此,管理的过程就是指管理系统诸要素按照一定的规律和程序,为达到一定的目标而进行的有控制的活动过程。

管理过程的各个阶段划分可以根据不同需要或不同角度确定。从控制的角度,可把管理过程划分为计划、设计、预算、分析、决定、评估和复核七个环节;从行政过程的角度,可将管理过程划分为目标、计划、组织、指挥、控制和考核六个环节;从具体地执行角度,可将管理过程划分为明确方向、制订计划、建立机构、组织力量、指挥行踪、跟踪变化、调节关系、控制系统、总结经验和前后分析十个环节;从思维过程的角度,可把管理过程的程序划分为感受信息、判断和决策三个环节。管理过程不论包含多少环节,其划分都是相对的,实际上每个环节的活动还可以根据其内容的细微差别进一步划分为若干个更小的环节。如计划还可以划分为预测、确定目标、计划初步决定、修改计划和组织实施等若干个环节,而预测又可以进一步划分为确定预测目标、收集数据资料、分析计算和跟踪检查环节。

从户外运动管理特点出发,可以把户外运动管理的过程划分为计划、实施、检查和处理四个基本环节。这四个环节并不是一次循环完成就结束,而是周而复始循环进行,每一个循环解决一些问题,管理系统也由此不断优化与提升。

(一)计划

计划是户外运动管理过程中的首要环节,是整个管理过程的依据。没有计划,管理工作就无法进行;计划缺乏科学性、指导性和实践性,也就无法达到管理目的。因此,制订切实可行的计划,对保证管理过程的顺利进行,实现管理的目标具有重要的意义,不仅是行动的纲领,也是实现目标的保证。

计划制订要求做到目标正确、指标可行、全面兼顾、重点突出、要求明确、分工落实,且要留有余地。另外,制订计划还必须符合方向性、科学性与可行性。一份良好计划的制订,首先要学习,研究制订的依据并深入调查研究;其次,分析各种可行方案及草拟计划;第三,审议初稿,修改定稿;第四,布置实施。

1. 计划工作的内容

主要包括定义组织目标、制订全局战略以实现目标、制订计划以及集成和协调组织的工作。计划既涉及结果,也涉及手段。

2. 制订计划的原因

科学、合理、周详的计划在为活动指明方向的同时,减少了环境变化对计划的冲击,最小化了浪费和重叠,也为活动设立了可控制的标准。

3. 计划与组织绩效之间的关系

一般来说,正式的计划工作通常带来较高的绩效和资产回报率,以及其他积极的财务结果。计划工作的质量以及实现计划的适当措施,通常要比计划工作本身对绩效的贡献更大。正式计划并不必然地导致高绩效,外部环境的影响通常是更关键的。计划与绩效的关系还受到计划的时间结构的影响,一般组织要改进它的绩效,至少需要4年期的系统性的正式计划工作。

4. 目标与计划的区别

目标是个体、群体和整个组织期望的产出,为各种管理决策提供了方向以及衡量的标准。计划则是一种文案,它规定怎么实现目标,描述资源的分配、进度以及其他实现目标的必要行动。

(二)实施

在计划制订后,下一步就要执行计划,即实施计划。组织实施是户外运动管理过程的中心环节,要着眼于计划,紧扣计划,实施计划。在组织实施过程中,主要做好以下四项工作。

(1)组织。它主要做好两方面的工作:一是各项户外运动任务的合理分配与落实;二是人、财、物等管理资源的合理分配。

(2)指导。在计划实施中,管理者要深入第一线指导下级的工作,帮助他们解决各种困难和问题。为了达到指导的实效,指导中应该遵从指点而不施教、帮助而不代替、引导而不强加、批评而不压制的基本原则。

(3)协调。它贯穿实施全过程,是减少摩擦和内耗的重要手段。有效的协调可以使人际关系融洽,人与事之间组合得当,事与事之间进度适当,步伐合拍。

(4)激励。它是调动人的积极性的重要措施:一方面通过激励,可增强组织各成员的上进心和责任感;另一方面运用精神和物质的各种奖励手段,可激发每个成员的进取心。

(三)检查

检查是对计划预见性的监督和检查,既是总结的前提和依据,也是对下属的监督和考核。检查主要是对计划执行的效果进行总结,其目的在于检查执行结果、分析对错得失、明确效果、找出问题等。

(四)处理

处理是户外运动管理工作的最后环节(并不代表这个环节结束管理就结束了),对于积累经验、提高管理水平和工作效率有着积极的意义。处理是对总结检查的结果进行处理,对成功的经验加以肯定并予以标准化;对于失败的教训也要总结并要引起重视。管理过程总是按照计划、组织、检查和总结的程序,围绕着户外运动管理系统的目标周而复始地进行。

五、户外运动管理过程的特点

1. 动态性

世界是物质的,物质世界无时无刻不在动态地发生变化。在物质世界的各个系统中,静止是运动的稳定状态,是相对静止,运动是绝对的;其内部的联系是一种运动,与环境的相互作用也是一种运动。所以,我们应该运用发展的眼光看待世界。户外运动管理是一个不断发展变化的过程,具有动态性,同时也是事物相互作用、动态发展的一种表现形式。

2. 目的性

任何管理活动都有一定的目的。管理活动自始至终都是围绕着如何实现系统目标而进行的。户外运动管理的目的是最大化提高效率和效益。

3. 周期性

管理过程的"计划—实施—检查—处理"四个阶段连接成封闭的回路,循环往复、周而复始、螺旋上升、曲折前进,直到目标达成。

4. 控制性

户外运动管理活动是人为实施可以控制的。每一阶段均应对前面阶段负有检验的职责与义务。

5. 递套性与递增性

不同管理层次的管理目标与管理周期相互嵌套。体育管理工作的各个周期应是螺旋上升、不断提高的,而不是原地踏步、简单重复。

六、户外运动的管理职能

户外运动管理职能是指管理自身所具有的作用或功能,也称为管理的功能。管理职能的划分主要取决于社会分工和管理专门化。管理职能与管理过程的某些环节在称谓上基本相同,但实际上两者并不相同。户外运动管理过程是从程序上寻求规律,管理职能则是从作用和功能上探索其内在联系,但管理职能和管理过程也存在着密切的联系。首先,管理职能是通过管理过程反映出来的,这就使得两者的环节有所对应;其次,管理职能与管理过程的环节又不是完全的、绝对的对应,有时管理过程的某一环节反映了几种职能的综合,有时某一管理职能又体现在管理过程的几个环节之中。这说明管理过程是动态的,而这个动态过程反映的各种职能也是错综复杂、彼此交叉、互相包含的。通常来说管理职能主要包括计划、组织、控制和协调等几种。

（一）计划职能

计划职能是管理各职能中的首要职能，管理的其他职能都是从计划职能当中引申出来的。它是指通过制订正确决策的目标，然后对整个目标进行分解、计算，并筹划人力、财力和物力，拟定实施步骤与方法，制订相应的策略与政策等一系列的管理活动。计划职能实际上包括确立目标、进行预测、方案优选、制订计划、确立预算和政策等。

（二）组织职能

组织职能是管理的主要职能之一。组织职能是指保证决策目标的实现和计划的有效执行而进行的管理活动。它包括两方面的内容：一是为了保证户外运动目标的实现而进行的组织结构的设计，即组织结构和表现形式；二是组织实施，即把人、财、物、时间、信息等资源进行有效的配置。

（三）控制职能

控制职能是指户外运动管理人员为了保证实际工作与计划一致而进行的各种管理活动。对于现代管理来说，控制职能十分重要，包括事前控制、事中控制和事后控制等形式。

（四）协调职能

协调职能是通过施加各种影响，保证户外运动管理人员合理运用计划、组织、控制等职能，顺利而有效地实现管理目标所进行的管理活动。协调职能主要包括理顺管理关系、划清职权范围、制订管理规范等工作。

第二节　户外运动的管理原理

户外运动管理原理是对户外运动管理活动的实质及其运动规律的概括和总结，是对户外运动管理现象的抽象，是对大量管理实践的升华。研究户外运动管理原理，有助于指导户外运动管理行为，强化管理职能，提高管理工作的效率与效益，充分发挥户外运动管理组织的职能。户外运动管理原理具有客观性、概括性、稳定性等特征。户外运动管理原理主要有反映对象的系统原理、反映管理活动的人本原理、反映管理过程的动态原理以及反映管理目的的效益原理。这四个管理原理在管理实践中相互联系、相互制约，并共同构成了户外运动管理原理系统。

一、系统原理

（一）系统原理的概念

系统是指由若干相互联系、相互作用的部分组成，在一定的环境中具有特定功能的有机整体。系统原理是指为实现系统的目标,运用系统理论对管理对象进行系统分析和规律的概括。系统原理的理论依据是系统理论中的整体效应观点。系统的整体效应观点认为,系统的整体功能之和可以大于各要素在孤立状态的功能之和。系统的整体之所以会大于各要素在孤立状态之和,主要是因为系统的诸要素经过合理的排列组合之后,构成新的有机整体,具有其要素在孤立状态中所没有的新质,即新的功能、特性、行为等产生了放大的功能,也就是产生了"1+1>2"的效果。如果系统的规模越大,结构越复杂,这种放大的功能就可能越大。而功能的放大,主要取决于科学的管理。

(二)系统原理的应用

注重事物的整体性,不过分追求构成系统的要素的最优状态,而是达到系统整体功能的最大化。首先,应把握系统的整体性,也就是指在管理工作过程中必须在整体规划的前提下进行明确分工,在分工的基础上将管理各要素和资源进行有效综合。具体来说,就是从整体上把握系统的目标、所需的条件和所处的环境,从整体着眼,从部分着手,统筹考虑,各方协调,达到整体的最优化。从系统目的的整体性来说,局部与整体存在着复杂的联系和交叉响应。在一般情况下,局部与整体是一致的,对局部有利的,对整体也是有利的。但有时两者并不完全统一。因此,当局部与整体发生矛盾时,局部利益必须服从整体利益。

研究事物的内部结构及联系,有助于把握系统整体的性质和功能。而系统整体的性质和功能又取决于系统内部的结构和联系,不同的结构和联系会导致不同的性质和功能。从系统功能的整体性来说,系统的功能不仅仅是各要素的简单相加,而是应大于各部分功能之和。这种总体功能的产生是系统优化的结果,是一种质变,它的功能大大超过了各部分功能之和。因此,系统各要素的功能必须服从系统整体的功能,否则,就会削弱整体功能,从而也就失去了系统功能的作用。

其次,应使管理系统内部形成相对的封闭状态,强调系统的开放性和动态性。这里所说的封闭只是针对系统内部而言,对系统外部则要呈开放状态,保持系统内部与系统外部不断地进行人、财、物、时间、信息等资源的交流。正如电线一定要形成回路,电子才得以运动而产生电流一样,不封闭的管理,就不能形成有效的管理系统,就难以获得理想的管理功效。

(三)系统原理相对应的管理原则

1. 整分合原则

要提高工作效率,完成整体工作,必须做到从系统的整体性出发,对目标、条件和环境有充分细致的了解,再从系统的层次性出发将整体分解成一个个基本要素,进行明确的分工并建立责任制,使每项工作规范化,然后从系统的目的性出发,进行科学的组织综合,对各要素间的关系,不断进行综合与协调,保证整体目标的实现。

2. 相对封闭原则

在任何一个管理系统内部,管理过程与各种管理手段必须构成一个连续封闭的回路,才能形成有效的管理运动。

(1)户外运动管理的组织机构要形成有效的封闭。要进行有效的管理活动,管理的组织机构必须具有决策机构、执行机构、监督机构和反馈机构四个基本部分。决策机构是管理的起点,由此发出指令。此指令一方面发向执行机构,另一方面发向监督机构。执行机构的主要任务是贯彻指令,而监督机构的任务则是根据指令去检查与监督执行机构的工作情况,以保证决策机构的指令能够正确地贯彻执行。反馈机构的任务是检查执行结果,并对执行结果进行加工处理,然后反馈回决策机构。决策机构通过对反馈信息进行分析,采取新的措施对决策加以封闭,在此基础上发出新的指令,使管理活动不断接近管理目标。

(2)户外运动管理的法规制度也必须封闭。法不封闭,漏洞百出,等于无法。不仅要有执行法,而且要有监督法和反馈法,还要有在执行过程中解决矛盾的仲裁法和处理法。有了立法,没有司法,如出现违法事件,则无人审理,这就是不封闭的表现。从系统内部来看,一切规章制度也要形成封闭回路,如实行责任制要以奖惩进行封闭,而晋升制则要以考核进行封闭。

(3)户外运动管理中的人也必须是封闭的。在管理中,人的封闭集中体现在一层管理一层,一层对一层负责,层层负责并使责权利一致。各个层次之间要形成相互制约的机制。

此外,其他资源如资金、信息等在管理系统内要有效运转,同样需要形成封闭的管理。

二、人本原理

(一)人本原理的概念

人本原理,顾名思义就是在管理中要以人为本。人本原理是指一切管理活动均应以调动人的积极性,做好人的工作为根本的管理规律的概括。这是由于在管理系统中,管理的最终目的之一就是不断满足人们的物质需要和精神需要,实现人的全面发展。人不仅是管理的主体,同时也是管理客体中最主要的因素。各项管理措施、管理手段的运用首先是作用于人,再通过人来发挥其能动作用,最终协调它与其他管理要素的关系。

从管理的发展历程来看,"以人为本"也是各管理流派殊途同归的共识。在管理理论的萌芽阶段,罗伯特·欧文就在其管理的企业中进行了改善工作条件、缩短劳动时间使工厂具有吸引力的试验。欧文对人的看法,与古典经济学家亚当·斯密的"经济人"的观点有着明显的区别,这在很大程度上影响了西方管理理论的形成和发展。许多管理学家认为,"行为科学管理理论"是对"古典管理理论"的发展。古典管理理论主张用经济刺激和严格管理来提高效率,它虽然促进了生产力的发展,但物的利用程度逐步趋于极限,同时也加剧了生产力与生产关系之间的矛盾。因此,强调以人为中心、为根本的行为科学管理理论应运而生,并在此基础上形成了许多理论学派,并开始探寻如何做到"人事并重"以及如何将社会系统与自然系统、技术系统相结合。种种现象表明,以人为中心的管理思想已成为现代管理理论发展的主流,确立和运用管理的人本观念是现代管理的必然要求。

(二)人本原理相对应的管理原则

1. 能级原则

选人用人应做到能级对应。"能级"是现代物理学的一个概念,表示做功的大小。在现代管理中,机构、法和人都存在不同的能量,能量有大小之分,能量大表示做功的本领强。能量可以分级,分级就是建立一定的秩序、一定的规范和一定的标准。科学的管理就必须建立一个合理的能级,并使不同的人处于相应的能级中,使其能量与级别相对应,做到人尽其才、物尽其用。

首先,要按能级层次进行管理。管理系统是分层次的,不同层次之间具有不同的能量。层次越高能量就越大,对能力的要求也就越高。现代管理要求按能分级,按层管理。稳定的管理机构应当是呈正三角形,一般可分为决策层、管理层、执行层和操作层。

其次,不同的能级应体现出不同的权利。物质利益和精神荣誉也就是我们所说的责、权、利三者必须相互统一。如果责任重大,但没有相应的权力和利益,就不能发挥管理者的积极性;如果权力重大,但缺乏相应的责任和利益,必然会导致滥用权力和瞎指挥;如果权力和责任都很大,但是利益却很小,就容易导致以权谋私、权钱交易等腐败行为。所以说,责、权、利三者应有机地结合起来。

最后,各类能级必须动态地对应,用人必须用其所长,量才用人,才能做到人尽其才,各尽其能。比如,一名奥运会金牌获得者,不一定就是一名好的教练员。管理者必须做到知人善任,用人之长,避人之短。同时,人的能力也是处在不断变化之中,岗位的能级要求也应是不断变化的。因此,应当允许人们在不同的能级间合理地流动,实现能级的动态对应。

2. 动力原则

实施管理要善于综合运用各种动力。在管理过程中,必须要有强大的动力才能推动管理活动持续、有效地进行。因此,在管理过程中必须建立有效的激励机制以调动人的积极性、主动性和创造性。这里所说的动力,不仅是管理的能源,也是一种制约因素。一般来说,管理活动的进行主要依靠以下三种基本动力。

第一,物质动力,就是以适量的物质刺激来调动人的积极性。由于物质基础决定上层建筑,决定人们的行为、意识,所以物质动力是最基本的动力,它包括工资、奖金、福利等。要有效地发挥物质动力的作用,就要把工作成果与物质利益有机结合起来,实行按劳分配。但是我们也应该看到,物质动力不是万能的,使用不当也会产生副作用,因此使用物质动力时应与其他动力因素结合使用。

第二,精神动力,就是使用精神力量来激发人的积极性。人都具有一定的精神支柱,总是受一定思想、信仰的支配。因此,一个人的精神状况如何,对其行为影响很大,在一定程度上精神动力可以弥补物质动力的不足。精神动力包括远大的理想、宗教信仰、爱国主义、尊重、组织关心等。

第三,信息动力,就是通过信息的交流而产生的动力。信息动力包括知识性动力、激发性动力和反馈性动力。知识性动力是最基本的动力,掌握知识越多,越有利于管理工作。激发性动力是最重要的动力,如通过户外运动比赛来了解运动项目的发展动向,以及通过比赛对手的训练和技术、战术水平来调整自己的训练和比赛方案,户外运动管理的各项工作也要通过信息交流来不断激发工作的积极性。反馈性动力能使我们随时了解自己与管理目标的差距,并不断地加强控制,以实现管理的目标。

3. 激励原则

管理者对管理对象中各类人员采用的各种行为进行科学的有效分析和管理提升,以最大限度激励和调动各类人员的积极性。以下这些办法可以激励员工积极性,例如为团队设立目标、实行民主管理、合理奖惩、树立榜样、组织竞赛等。要如何贯彻激励原则呢?要尽量满足下属正当、合理的物质和精神方面的客观需要,使每个人均有确定的、可以考核的具体责任,对每人所负责任的履行情况进行检验。在实际的管理活动中要做到各种动力的综合运用,还必须注意以下几点。

首先,三种动力要综合、协调运用。对任何管理系统来说,三种动力总是同时存在,但其比重有所差异。在具体运用过程中,可根据实际情况有所侧重,即以某种动力为主,综合运用其他动力,以达到优势互补、扬长避短的目的。

其次,要正确认识和处理好个体动力与集体动力之间的关系。个体动力与集体动力在一定程度上是对立的,个体动力得到最大发展,集体动力往往就要受到损失;集体动力得到最大发展,个体动力就要受到抑制。较为理想的是让个体动力与集体动力在方向基本一致的前提下,同时得到充分的发展,以求获得较大的集体动力。

最后,要掌握好适宜的动力"刺激量"。刺激量的把握应以能调动人们的积极性为标准。刺激量过大,既没有必要,对以后的管理工作也不利;刺激量过小,则起不到作用。一般来说,刺激量只有随着管理环境和管理对象的变化而变化,才能不断地调动人们的积极性。

三、动态原理

(一)动态原理的概念

动态原理是指在管理活动中,注意把握管理对象的变化情况,不断调整各个环节,以实现整体目标的内在规律的概括。由于人、财、物、时间、信息等管理对象是处于不断变化、发展的过程之中,计划、组织、控制、协调等各个环节也必须随着管理对象的变化而相应地变化,只有动态地适应管理对象的变化,才能保证管理目标的实现。

(二)动态原理相对应的管理原则

1. 反馈原则

反馈是指系统把信息输送出去,又将其作用结果反馈回来,并对信息的再输出起到调节控制作用。反馈原则就是通过信息反馈对未来行为进行控制,进而有效控制管理过程,使组织行为不断接近管理目标而遵循的一般规范和准则。在管理活动中,只有通过不断的反馈,才能促成管理目标的实现。

应用反馈方法进行控制,一般会产生两种不同的效果:一是使系统的输入对输出的影响增大,造成系统偏离目标的运动加剧,导致系统振荡的反馈,我们称这种反馈为正反馈;另一种是系统的输入对输出的影响减少,使系统偏离目标的运动收敛,导致系统趋于稳定状态的反馈,这种反馈称为负反馈。从户外运动管理实践来看,运用较多的是负反馈。反馈与控制是密不可分的,反馈是控制的前提,控制是实现管理目标的有效手段。反馈与控制又都离不开信息,控制的基础是信息,一切信息的传递都是为了控制。运用反馈来达到有效的控制,关键在于反馈必须灵敏、正确和有力。

2. 弹性原则

管理过程或管理措施都要有适应客观情况变化的能力,应注意留有余地。弹性管理是指通过一定的管理手段,使管理对象在一定条件的约束下,具有一定的自我调整、自我选择、自我管理以及适应环境变化的余地,以实现动态管理的目的。

由于管理环境的不确定性,在管理过程中必须留有余地,保持一定的弹性,以适应客观事物各种可能的变化,这就是弹性原则。在管理中如果弹性较大,其适应能力就较强,就可能较快地适应环境,但相应的原则性就较差;如果弹性较小,其原则性就较强,但适应能力相对较弱。因此,弹性的大小主要根据不同的管理层次要求、不同的管理对象和不同的管理目标而定,没有绝对的标准。

我们在管理工作中,既要注意局部弹性,又要注意整体弹性,要采取遇事"多一手"的积极弹性,避免遇事"留一手"的消极弹性。

四、效益原理

(一)效益原理的概念

管理的目的在于追求效益,效益原理就是指管理的各项工作都要紧紧围绕以提高效益为中心,科学有效地使用人、财、物、时间和信息等管理资源,以创造出最大的社会效益和经济效益。

效益是有效产出与投入之间的比例关系,可以从社会和经济这两个不同的角度去考察。社会效益和经济效益,两者既有联系又有区别。经济效益是社会效益的基础,而社会效益又是促进经济效益提高的重要条件。两者的区别在于经济效益较社会效益更为直接和显见。经济效益可以运用若干个经济指标来计算和考核,而社会效益却难以计量,必须借助于其他方法间接考核。因此,在户外运动管理过程中,应把经济效益和社会效益有机地结合起来。

(二)效益原理的依据以及相对应的原则——价值原则

效益原理的理论依据是价值工程。作为提高技术经济效益的有效方法,价值工程是研究技术经济效益的一门学科。它既研究技术又研究经济,目的是使技术与经济有效地结合,使其综合效果处于最佳状态。进行一项管理活动,既要考虑怎样去做,又要考虑需要多少费用。怎样做是技术问题,多少费用则是经济问题。从经营来说,第一要提高产品性能或工作成果的价值与功能,满足社会要求;第二要有效地利用资源,减少各种浪费,降低成本,这是提高技术经济效益的重要环节,也是经营成败的关键。价值工程理论的核心可以用公式:价值(V)=功能(F)/成本(C)表示。

在现代管理中,功能是指管理工作完成目标和任务的效果,是管理活动的整体效能,成本则是一种综合的耗费,包括物力、财力、智力和时间等。价值不能单纯用货币来表示,而是一种既包括经济价值又包括社会价值的综合性价值,这种综合性价值集中反映了管理的效益。追求管理工作的效益,就必须研究耗费能带来多大的效能。

(三)效益的评价

效益的评价由不同的主体从不同的角度去进行,因此没有一个绝对的标准,不同的评价标准和方法得出的结论也会不同,甚至相反。有效的管理首先要求对效益的评价尽可能地公正和客观,因为评价结果直接影响组织对效益的追求。一般来说,专家评价具有一定的权威性,全局性掌握得较好,其结果对组织的影响也较大,但可能不够细致和具体。群众评价一般比较公正,但可能要花费较多的时间和费用才能获得结果。显然,不同的评价都有长处和不足,应综合运用以求获得客观、公正的评价结果。

在追求效益的过程中,要做到社会效益与经济效益的统一、宏观效益与微观效益的统一、直接效益与间接效益的统一、眼前效益与后续效益的统一。同样,在效益的评价中应结合这四点要求,以获得对效益的客观评价。

五、现代管理四原理的关系

系统原理是科学管理根本的、总的指导性原理;人本原理是现代管理的核心和力量源泉;动态原理是现代管理的基础;效益原理是现代管理的根本目的。总之,以上四条原理相互联系、相互制约,并共同构成一个统一整体。在管理过程中,要善于从实际出发,综合运用以上原理,不断提高管理效能,有效地实现预定管理目标。

第三节 户外运动的管理方法

户外运动管理方法是指能够实现户外运动管理职能和管理目标,保证户外运动管理活动顺利进行所采取的手段和途径。户外运动的管理方法与管理原理相互联系、相互作用。户外运动管理原理必须通过管理方法才能在实践中发挥作用,管理方法是管理原理的自然延伸和具体化与实际化,是管理原理指导管理活动的中介和桥梁,是实现管理目标的途径和手段。在吸收多学科知识的基础上,户外运动管理方法已逐渐形成了相对独立的内容体系。

一、户外运动管理方法的内容体系

正确把握户外运动管理方法的内容体系,有助于准确理解户外运动管理方法的实质,并在管理实践中得以正确地运用。

户外运动管理方法可以按照不同的标准进行分类。比如,按照管理决策者的类型可以把户外运动管理的方法分为民主协商的方法、个人专断的方法和民主集中的方法;按照解决问题的精确程度可以把户外运动管理方法分为定性的方法、定量的方法和定性与定量相结合的方法;按管理工作的性质和工作机构分类,则可以把户外运动管理方法分为行政机关的管理方法、业务管理方法和经营管理方法等。我们在这里讨论的管理方法体系主要是从管理方法的层次出发。一般来说,从管理方法层次的角度出发,管理方法可以分为管理的哲学方法、基本方法、技术方法以及技巧与艺术。通常高层次的方法对低层次的方法具有指导作用。结合户外运动管理的实际,把户外运动管理方法可分为以下四类。

1. 户外运动管理的哲学方法

管理哲学是管理的世界观和方法论,是研究管理主客体矛盾运动规律的科学。一切管理学说和管理活动都必须接受一定的管理哲学的指导。管理哲学贯穿于整个管理学说和管理活动全过程,通常管理者也总是自觉或不自觉地在一定的思想观点和方法指导下工作。

马克思主义哲学,即辩证唯物主义和历史唯物主义,是正确反映世界的最一般的发展规律的科学,同时又是理论与实践的统一。因此,它是社会主义管理哲学和方法体系的指导思想和理论基础。管理哲学方法主要是由管理辩证法、管理认识论和管理文化等组成的。

2. 户外运动管理的基本方法

户外运动管理的基本方法对各种领域的管理都具有普遍适用性,只有在与具体领域的管理问题和管理对象相结合而加以运用时,才表现出其独特之处。户外运动管理的基本方法主要有行政方法、法律方法、经济方法和宣传教育方法。

3. 户外运动管理的技术方法

户外运动管理的技术方法又称为定量管理方法,是指在一定的理论指导下,运用数学原理,通过建立数学模型,并对数学模型进行计算和求解,从而为户外运动管理提供满意方案的一系列方法的总称。定量方法主要由三部分构成:一是一定的理论基础,包括经济理论、管理理论、哲学理论、系统理论、信息理论和控制理论等社会科学、自然科学理论;二是在一定理论指导下,根据管理对象的内在联系所建立的数学模型;三是在数量计算和数学分析中所运用的计算手段。

4. 户外运动管理的技巧与艺术

这种管理方法与管理技术不同,如果把管理技术看成是整个管理方法体系中的硬件,管理的技巧与艺术则可算是软件。它们没有固定的模式,也缺乏严格的定量衡量,但却是管理者经验与智慧的升华和结晶。特别是在处理户外运动管理中的人际交往、沟通与协调和提高工作效率等复杂多变的问题时,管理技巧与艺术往往起着独特的作用,因此也是一类有效的管理方法。

综上所述,户外运动管理的哲学方法、基本方法、技术方法、技巧与艺术是紧密联系而又互有区别的管理手段,它们彼此相辅相成、互为补充,共同组成户外运动管理方法的结构体系,在户外运动管理工作中都发挥着各自独特的、不可替代的作用。

二、户外运动管理的基本方法

户外运动管理的基本方法主要有行政方法、法律方法、经济方法和宣传教育方法。科学的管理既需要强制性的、规范的行政方法和法律方法来支撑,也需要灵活、合理的经济方法来维持,同时还需要宣传教育方法来引导和疏通。这些管理方法都属于定性的管理方法,其运用的效果主要取决于管理者的技巧与艺术。

（一）行政方法

1. 行政方法的概念

行政方法是指依靠行政组织的权威,运用行政手段,按照行政系统的规范进行管理的方法。行政方法实质上是通过行政组织中的职务和职位来进行管理,因此特别强调管理者的职责、职权和职位。由于它是以上级发布命令（或指示、规定、决议等）、下级贯彻执行为基点,所以行政方法的程序通常表现为发布命令、贯彻实施、检查督促、调节处理四个步骤,并按行政管理层次进行。

2. 行政方法的特点和作用

与其他管理方法相比较,行政方法具有以下特点。

（1）权威性。行政方法所依托的基础是管理机关和管理者的权威。管理者的权威越高,所发出的指令接受率就越高。提高各级领导的权威,是运用行政方法进行管理的前提,也是提高行政方法有效性的基础。但是,这种权威必须以自己良好的领导素质和才能去增强,而不能只依靠职位带来的权力来强化。

（2）强制性。行政方法是通过各种行政指令来对管理对象进行指挥和控制。这些指令是上级组织行使权力的标志,下级机关必须无条件地贯彻执行,因此行政方法具有强制性。这种强制性并不等于官僚主义的强迫命令,而是指非执行不可的意思,要求人们在思想和行动上服从统一意志,强调原则上的高度统一。行政方法的强制性一般只对特定的下级机关和所属对象才会生效。行政方法的强制性与法律方法的强制性是有所区别的:法律方法的强制性是通过国家机器和司法机构来执行的,只允许人们可以做什么和不可以做什么,而行政方法的强制性是要求人们在行动的目标上服从统一的意志,在行动的原则上高度统一,但允许人们在方法上灵活多样。

（3）垂直性。行政方法主要通过行政系统、行政层次实施管理活动,因此基本上是一种纵向垂直管理模式。行政指令一般都是自上而下,通过纵向直线下达的,下级组织和领导只接受一个行政上级的领导和指挥,对横向传来的指令基本上不予重视。因此,行政方法的运用,必须坚持纵向的自上而下,切忌通过横向传达指令。

(4)具体性。亦称针对性,它表现为从行政发布对象到命令的内容都是具体的,而且在实施过程中的具体方法上也因对象、目的和时间的变化而变化。所以,任何行政指令往往是在某一特定的时间内对某一特定对象起作用,具有明确的指向性和一定的时效性。

由于具有以上特点,采用行政方法就会产生一些独特的作用,主要表现在以下几个方面。

第一,有利于组织内部统一目标、统一意志、统一行动,能够有效地贯彻上级的方针、政策,对全局活动实行有效的控制,尤其是对需要高度集中和适当保密的领域,更具有独特的作用。如我国竞技户外运动发展实施的"奥运争光战略",就要求全国各省、自治区、直辖市运动训练系统从统一战略目标出发,搞好各运动项目的管理工作。保证我国竞技户外运动目标的实现,就需要运用一定的行政手段。

第二,有利于强化管理作用,便于发挥管理的职能,使各个部门之间密切配合与前后衔接,并不断调整彼此之间的关系。尤其是在我国进行政治、经济体制改革时,运动训练管理体制由"集中型"向"综合型"转变,难免会存在认识上的偏差和工作上的失误,各种矛盾也日益突出,这时就需要运用行政方法统一解决矛盾,处理问题。

第三,有利于灵活地处理管理中的特殊问题。行政方法的时效性强,能及时对具体问题发布命令和批示,较好地处理管理中出现的特殊问题和新情况。

同时,行政方法也是实施其他管理方法的必要手段。在管理活动中,经济方法、法律方法和宣传教育方法作用的充分发挥,必须经由行政系统才能具体地组织与贯彻实施。

3. 行政方法的正确运用

行政方法是实现管理功能的一个重要手段,但只有正确运用并不断克服其局限性,才能发挥其应有的作用。

管理者必须充分认识到行政方法的本质就是服务。服务是行政的根本目的,这是由管理的本质和社会主义的性质所决定的。如行政不以服务为目的,则必然会导致官僚主义、以权谋私、玩忽职守等行为的产生,而没有行政方法的有效管理,同样达不到服务的目的。

行政方法的管理效果受到领导者水平的制约。行政方法的运用更多是由人来实施,其管理效果主要取决于管理者的素质,所以行政方法的运用对管理者的素质提出了很高的要求。

行政方法的运用要求有一个灵敏、有效的信息系统。由于领导者要驾驭全局、统一指挥,就必须即时获取各种信息,才能做出正确的决策。另外,上级要把行政命令迅速而有效地传达下去,还要把收集到的各种反馈信息和预测信息发送给下级管理者,供下级决策使用。

行政方法的运用由于借助了职位的权力,因此对下属来说具有较强的约束力,较少遇到下属的抵制,这种特点可能使得上级在行使行政方法时忽视下属的经济利益要求,不利于充分调动各方积极性,从而可能导致动力不足,产生消极后果。所以,不可单纯依靠行政方法,要在遵守客观规律的基础上,把行政方法与其他管理方法有效地结合起来灵活使用。

(二)法律方法

1. 法律方法的概念

法律是由国家制定或认可,体现统治阶级意志,以国家强制力保证实施的行为准则的总和。户外运动管理的法律方法就是以法律、法令、条例、制度等户外运动相关法规为手段,调节各种户外运动关系,以保证和促进户外运动发展的管理方法。

法律方法的内容,不仅包括建立和健全各种法规,而且还包括相应的司法和仲裁工作,两个环节相辅相成、缺一不可。只有法规而缺乏司法和仲裁,就会使法规流于形式,无法发挥效力;法规不健全,司法和仲裁工作则无所依从。

司法工作是由国家司法机关按照法律和法规解决各种纠纷和审理案件的执法活动。司法机关"以事实为依据,以法律为准绳",通过司法制裁,强制执行法规,停止违法活动,恢复正常秩序,并给予当事人一定惩罚,达到维护法律尊严、教育人民的目的。司法制裁分为经济制裁和刑事制裁两类。仲裁,也称公断,是指组织或个人之间发生纠纷,经过协商仍不能达成协议,就可由仲裁人或仲裁机构做出判断和裁决。就仲裁的性质而言,它是一种行政性活动,不是司法活动。因此,裁决不被当事人执行时,仲裁机关不能强制执行,只能由法院强制执行。

2. 法律方法的特点和作用

与其他管理方法相比较,法律方法具有以下特点。

(1)规范性。法律是拥有立法权的国家机关依照法定程序制订和颁布的规范性文件。这些规范性文件,从国家统治阶级的意志和利益出发,运用准确、严密、简洁的法律语言,明确规定什么是应该做的,什么是不应该做的。法律为组织和人规定了行为准则,并要求人们严格遵守。管理中的法律方法就是利用这些法律规范来约束人们的行为,从而达到管理的目的。由此可见,规范性是法律方法的主要特点。

(2)强制性。国家法律一经颁布,就要用军队、警察、法庭等国家机器作为实施的保证,违法犯罪就要受到应有的制裁。管理中的法律方法,既然是以法律为手段,必然也要有同样的强制性。这种强制性一方面表现为对于违法者要给予一定制裁,另一方面也表现为对于人们行为的强制约束。

（3）预防性。国家制订法律规范的目的,不仅在于对事后违法者进行应有的惩罚,更重要的是在于事前对人们起到指导和教育作用,使人们自觉守法从而达到预防违法犯罪行为的发生。

法律方法的主要作用表现为以下几个方面。

第一,建立和保障正确的管理秩序。管理的目的在于提高系统的功效,实现管理的目标,这些都有赖于人、财、物、时间、信息等管理资源的合理流动。如果通过法律形式把这种合理流动的方式固定下来,通过各种法律规范对各种关系进行调节,就能够建立正常的管理秩序,使管理活动有效地进行。

第二,调节管理因素之间的关系。根据管理对象的不同特点和所承担任务的不同性质,规定不同管理因素在整个管理活动中各自应尽的义务和职责,这体现了管理的法律方法所具有的自动调节功能。

第三,将管理活动纳入规范化、制度化轨道。法律方法的运用,有助于使符合客观规律的、行之有效的管理制度和管理方法用法律的形式规范化、条文化、固定化,使人们有章可循。严格执行这些制度和方法,就能使管理系统有效地运转,既可保证管理活动的效率,又可节约管理者的精力。

3. 法律方法的运用

从本质上来讲,法律方法就是通过上层建筑的力量来影响和改变社会活动的方法。它具有双重作用,既可以起到促进作用,也可以起到阻碍作用。如果各项法律法规的制订和颁布符合客观规律的要求,就会促进户外运动事业的发展;反之,可能成为户外运动事业发展的障碍。法律方法由于缺少灵活性和弹性,易使管理僵化,而且有时不利于基层组织发挥其主动性和创造性。在管理活动中,各种法规需综合运用,相互配合。

管理者不能仅通过法律方法解决所有问题,它只是在特定的范围内发生作用。而在法律范围之外,还有大量的经济关系、社会关系、人际关系则需要用其他管理方法来协调。所以,法律方法应与其他管理方法综合使用,才能达到较好的效果。

（三）经济方法

1. 经济方法的概念

经济方法是指按照客观经济规律的要求,运用经济手段,调节各种不同经济主体利益之间的关系,以实现管理目标的方法。这里所说的经济手段主要包括价格、税收、信贷等宏观经济手段,以及工资、奖金、罚款、经济合同等微观经济手段。不同的经济手段在不同的领域中发挥各自不同的作用。

2. 经济方法的特点和作用

与其他管理方法相比较,经济方法具有以下特点。

(1)调节对象的利益性。经济方法是通过利益机制引导被管理者去追求某种利益,间接影响被管理者行为的一种管理方法。因此,只有涉及经济利益时,才能发挥作用,否则这种方法就会失效。经济方法的运用既有一定的广泛性,又有局限性。广泛性是指经济利益是人们普遍关心的利益,而在社会生活中涉及经济利益的领域又非常广泛,因而经济方法在那些不涉及经济利益,或不以经济利益为主的范围,就不能充分发挥作用。

(2)调节作用的间接性。经济方法的间接性主要表现在两个方面:首先是它不直接干预人们应当怎样做,而是通过调节经济利益来引导人们的行为,以达到管理的目标;其次,经济方法的运用要以市场为媒介,借助于市场机制来实现。经济方法调节作用的间接性在宏观管理中表现尤为明显。如对户外运动竞赛市场的开发,政府通过制订一些经济政策,通过各种利益关系来调节各竞赛主办者的行为。

(3)调节手段的灵活性。经济方法调节的灵活性主要表现在它有多种多样的调节手段,这些手段可以在不同的条件下发挥同样的作用,因而可以根据不同的情况灵活选择。如为了促进我国健身娱乐市场的发展,适应全民健身战略的要求,国家可以对高档次的健身娱乐场所适当提高税收标准,而对普及型的健身娱乐场所制订若干优惠经济政策以鼓励其发展。

(4)调节效果的平等性。经济方法承认被管理的组织或个人在获取利益上是平等的,按照统一的价值尺度来计算和分配经济效果,各种经济手段的运用对于相同情况的被管理者起着同样的作用,不允许特殊。

经济方法的主要作用表现为以下几个方面。

第一,有利于提高经济效益。户外运动管理的经济方法,其实质是围绕物质利益,运用各种经济手段正确处理好国家、集体、个人三者之间的经济关系,最大限度地调动各方面的积极性、主动性和创造性,从经济利益上激发人们的责任心。鼓励人们在工作过程中不断节约成本,提高效益。在此基础上,使集体与个人的经济利益得到一定的满足,从而调动人们的积极性。

第二,有利于强化管理职能。经济方法的这一作用具体表现为管理机构能够通过各种经济手段来制约下级机关和被管理者的工作,将他们的经济利益与承担的工作相联系。由于采用了这一强有力的管理措施,使管理主体能有效地发挥指挥、控制、协调等职能。

第三,有利于适当分权。运用经济方法为管理客体拥有相应的自主权创造了条件,从而有利于适当分权。管理主体就不必为下级组织和人员由于缺乏应有的经济利益而对工作持消极态度。相反,管理客体还会主动利用下放的权力,在工作中积极完成任务。这样,管理主体就可减少一些行政监督事务。

第四,有利于客观地检查管理效果。运用经济方法的管理效果是通过各项经济指标反映出来的,所以具有客观性的特点。从而经济方法有利于客观、公正地评价管理效果,调动人们工作的积极性。

3. 经济方法的运用

在市场经济条件下,经济方法是一种比较重要的管理方法。但是,任何方法都有其特定的功能、特定的使用范围和特定的使用限度,因此,在实际运用中要具体分析,合理使用。

首先,要注意经济方法应用的范围和限度。如上所述,经济方法的运用要以经济利益的存在和人们对物质利益的追求为前提,否则就会失效。即使是在上述条件存在的情况下,其运用也要有一定的限度。例如,利用奖金作为刺激人们积极性的杠杆,虽然从理论上讲,高额奖金更有利于调动人们的积极性,但在实际运用中总有一个限度,超过了这个限度,就可能产生副作用。又如,运用罚款作为一种强制性的管理手段,就需要有一定的强度,如果所罚款额不足以触动其经济利益,罚款就失去了应有的效果。再如,在某些政治活动和精神文明建设中,虽然不能完全摆脱经济利益,但过分强调使用经济手段,就有可能使之偏离方向,违背初衷。在运动员思想政治工作中过多地使用经济方法,就容易产生"一切向钱看"的错误倾向。

其次,要注意经济方法与其他管理方法的综合运用。经济方法虽然是一种比较重要的管理方法,但是这种方法还存在一定的局限性,在实际管理中要与其他管理方法,如行政方法、法律方法和宣传教育方法等综合使用,才能发挥更好的效益。如经济方法与法律方法结合使用,有利于增强经济方法的规范性和法律效力;经济方法与宣传教育方法结合使用,则有利于增强经济方法的准确性和对运用时机的把握。

(四)宣传教育方法

1. 宣传教育方法的概念

宣传教育方法是指通过宣传和教育等方式,使人们围绕着共同目标而采取行动的方法。宣传教育方法以人们对思想活动发展规律的正确认识作为客观依据,掌握人们思想活动的规律可以从几个方面加以理解。首先,社会物质生活条件的提高是思想形成和发展的基础。当前人们的思想观念普遍受到市场经济的影响,因此在户外运动管理中,必须使认识符合形势的发展,认真研究存在于户外运动工作人员思想活动中的特点和规律,有针对性地做好思想教育工作。其次,应看到客观外界条件虽然对人们思想存在重大影响,但由于人主观因素的作用,人能够有选择地对待客观环境的影响,因此在运用宣传教育方法的同时,要对人的主观因素进行具体分析,注意启发和激励人们主动接受教育和进行自我教育,引导人们正确处理国家利益、集体利益和个人利益、当前利益与长远利益、局部利益与整体利益之间的关系,引导人们的思想朝着健康的方向发展。再次,人的行为是在一定的思想支配下进行的,人的需要引起动机,动机支配人的行为,行为引导目标。因此,人们的一切行动,包括管理活动,无不受到动机的制约,而人的正确动机也可以通过非强制性的宣传教育来激发、转换而获得。可以说,宣传教育方法就是激发人们的良好动机,使之趋向共同目标的管理方法。

2. 宣传教育方法的特点与作用

与其他管理方法相比较,宣传教育方法具有以下特点。

(1)先行性。任何一项管理决策的实施,都必须先向群众进行广泛的宣传和教育。通过宣传教育,一方面使群众对其有充分的了解,思考自己如何去配合行动,为管理决策的实施打下良好的基础;另一方面,通过事先预测人们可能产生的各种反应,采取相应的宣传教育措施予以预防,从而强化其正面效应,抑制可能产生的不良反应。

(2)滞后性。这一特点在思想教育中表现得尤为突出。思想教育的大量工作往往是在事情发生之后或有苗头的时候进行的,这与人们的认识是对客观事物的反映规律也是一致的。滞后性特点要求管理者对已发生的问题进行实事求是的分析,以理服人,这样才能把思想教育工作落到实处。

(3)疏导性。开展宣传教育,必须动之以情、晓之以理、导之以行,启发人们的自觉性,对思想问题采取回避的方式是不能奏效的,只有因势利导,才能达到教育的实效。

(4)灵活性。人的思想是复杂多变的,引起人的思想变化的多种因素又往往交织在一起发生作用。不同的时期和不同的管理对象,其思想基础、性格类型、价值观念和需求等也不相同。因此,宣传教育工作必须根据不同时期和不同管理对象来确定管理内容和方法、形式和手段,并保持灵活性和针对性。

宣传教育方法具有如下作用:首先,它是实现户外运动发展战略目标、顺利完成各项户外运动工作的重要方法;其次,它还是提高户外运动管理效果、增强户外运动系统活力的需要;第三,它也是增强户外运动组织内部凝聚力的需要。

三、户外运动管理方法的综合运用

运用系统科学的观点,综合学习和掌握户外运动管理方法十分重要。只有这样,我们才能从整体上把握户外运动管理方法的精髓,深入地研究各种方法之间的密切联系,有效地提高运用科学管理方法的水平,不断优化管理效率。

（一）户外运动管理方法是一个统一完整的体系

户外运动管理方法的统一完整集中表现在各种方法的密切联系。这种密切联系，从户外运动管理方法的分类上已得到了充分体现。忽视这些联系，就是割裂户外运动管理方法的完整与统一，势必孤立、静止、片面地运用各个具体方法，其结果在实际管理工作中就会出现单一运用某种方法的倾向，阻碍管理水平的提高。如在计划经济体制下，在户外运动管理工作中过多地运用行政方法就会造成"统的过死"的不良状况。又如在深化社会主义市场经济体制改革的背景下，经济方法则成为了户外运动管理的常用方法。但是，如果忽视管理方法的完整与统一，片面地把经济方法看成是万能的管理方法，将导致经济方法的滥用，最终将削弱其作用，甚至会产生反作用。比如，在运用经济方法时忽视思想教育，就可能在群众中导致"一切向钱看"的倾向，进而不能妥善处理国家、集体、个人之间的关系，只思索取，不求贡献；如果在制订具体管理措施时，事事与经济挂钩，处处伸手要钱，动不动就处以罚款，则不但达不到良好的管理效果，甚至会引发群众的抵触行为，从而产生逆反心理。

总之，把户外运动管理方法看作一个统一完整的体系，有利于从整体上把握管理的实质，克服思想上的形而上学和绝对化，杜绝管理实践中的主观性和盲目性。当然，这并非否定各种管理方法的相对独立性，而是强调要从它们各自的特点、形式和应用范围与条件入手，从中寻找它们彼此之间的内在联系，以取得最佳的整体管理效应。

（二）各种户外运动管理方法的互补和组合

就每一类或每一种管理方法而言，在实际运用中都存在一定的利弊，受到一定的局限，因而不存在任何单一的、万能的管理方法。只有在实际运用中认真考察各种管理方法的组合和互补关系，才能发挥出综合效能。

在四类户外运动管理方法之间，就存在着互补与组合的关系。管理的技术手段适用于解决户外运动管理中的一些技术性、定量性问题；管理的基本方法对各种管理方案的组织实施有着极其重要的作用；管理的艺术与技术，则在妥善处理管理中的各种关系、协调各方面力量上显示出独特的功能。这就是说，这些方法在管理上都各有所长，而在另外一些问题的管理上又都有各自的欠缺。然而，实践证明，户外运动管理中各种因素通常不是单一地、明显地摆在管理者面前，而往往是相互交织、错综复杂地等待着人们发现处理，这种情况在决策中表现得尤为明显。因此，没有各类管理方法的互补和组合，也就没有有效的管理。这种互补和组合的关系，在各类管理方法所包含的各种手段之间同样客观存在。如行政管理，它有利于实行集中统一管理，但仍需要依靠其他方法来保障正常的管理秩序。尤其是在横向管理关系的有效调节方面,更需要法律方面的支持。而行政方法与法律方法结合起来所表现出来的强制性,又要依靠宣传教育等灵活性较大的管理方法来协调,才能使管理达到严而不死、活而不乱的效果。又如经济方法,由于它与人们的物质利益联系较紧,尤其是在社会主义市场经济的条件下,要运用各种经济手段来调动人们的积极性,使人们的工作经济利益与工作绩效直接联系,但也需要其他管理方法的支持。在运用经济方法时,还应在国家、集体、个人三者利益的基础上,鼓励人们胸怀全局、发扬风格,这也离不开宣传教育方法。再如,宣传教育方法虽是一种行之有效的管理方法,但若缺乏行政方法、经济方法、法律方法的支撑,也可能会在一定程度上降低管理工作的权威性。由此可见,学习户外运动管理方法绝不能停留在对某种单一方法的个别探讨上,而必须深入地研究它们各自的优势,进行互补和组合,只有这样才能真正明确各种方法在户外运动管理系统中的地位与作用,并在户外运动管理实践中加以合理地运用。

（三）追求各种户外运动管理方法的综合效用

系统分析的目的在于追求整体效应。户外运动管理系统能否产生整体效应,在很大程度上取决于各种管理方法的综合运用。如前所述,我们强调弄清各种管理方法之间的密切联系的重要性,但这并不意味着就可以混淆它们之间的区别,进而在实际运用中相互取代。事实上,各种管理方法就其相对独立性而言,都有自己独特的作用。如经济方法利用经济杠杆,贯彻物质利益原则,通过集体和个人的物质利益与工作绩效相互联系,从而调动人们的积极性、主动性和创造性,进而有效地控制人们的行为,这就是其他方法不能替代的。

追求各种管理方法综合运用的整体效应,一个重要的前提就是要弄清楚这些方法在户外运动管理中的独特作用。只有弄清它们各自的特点、运用形式和范围条件,才能有机地将它们统一起来,做到扬长避短、互相弥补,产生整体效应。此外,认真地分析这些方法优缺点,并通过综合运用使其相互补充,才能使各种管理方法在综合运用中成为一个有机的、完善的方法体系,才能在户外运动管理实践中发挥整体功能。

（四）管理者的创造性决定管理方法的运用效果

前面已对户外运动管理方法的结构体系和内在联系进行了讨论,其目的就是强调把户外运动管理方法看成是一个完整的结构体系。但是管理方法的整体效应能否在管理实践中体现出来,主要取决于管理者对管理方法能否创造性地运用,即管理者如何从管理实践出发,针对管理对象的具体情况和管理环境的变化,灵活地运用各种管理方法,尤其是行政方法、法律方法、经济方法和宣传教育方法等的综合运用,主要是取决于管理者运用的技巧与艺术。显然,户外运动管理者运用管理

方法的技巧与艺术集中反映在创造能力上,如果管理者缺乏创造性,只是机械、教条地照抄照搬某种现有的方法模式,期望找到某种放之四海而皆准的管理方法,人云亦云,忽视管理对象的特点和客观环境的变化,则很难取得理想的管理效果。

1. 如何理解户外运动管理原理、管理原则与管理方法之间的关系。
2. 户外运动管理"四原理"的核心思想、理论依据是什么?

第三章

我国户外运动的法规制度

【内容提要】 本章主要学习户外运动法制建设的意义和任务,包括我国户外运动法规制度的概念界定和加强户外运动法治建设的意义;户外运动法规制度的分类及主要内容,包括各单项管理法规、从业人员管理办法、行业俱乐部管理办法等。

【学习要求】 通过本章学习,了解户外运动法则制度的概念,掌握户外运动法治建设的意义,基本了解户外运动法规制度的分类和主要内容。

第一节 户外运动法制建设的意义和任务

一、我国户外运动法规制度的概念界定

所谓法规,是指国家机关制订的规范性文件。法律位阶从高到低依次分为:①基本法律:由全国人民代表大会制订并修改,如《中华人民共和国刑法》;②其他法律:或称一般法律或普通法律,是指"除应当由全国人民代表大会制订的法律以外的其他法律",由全国人民代表大会常务委员会制订并修改;③行政法规:由国务院制订并修改;④地方法规:由省、直辖市人民代表大会常务委员会制订并修改,部分城市人民代表大会常务委员会也可以制订行政法规;⑤自治条例:由民族自治地方的人民代表大会常务委员会制订并修改;⑥部门规章:由国务院各部、委、总局、局、办、署,经国务院批准制订的一种在本部门管辖范围内有效的低层次法律或地方法规,与自治条例的法律地位是平等的。

体育部门制订的户外运动法律法规,既包含国家正式颁布的法规,又包含各级行政机构和各个户外运动主管部门所制订的具有法律效力的各种户外运动管理规范等。由于我国户外运动与体育旅游提供服务的群体和管理约束的对象难以清晰界定,截至目前,我国还尚未有专门针对户外运动的管理法规。因此,本章所提及的"户外运动法规制度"均指在体育系统管辖范围内制订的,主要针对户外运动业务管理,具有法律规范性质和法律效力的各种户外运动管理规章制度,如《国内登山管理办法》《高山向导管理暂行规定》等。

二、加强户外运动法制建设的意义和任务

进一步加大社会主义民主,健全社会主义法制,依法治国,建设社会主义法治国家,是我国现代化建设的重要指导方针。随着社会主义市场经济体制的不断完善和配套法律体系的逐步建立,法律正在成为管理国家事务、规范社会行为、调整利益关系的主要手段。加强户外运动法制建设具有以下重要意义:①保障人民群众的体育权利,使体育更好地为人民服务;②依靠法律手段管理户外运动事业,真正体现人民的意志;③对于户外运动项目而言,加强户外运动法制管理,保障了户外运动参与者权益;④合理合法地处理户外运动活动、竞赛、经济活动中的矛盾冲突,协调各种关系;⑤进一步提高户外运动行业依法行政水平,做到"有法可依、有法必依、执法必严、违法必究"。

自1958年国家体委登山处与国家登山队一并归入同年成立的中国登山协会以来,我国登山户外运动的法律制度建设取得了一系列成绩,户外运动爱好者、参与者、工作者的法律意识和法制观念有了显著增强。改革开放以来,我国体育法制建设取得了长足的进步。随着我国户外运动的迅猛发展,国家体育总局登山运动管理中心就登山、攀岩、攀冰等单项管理、登山户外运动从业人员管理、行业俱乐部管理等方面,颁布了一系列具有法律规范性质的管理制度和条例,填补了户外运动诸多方面无法可依的状况,一些地方户外运动管理制度的相继出台,增强了各级户外运动管理部门依法行政的意识和能力;保障了户外运动参与者和从业人员的人身安全和经济利益;随着户外运动立法步伐的加快,适应社会主义市场经济体制以及促进户外运动事业稳步发展的法规体系正在形成;户外运动法律规范的日益完善,使以往户外运动无法可依的局面得到了极大改善。

但是户外运动法制建设方面还存在一些问题,导致在现实的户外运动管理中出现了事故发生后无法可依的情况。如2007年3月"北京灵山事件""广西南宁驴友遇难事件"的责任鉴定和伤亡赔偿问题。目前,我国户外运动法制建设存在的问题主要表现在以下几个方面:①尚未出台专门针对户外运动的法律制度;②户外运动工作队伍法律素质不高;③依法行政、依法管理户外运动的观念还不牢固;④某些方面还存在法律空白或条款缺位情况;⑤解决户外运动改革和发展的一些重点、疑点、难点问题的管理制度还不多;⑥许多户外运动管理工作还未完全纳入法制化管理轨道。

按照依法治国、建设社会主义法治国家的总要求,体育领域法制建设的基本目标就是要做到"有法可依、有法必依、执法必严、违法必究",从而实现依法行政、依法治理户外运动,为建设社会主义法治国家做出应有的贡献。有法可依是实施体育法制的基本前提,有法必依是实施体育法制的中心环节,执法必严是实施体育法

制的重要条件和基本要求,违法必究是实施体育法制的有力保障。为了实现法制建设的基本目标,户外运动法制建设的主要任务是搞好户外运动法制教育宣传工作,增强户外运动参与者与工作者的法律意识,创造良好的户外运动法制舆论环境,提升户外运动从业人员和管理者的法律素质,遵守户外运动法律规范,提高户外运动体育行政部门依法行政的水平,加快立法步伐,健全户外运动法规体系,加强户外运动法制科学研究。

第二节 户外运动法规制度的分类及主要内容

根据业务管辖范围,可以将当前我国登山运动管理中心出台的各项规章制度大致分为各单项管理法规、从业人员管理办法以及从业机构管理办法三类。在此仅对各户外运动法规制度的内容作一简要介绍,详情可见本书附录二。

一、各单项管理法规

1.《国内登山管理办法》的基本内容

为了加强国内登山管理,保证国内登山运动的正常有序进行,根据国家体育总局相关规定,制订该管理办法。《国内登山管理办法》共有五章二十六条。其中,第一章第二条规定:本办法适用于西藏自治区海拔5 000m以上和其他省、自治区、直辖市海拔3 500m以上独立山峰的登山活动,明确了本办法的适用范围;第二章主要涉及登山活动的申请和审批,具体包括组建登山团队的基本条件、登山申请时间、申请举行登山活动需要提供的文件等内容;第三章主要是登山活动的要求和成绩的确认。

2.《攀岩攀冰运动管理办法》的基本内容

为了加强攀岩攀冰运动管理,推动我国攀岩攀冰事业健康发展,根据国家体育总局相关规定,制定该管理办法。《攀岩攀冰运动管理办法》共有五章十七条,分别从适用条件、竞赛活动管理、从业人员管理、惩罚办法等方面进行了明确规定。

3.《外国人来华登山管理办法》的基本内容

为了加强对外国人在中国境内登山的管理,有组织地进行国际登山交流,促进我国登山事业发展,制订了《外国人来华登山管理办法》。其中第二条明确规定了本办法适用于:①西藏自治区海拔5 000m以上的山峰;②其他省、自治区海拔3 500m以上的山峰。除此,还对外国人来华登山的申请、审批等手续进行了规定。第三章对外国人在华开展登山活动过程中的保险、组团、环保、联络、成绩等事宜给予了明确说明。第四章中明确规定"登山附带科学考察和测绘的,应当在办理登山申请的同时,向国家体委申报科学考察和测绘计划,由国家体委分别转国家科学技术委员会或者国家测绘局审批。科学考察和测绘计划未经批准,外国登山人员不得对所经地区的生物、岩石、矿物、冰雪、水样和土样进行系统观测,不得采集标本、样品、化石,不得进行测绘活动"。

二、从业人员管理办法

1.《登山运动员技术等级标准》的内容

《登山运动员技术等级标准》的内容主要以登山、攀岩成绩为评价依据,将我国登山运动员技术等级划分为国际级运动健将、运动健将、一级运动员、二级运动员、三级运动员共五个等级。

2.《高山向导管理暂行规定》的内容

《高山向导管理暂行规定》的内容出发点在于加强高山向导的管理,推动我国登山事业健康发展。以该规定对高山向导的概念进行了界定,并认定为四个等级,还明确了每个等级高山向导的基本条件。第三章规定"高山向导的基本职责是在登山活动中为队员或客户提供安全保障、技术指导和相关服务",还详细规定了四个等级高山向导各自的具体工作职责。

3.《户外运动员注册与交流管理办法》的内容

为加强户外运动员的管理,保证我国户外运动比赛的正常有序进行,根据国家体育总局相关规定,制订本管理办法。该管理办法明确指出:"国家体育总局登山运动管理中心是全国户外运动员注册和交流的主管单位,户外运动员所属的法人代表负责为运动员进行注册,每年进行一次,每年12月1日至次年1月31日为户外运动员年度注册时间,逾期不予办理"。另外还规定,户外运动员参加全国比赛,应出示注册证,没有注册证的运动员不能参加比赛。一个注册年度结束后,运动员可以采取自愿原则进行流动。

4.《攀岩运动员参加全国比赛代表资格注册管理办法》的内容

该管理办法的指导思想是为保证全国攀岩运动竞赛工作质量和竞赛秩序,促进人才合理流动,加强运动员代表资格的管理。该办法规定,国家体育总局登山运动管理中心是负责攀岩运动员注册的主管单位,由其签发的注册证是攀岩运动员参加全国攀岩锦标赛及全国攀岩邀请赛等由国家体育总局批准主办的攀岩比赛的唯一资格代表证。注册运动员有资格参加当年所有由中国登山协会主办的各种全国性或区域性攀登比赛(活动)。除此之外,该管理办法还对攀岩运动员每年度的注册时间、费用、重新注册、注册后确认等问题进行了明确规定,以及对各类违规行为的惩罚也作出了相关规定。

5.《国家攀岩队教练员、运动员选拔标准》的内容

为确保国家攀岩教练员和运动员的选拔工作公开、公平、公正,促进攀岩项目竞技水平的不断提高,参照国家体育总局有关文件规定以及国际攀岩联合会有关规则制订该标准,包括选拔原则、选拔程序、基本条件、国家队运动员入队选拔、国家队运动员动态管理、国家队教练员动态管理。

三、行业俱乐部管理办法

1.《中国登山协会登山户外运动俱乐部管理办法》的内容

第一条明确指出:为了有效地建立与国内各登山户外运动俱乐部及相关从业机构的联系,落实"服务、引导、规范"的管理宗旨,推动我国登山户外运动持续、稳定、健康的发展,特制订该办法。第二条强调,登山户外运动俱乐部应以推动全民健身事业为宗旨,实施《全民健身计划纲要》和《全民健身条例》;培育登山户外市场,促进登山户外事业稳步持续发展,其中包括俱乐部注册、俱乐部等级、俱乐部等级评定条件、等级评定程序及年审、等级管理、权利与义务、奖励与处罚、附则。

2.《登山户外运动俱乐部及相关从业机构技术等级标准》的内容

该标准首先对登山户外运动从业机构的技术等级(A级、AA级、AAA级)进行了划分,并明确各等级所需具备的条件。第三章则对登山户外运动从业机构的技术等级的评定程序给予了明确规定。第四章、第五章则是从从业机构的技术等级的管理角度出发,对技术等级的期限、技术等级降级或取消的有关事宜进行了规定。

3.《登山户外运动俱乐部及相关从业机构资质认证标准》的内容

国家体育总局登山运动管理中心制订此标准的指导思想是,为了有效地建立与国内各登山户外运动俱乐部及相关从业机构的联系,落实"服务、引导、规范"的管理宗旨,中国登山协会决定对国内各登山户外运动俱乐部及相关从业机构进行资质认证。第一章对登山户外运动俱乐部及相关从业机构资质认证的目的及范围进行了界定,"凡从事登山运动及其相关运动的登山户外运动俱乐部及相关从业机构,可自愿申请中国登山协会的资质认证"。第二章对申请认证的俱乐部及相关从业机构的条件、义务和权利进行了明确的规定,即"得到认证的俱乐部及相关从业机构的义务:①协助中国登山协会进行推动当地登山户外运动的有关工作;②须每年向中国登山协会书面报告年度工作情况,包括组织变更情况、活动概况、经费基本情况、重大事故报告、环保工作情况等;③按有关规定进行年审。得到认证的俱乐部及相关从业机构的权利包括:第一,可宣传、悬挂中国登山协会的资质证书,但必须完整(即要包括资质的项目);第二,可参加中国登山协会举办的有关活动和比赛,并享有参加培训、服务的优先权;第三,可得到中国登山协会技术信息资料,包括《山野》杂志、技术咨询、有关法令条例、活动信息等;第四,可参加中国登山协会组织的出国考察、对外交流活动"。第三章、第四章则对参加资质认证的程序以及认证资格的管理进行了相关规定。

1. 举例说明加强户外运动法治建设的必要性。
2. 如何推动我国户外运动的法治建设?
3. 户外运动法律制度包括哪些?

第四章

户外运动教学的组织与管理

【内容提要】 本章主要介绍户外运动教学的概念、内容、特色、目标及意义,从教学准备、教学方式、教学内容、教学原则及教学评价与考核等方面,对户外运动教学的组织与实施进行了详细阐述。

【学习要求】 通过本章内容的学习,要求基本理解户外运动教学区别于其他运动项目教学的内容、特色、目标与意义等,基本掌握户外运动教学的组织实施流程与核心内容。

第一节 户外运动教学概述

一、户外运动教学的概念及内容

(一)户外运动教学的概念

自20世纪80年代后,户外运动在我国掀起了热潮。随着在我国的快速发展,户外运动逐渐被引入高校教学。

20世纪80年代,中国地质大学(武汉)根据地质专业的特点,将登山训练引入到课堂教学中,把登山的基本技术——攀岩,确定为学校体育必修课教学项目。

20世纪90年代中期,随着体育教学改革的不断深入及大学生综合素质教育的全面推行,中国地质大学(武汉)根据学校学科优势与专业特点,在"地质大体育观"体育教育理念的指导下,在国内首创了集体育学、地理学、管理学、气象学、医学等学科为一体的"野外生存体验课",引入了智力与体力相结合的体育项目——定向越野。

2002年,教育部颁布了《全国普通高等学校体育教学指导纲要》,提出高等学校体育教学要"培养学生能参加有挑战性的野外活动和运动竞赛"的教学目标。在该文件指导下,中国地质大学(武汉)率先开设了"户外运动"普修课,主要以野外生存体验、定向越野、攀岩、拓展运动为教学内容,传授户外运动的基本理论知识和实践技术,使学生发掘自身潜能,锻造自我超越意识,培养高度责任心以及独立观察、思考和判断能力,培养团结互助、密切配合的团队精神。

此后，华东师范大学、南京体育学院、浙江师范大学、浙江工商大学、浙江林学院等100多所高校也相继开展了野外生存体验课程教学，户外运动教学在高校中形成了一定规模。尤其值得一提的是，随着户外运动教学内容、教学方法、教学手段以及教学组织形式的不断完善与优化，高校户外运动课程的"发源地"——中国地质大学（武汉）已经形成了一套科学系统的"课内课外相结合"的户外运动教学模式。在此基础上，它成立了体育系并创办了社会体育（户外运动）本科专业，并于2005年招收了登山户外运动方向的全国首届本科生；2007年，开始招收户外运动理论与实践方向的体育教育训练学专业硕士研究生；2018年中国地质大学（武汉）与中国登山协会共建中国登山户外运动学院，开始致力于我国登山户外运动高层次教育、管理、经营、竞技人才的培养；高层次户外运动赛事策划与运营；山地资源规划等事业发展。中国地质大学（武汉）特色体育项目从20世纪50—60年代最初探索性地开展群众性登山、攀岩活动，发展如今集攀岩、定向越野、野外生存、拓展训练为一体的"户外运动"综合课程以及培养专业人才，均取得了良好效果，得到了广大师生和社会各界的普遍认同。

那么，究竟如何界定户外运动教学呢？户外运动教学是指在教师有目的、有计划、有组织的指导下，学生积极主动地学习和掌握系统的户外运动基础理论知识和基本技能，提高学生身体素质、心理品质和适应能力的一种教育活动。户外运动教学是完成体育教育任务的基本途径之一，它以户外运动（包含野外生存、攀岩、定向越野、拓展运动等多个项目）体育课为主要组织形式而进行实施。

（二）户外运动教学的主要内容

1. 户外运动教学内容体系的理论基础

（1）良好的身体素质，健康、成熟的心理品质，以及基本的户外理论知识、技术技能是完成户外运动教学的必备素质。身体素质、心理素质、理论知识、技术技能的获取都能通过教学方式来实现。

（2）通过在郊外或学校周边，利用自然环境条件进行有针对性地练习，以达到户外运动所必备的素质。

（3）户外运动的理论知识、技术技能（如攀爬技术、野外方向的判定、自制用具、疾病防治等），可通过专门的理论与技术训练及实践操作课的教学来实现。

（4）户外特殊环境中所需具备的心理素质，可通过拓展运动训练来培养。拓展运动心理训练是利用户外活动形式，模拟真实管理情景，对参加者进行心理和管理两方面的培训。这主要是通过练习一些具有心理挑战的项目，高空抓杠、信任背摔、绝处逃生、搭人梯等，达到训练和提高心理素质的目的。

2. 户外运动教学内容的结构体系

户外运动教学内容的结构体系(图4-1)由户外运动理论、户外运动实践和户外运动综合训练三部分组成。理论教学包括户外运动概论、定向运动、生存的技能技巧、户外医学、饮食卫生、危险因素、自救求救等内容;实践部分的内容则更加丰富,包括身体、心理、技术和技能四个方面的训练;通过对户外运动理论知识的学习和配套的实践训练后,采取野外生存综合训练的方式对学生掌握户外运动技术技能的水平进行检验。

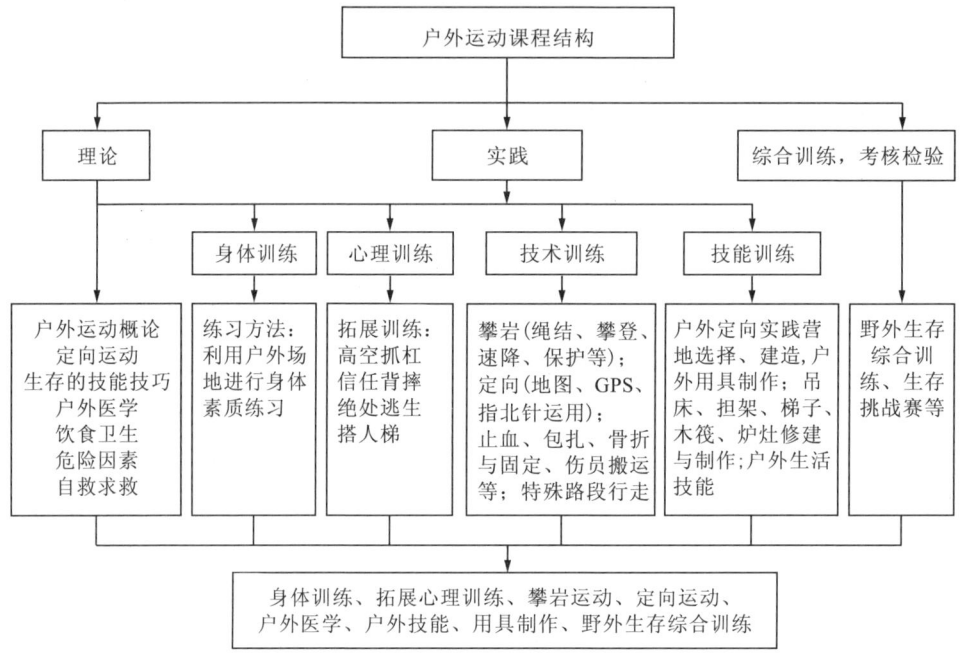

图4-1 户外运动课程结构

3. 户外运动教学的教学大纲

完善户外运动课的教学大纲,对教学的进度、内容、任务、组织方法做出具体的安排,其目的是更有利于学生掌握户外运动的相关知识、技能,培养学生的实践操作能力与团队精神。

(1)优化理论课与实践课的学时搭配结构,通过对学生评价、教师评价以及教学效果的信息进行归纳分析,我们从原有的理论课16学时、实践课16学时、教学考核2学时的教学安排,逐步优化成理论课10学时、实践课约25学时、教学考核4学时,以及综合训练3~5天(图4-2)。

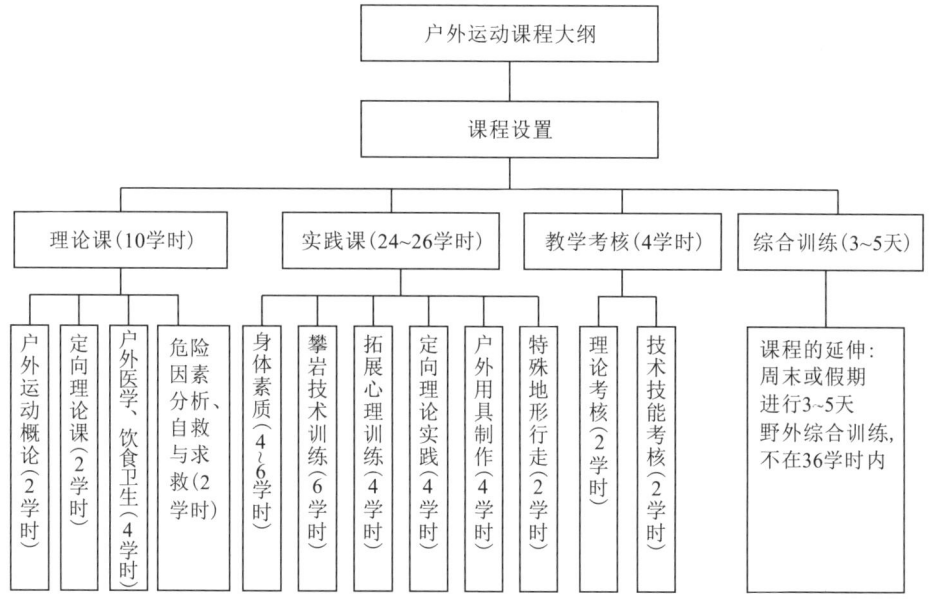

图 4-2 理论课与实践课的课时分配

(2)优化调整教学计划。通过对教学效果、学生反馈的信息进行归纳分析,对教学内容的先后顺序进行调整,使其更科学、更符合户外运动教学特点,使教学效果更加良好(图 4-3)。

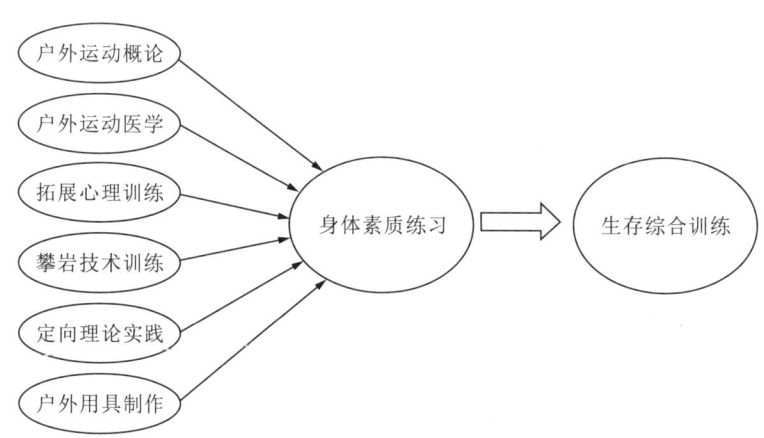

图 4-3 教学内容安排顺序

二、户外运动教学的特色

(一)教学特色

1. 教学目标多重性

通过传授学习户外运动项目群所需要的基本知识、技术、技能,培养学生参与户外运动及相关竞赛所必需的身体素质、成熟的心理品质和适应能力。除此之外,在户外运动的教学实践中,培养学生的团队协作精神,锻造学生顽强、坚忍的意志品质,也是户外运动教学的重要目标。

2. 教学内容多元性

教学内容突出知识性、实用性和安全性,强调素质教育,尊重学生的人格,重视发掘学生的个性,培养学生综合能力,培养学生形成健全的人格,是高校体育教学建设、发展的方向。户外运动教学内容丰富多元,十分适应在校大学生的个人发展需求。

3. 教学手段多样性

相对于普通体育项目教学,户外运动的教学手段更加丰富多样,其不仅有理论知识的课堂教学,也有实践部分的野外实习,还有生存综合训练。形式各样的教学手段,保证了学生在课堂上学习户外基础知识,在野外环境中实践技能,能够使学生在轻松有趣的学习环境中,有效地掌握各种户外运动知识与技能。

(二)户外运动教学的基本特点

1. 自然性

户外运动教学以人为本,充分利用空气、阳光、江河、湖海、沙滩、田野、森林、山地、草原、荒原等自然条件,把课堂设在郊外,体现了户外运动教学的自然性特点。

2. 挑战性

户外运动具有挑战性和探险性,能激发人体潜能,提升应对挑战、克服困难的信心和能力,并在磨难中完善人格,提升团队精神。

3. 综合性

户外运动教学的综合性特点主要体现在户外运动要求参与者掌握多方面的知识,具备良好的身体素质和心理素质以及应对多变野外环境的能力。

4. 时尚性

作为一项新兴的运动,户外运动教学使学生们在身体、心理、团队意识等素质方面都得到锻炼,是适合当今社会发展需要的课程,故深受学生喜爱。

三、户外运动教学的目标与意义

1. 户外运动教学的目标

结合户外运动教学的不同内容,可以达到以下具体目标。

(1)通过学习户外运动基本理论知识,使学生了解户外运动的起源、发展、特点、目的和意义,激发学生学习兴趣。

(2)通过学习和掌握身体素质练习方法,使学生充分认识到良好的身体素质是进行户外运动的先决条件,学会编制个人锻炼计划。

(3)通过学习户外医学,使学生掌握常见运动创伤的处置方法,增强自我保护的意识、知识及能力。

(4)通过拓展心理训练,培养学生有效沟通的技巧、团队协作精神;发掘自身潜能,促发自我超越意识;培养高度责任心及队员之间信任合作。

(5)通过学习攀岩,使学生了解攀岩运动起源、发展、技术特点和意义,掌握结绳和攀岩保护方法,掌握攀登技术,培养勇敢、积极向上的精神,以及团结互助、超越自我的精神。

(6)通过定向越野的学习,使学生充分认识野外定向在户外运动中的重要作用,掌握野外定向的基本知识,熟练地使用地图和指北针,培养他们独立观察、思考和判断的能力,培养团结互助、密切配合的团队精神。

(7)通过野外用具制作的学习,培养学生动手、动脑能力,培养团队协作精神。

(8)通过装备使用及生活技能技巧的学习,使学生学会野外生活的特殊技能,提高在特殊环境下的生存能力。

(9)通过野外生存知识的学习,学会野外生活的特殊技能,提高特殊环境下的生存能力。

(10)通过负重行军、丛林穿越、涉水溯溪、扎筏漂流、搭绳过涧、攀岩、岩降、独木桥、野外定向、修建营地、埋锅造饭、篝火晚会等野外生存综合训练,培养学生吃苦耐劳的精神;锻炼学生勇敢顽强的意志品质、挑战自我及发掘自身潜能;培养学生互相帮助、团结协作的团队精神;勇于挑战,使学生具有独立参加有挑战性的野外活动和运动竞赛的勇气和能力。

(11)通过系统学习户外运动知识,为户外运动科学研究和理论创新提供人才支撑。

2. 户外运动教学的意义

结合户外运动的特色,从高校实际出发,户外运动教学的意义主要体现在以下几个方面。

(1)户外运动教学在自然环境中进行,使人亲近自然、尊重自然、敬畏自然,促进人与自然的协调发展。

(2)体现互动式教学模式,注重实际操作能力培养,体现团队协作精神。

(3)使学生掌握参与户外运动应具备的基本知识、技术技能及参与并指导户外运动的能力。

第二节 户外运动教学的组织与实施

一、户外运动教学的组织实施

(一)教学准备

(1)户外运动教学的时间安排为1个学期。在开展户外运动教学前一学期,应通过学校教务部门和体育教学部门主页、宣传栏等介绍户外运动课程教学的基本情况及管理办法,包括户外运动教学的主要内容、师资、教学手段、开课时间、考核办法等。

(2)户外运动教学分为必修课和选修课两种类型,在校学生通过学校教务系统的选课系统,自愿选课参加学习。对于体育课教学计划的安排,各高校存在一定差异。目前,我国高校将体育课作为通识教育课,在大学第一学期至第四学期(即大学一二两个年级)开设。部分高校经过教学改革,在规定体育课必修学分(通常为4个学分)的基础上,允许在校本科生可以在大学一年级到四年级(共8个学期)中,任意选择4个学期进行公共体育课学习。例如,中国地质大学(武汉)本科生可以在任何一个学期,选修户外运动公共体育课或其他项目体育课。

(3)在野外生存综合训练时,食品、装备、交通等方面的实际费用由学生自行承担。

(4)统一组织、合理利用教学资源。理论课进行合班教学;实践课以班为单位进行教学,每班人数控制在30人左右。

(5)师资安排。根据教学大纲要求,户外运动教学的内容非常广泛,师资团队的组成必须做到科学合理、精干高效。一般而言,理论课的教学需要5~6名教师,野外实习需要7~8名指导教师。理论课教师必须具备深厚的户外运动理论功底和丰富的实践教学经验;野外实习指导教师则更强调具备熟练、灵巧的实践操作能力,以及现场突发情况的控制能力。

(二)教学方式及相关内容

(1)教学采用理论与实践相结合的方式。综合训练作为教学的延伸,通常安排在学期末的周末时间。

(2)理论课运用多媒体课堂教学,实践课则在野外自然环境中进行,并注重学生户外运动技术、技能及生存技术、技能的培养,尽量让学生根据所学的知识自己解决问题,以培养学生的创新、动手及应变能力;综合训练是对学生学习效果及综合素质的全面考核,安排在理论实践课后进行。

(3)在实践课和综合训练过程中,指导教师根据教学要求,对学生进行分组(5~8人一组,男、女生搭配),实行组长负责制,大部分户外活动以组为单位进行练习实践,采取互动式教学。

(4)身体素质练习贯穿于实践课的全过程。一般安排在教学结束前进行,练习时间为20~30分钟。

(5)综合训练应选择在经过勘查的、十分成熟的、复杂多变的山区进行,采用基地式、穿越式、混合式和特殊式四种不同的方式训练。没有条件的可选择在公园、城市周边的农村进行训练。

(6)在实施综合训练时,将食品、装备一并发放给各小组,各小组自行安排食品计划。在教师的严格控制下,有条件时让学生识别采集或捕获一些可以食用的动植物。在教学中,要注重培养学生的生态环境保护意识。

(7)根据训练基地的实际情况,安排攀岩、速降、滑冰、搭绳过涧、丛林穿越等项目的技术训练。

二、户外运动教学的基本原则

按照教学规律对学生进行指导,在遵循循序渐进、因材施教、教学相长、效益最大化等基本教学原则的前提下,户外运动教学还须遵循如下特殊原则。

(1)"安全第一"原则。即注重安全第一,把学生的安全放在首位。户外运动教学场所多处于野外自然环境中,具有一定的风险性,所以一切活动都要在保证学生安全的前提下进行。

(2)"学生主体"原则。以学生为主体,把学生放在教学活动的中心位置,给予学生主动演示、主动学习的机会,让更多的学生参与其中。

(3)"全面发展"原则。注重身心的全面发展,既要锻炼身体、提高技能,还要帮助学生增强信心、培养良好的意志品质。另外,户外运动的特殊性还要求学生必须具备更加稳定的心理素质。

(4)"绿色环保"原则。户外运动教学实践以自然环境为依托,只有尽力保护环境,减小人类户外活动对生态环境的负面影响,才能保证户外运动的健康可持续发展。

三、户外运动教学的注意事项

(1)在外出进行野外实践练习前,必须将各项安全事项向学生通告,引起每名学生的充分重视。

(2)在指导教师中必须安排一名具有丰富的医疗经验的教师,有条件的学校应尽量配备队医,负责野外教学中的医疗工作。

(3)在原则上,野外生存实践训练安排应该风雨无阻,但若遇到极端天气或因恶劣天气引发的自然灾害,可根据具体情况适当地调整训练计划和要求。

(4)当出现不可抗拒因素导致原野外生存实践训练计划无法进行时,应采取紧急预案,既保障教学有序进行,也要确保师生的人身安全。

(5)一切实践活动的开展首先须确保师生人身安全,如有学生因个人身体原因实在无法完成训练任务,可以放弃。

(6)树立环保意识,遵循户外活动对自然环境的最小冲击法则,减少因人类户外活动造成的生态破坏。

四、户外运动教学评价及考核

(一)户外运动教学评价的概念

户外运动教学评价是以户外教学的目标为标准,运用科学的手段对教学效果进行综合判断的教育活动,包括对教师的评价和对学生的评价,是研究老师"教"与学生"学"的活动过程。

(二)教学评价的功能

1. 诊断功能

教学评价可以了解到教学各方面的情况,对教学效果进行判断,客观地评估教学目标的实现与否,找到其中的问题和症结,是对教学的一次科学严谨的诊断。

2. 激励功能

教师和学生可以通过评价结果了解自身在"教"和"学"中取得的成绩和不足。科学的评价可以对教学起到积极的推动作用,较高的评价能给教师、学生带来自信,激发他们向更高目标前进;较低的评价可使教师、学生发现不足,刺激其改正不足,争取优秀表现。

3. 反馈、调节功能

在教学评价中及时反馈教学活动相关的信息,教师和学生可以据之适当修订计划,优化调整教学行为,从而有效地达到预先设定的教学的目标。

(三)教学评价考核的内容

(1)教学考核的内容包括理论考核、实践操作考核和野外生存实践综合评定。

(2)理论考核内容包括课堂讲授的户外运动知识;实践操作考核内容包括技能技巧(在攀岩、定向越野、野外生存等项目中,可采取抽签的方法考核其中一项);野外生存实践综合评定则由教师根据学生在户外的表现进行综合评定。

1. 简述户外运动教学的优势。
2. 如何改进户外运动教学形式?
3. 在户外教学活动实施的前、中、后三个阶段,分别需要注意的危险有哪些?

第五章

户外运动活动的组织与管理

【内容提要】 本章主要知识点包括户外运动活动的概念、意义、特征、类型、内容与组织形式,以及户外运动活动组织的基本原则、活动开展的前中后期管理、后勤管理、活动组织的具体要求等。

【学习要求】 通过本章内容的学习,要求基本掌握一般户外运动活动的分类及内容,熟练掌握户外运动活动组织与实施的基本流程与关键问题。

当前,我国户外运动产业主要由户外运动服务、户外运动竞赛、户外运动服装用品、户外运动培训教育等行业构成。户外运动俱乐部是我国户外运动服务业发展的主体,主要通过为户外运动爱好者提供活动组织、竞赛组织、学习培训等多种形式的服务获取利润。在众多服务内容中,组织开展户外运动活动是俱乐部盈利、推广户外运动的最好方式,也是当前我国户外运动发展的主要形式。

第一节 户外运动活动概述

一、户外运动活动的概念

户外运动活动是指为了达到强身健体、愉悦身心、培养团队协作精神、掌握户外运动技能的目的,有组织、有计划地运用一定自然环境和人工建筑物(非运动目的)作为场地,开展登山、露营、溯溪、皮划艇、攀岩、徒步、溜索等户外运动项目的过程。此概念包含如下几层含义:

(1)参与户外运动活动的主要目的是强身健体、愉悦身心、培养团队协作精神、掌握户外运动技能。

(2)相较于其他体育项目,户外运动项目的危险性更高,其活动的组织与实施必须充分、谨慎,尽力确保万无一失。

(3)户外运动活动的内容以我国正式开展的户外运动项目为主。

(4)户外运动活动以一定的自然环境和人工建筑物(非运动目的)作为活动场地。

二、组织户外运动活动的意义

（1）通过户外运动活动，参与者可以得到以下几个方面的收获：①认识自身潜能，增强自信，改变自身形象；②克服心理惰性，磨炼战胜困难的意志品质；③启发想象力和创造力，提高解决问题的能力；④提高人际交往能力，使自己能更为融洽地与群体合作。

（2）通过户外活动，一个组织可以得到以下几个方面的收获：①组织成员进一步明确和认同组织目标、文化，增强组织的凝聚力；②树立相互配合、相互支持的团队精神和整体意识；③改善人际关系，形成积极向上的组织氛围；④使成员表现出更强的组织领导才能，使组织在面对各种变革和挑战时，变得更加积极。

三、户外运动活动的基本特征

（1）自然性。户外运动在自然环境中进行，要求户外运动爱好者们对自然要有发自内心的热爱，才能深刻地感悟到户外运动的乐趣。这种热爱不仅是体现在对自然环境美妙温情的一面，而且还应包括它残酷恶劣的一面。

（2）探索性。人们参与户外运动，要面临不同的新环境，保持积极的探索心态对于体验户外很重要，正所谓"乐在其中"。

（3）团体性。在生疏甚至恶劣的环境中，团队协作胜于单枪匹马，尤其是一些高危险性户外运动项目的实施尤其需要团队协作。

（4）综合性。户外运动不仅受地理环境的影响，而且还受到气候、植被、动物、水文甚至地域文化等因素的影响，要求参与者不仅要是一个运动高手，还应该是一个通晓多学科知识的"复合型"人才。

（5）专业性。户外运动是专业性非常强的体育运动项目，有极为科学的运动方法和训练方式，对参与者的心理、生理和装备等方面都有着非常高的专业要求。

（6）教育性。户外运动通过组织和引导参与者在亲身实践中自觉自愿地学习各类户外知识与技术，同时也是将"团队、坚持、奉献、互助"等为人处世的基本道理内化为健康的心理品格，以及转化为良好的行为习惯的教育过程。

四、户外运动活动的主要类型与内容

（一）户外运动活动的主要类型

1. 拓展训练型

拓展训练通常是指利用山地、湖泊、岛屿等自然环境或专门的拓展场所，通过精心设计的活动来满足训练对象"释放压力、陶冶情操、磨练意志、完善人格、熔炼团队"的需要的活动。

2. 体验教育型

我国体验教育的发展历史很短,但是近年来发展规模不断壮大,速度不断加快。现今国内的体验教育的主要形式包括营地教育、研学旅行和一些其他带有体验教育意义的活动。所谓"体验",即通过实践认知事物。体验教育则是通过实践形式让体验者发现、体会、习得或提升平时所处环境难于习得的技能、情感表达、价值观和能力的教育活动。体验教育的对象大多是青少年,但也不乏一些特殊人群。

3. 群众参与型

在我国,"群众体育"通常是指相对于"竞技体育"的一种提法。群众体育中的户外运动项目类型多样,如徒步、骑行、高尔夫、滑翔伞等都是普通群众能够参与的项目。短距离徒步和骑行活动相对简单,不需要太讲究技巧和装备,长距离徒步或骑行必须具备一定程度的户外知识技巧及装备。在我国,经常徒步、骑行或露营的人有一个接地气的称呼叫"驴友"。

4. 竞技运动型

竞技运动即比赛性的体育活动。户外运动竞技项目也颇多,如水上项目有皮划艇、帆船、冲浪等;陆上项目有定向、山地马拉松、攀岩等;冰雪项目有滑雪、攀冰、雪橇等;空中项目有滑翔伞、热气球、跳伞等。以上这些运动项目,有些既可以作为休闲项目又可以进行竞技比赛,例如滑翔伞、滑雪、冲浪、皮划艇等。

(二)户外运动活动的内容

根据户外运动的定义和分类,户外运动活动具有探险、体验的性质,内容十分丰富,项目不胜枚举。这里,我们仅对我国开展较为普遍的、有一定人群基础的部分项目做简要介绍。

1. 攀岩

攀岩运动是借助攀岩鞋、绳索等技术装备攀爬人工岩壁和自然岩壁的运动。攀登者攀爬过程中不借助外在的辅助力量,靠攀登者自身能力完成攀爬。难度攀爬项目和攀石项目要求运用不同的技术动作(如侧身、挂脚、摆荡和跑跳等)完成身体在岩壁上重心的移动。攀岩运动集健身、娱乐、竞技于一体,是一项刺激而不失优雅的挑战极限的运动,动作极具美感和观赏性,攀岩运动又被人们誉为"岩壁芭蕾"(图5-1)。

2. 滑翔伞

滑翔伞起源于20世纪80年代的法国,因对体能要求不高,属于老少皆宜的休闲运动方式,因此在国外十分普及,上至80岁以上老年人下至10多岁的少年儿童都乐于参与其中。21世纪后,在我国逐渐开始得到推广,近年来发展十分迅速。据不完全统计,截至2018年,我国滑翔伞运动俱乐部已达200多家。目前,国内已有高校将滑翔伞纳入学校专业课程体系,比较有代表性的学校是中国地质大学(武汉)。

滑翔伞是一种借助空气动力或引擎动力实现空中滑翔和滞空目的的体育运动项目。动作要领的关键是用双脚起飞和着陆,通常从高山斜坡起飞,也可以通过牵引方式起飞。滑翔伞可以利用气流爬升到海拔4km以上,目前最大直线飞行距离达400km以上。根据飞行理念的不同,滑翔伞可以分为休闲滑翔、竞技滑翔和特技滑翔3个类别(图5-2)。

图5-1 攀岩

图5-2 滑翔伞

3. 帆船

帆船运动是水上运动项目之一,是依靠自然风力作用于船帆,由人驾驶船只前进的一项集竞技、娱乐、观赏、探险于一体的体育运动项目。

为大家普及一个常识：人们往往认为帆船是被风推着跑的，而实际上风的动力以两种形式作用于帆(图5-3)，帆船的最大动力来源于所谓的"伯努利效应"。

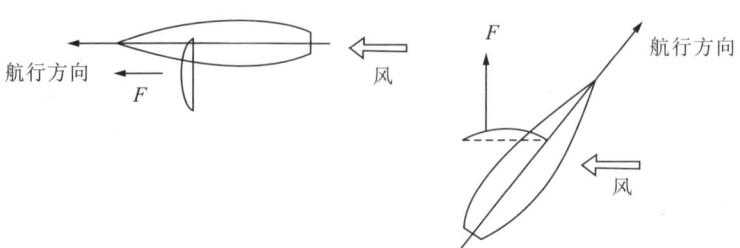

图5-3　风的动力作用于帆的形式

帆船运动主要分为稳向板帆(centerboard boat or dingy)和龙骨船(keel boat)两类(图5-4)。前者灵活，可在浅水中行驶；后者较大，稳定性能好，帆力强，可以在深水中行驶，甚至可做越洋航行。国际帆船比赛较为盛行，有的比赛要持续数周甚至数月，比赛时千帆竞渡，场面十分壮观。世界上著名的大帆船比赛有美洲杯、沃尔沃、克里伯等环球帆船赛。

图5-4　帆船

我国沿海地区基本上都已开展了帆船赛事，其中青岛、上海、深圳、厦门、宁波、三亚等地开展情况较好。赛事举办地逐渐延伸到内陆江河湖泊，发展潜力巨大。我国少数高校也已开设了帆船运动相关专业课程。

4. 野外穿越

野外穿越是户外运动的一种表现形式。凡是起点与终点不重合、不走回头路的野外探险活动，都可以称之为"穿越"。野外穿越是指自带装备与给养，在基本没有外援的情况下，徒步或借助交通工具(车辆、马匹等)进行的路上穿越活动(图5-5)。

按照穿越地域特点划分,野外穿越有山地穿越、丛林穿越、沙漠穿越、荒原穿越、雪原穿越、冰川穿越;按照行进方式划分,有徒步、骑自行车、驾驶机动车、骑马穿越等。一次活动往往包含了多种穿越类别,其中徒步山地穿越是最基本的形式,徒步穿越能力是一切穿越活动的基础。

典型的野外穿越一般选在穿越者比较陌生、地形复杂多样、具有神秘感的地域中进行。在穿越区内,往往人迹罕至,鸟兽出没。穿越者依靠地图、GPS、指北针等工具,依靠自己的知识技能判断方位、选择路径,逢山则登,遇水而涉,披荆斩棘。由于强调不走回头路,徒步穿越一般不设立中转营地,所

图 5-5　野外穿越

有吃、穿、住、行所需都靠自身携带。一旦发生意外情况(如恶劣气候、洪水、野兽袭击、受伤、迷路等),主要依靠自己或者队友相互帮助来解决。

比起普通的旅行观光,徒步穿越要艰苦得多,穿行在无人的崇山峻岭、大漠荒原,背上是沉重的行囊,脚下是崎岖的山路,顶酷暑、冒严寒,夜宿帐篷睡袋,风霜雨雪朝夕相伴,以苦为乐。

野外穿越难度可选、内容丰富,是一项综合性较强的野外活动,对穿越者尤其是对野外穿越的领队要求极高。首先,要求穿越者具有良好的心理品质、道德素养、相应的体能和相关知识技能;其次,领队必须具备坚韧顽强、胆大心细、处事不惊、行事果断、吃苦耐劳等品质,他不仅要注重团队精神,更要有勇于担当、乐于助人的品格。

5. 皮划艇

皮划艇是水上运动项目之一,1924 年作为表演项目进入奥运会,1936 年成为奥运会正式比赛项目。此后,皮划艇的比赛项目不断变化,奥运会共设有 12 个小项,主要是皮划艇静水、皮划艇激流回旋、皮划艇马拉松、皮艇球、花式皮划艇、残疾人皮划艇和海洋皮划艇等。20 世纪 30 年代中期,皮划艇运动传入中国。1955 年,中国正式开展皮划艇运动,北京是中国最早开展皮划艇运动的城市。1956 年杭州西湖举行第一次全国划船表演赛,共有哈尔滨、旅大、上海、杭州 4 个城市参与。1957 年,中国自制了皮划艇器材,同时北京、上海、哈尔滨、武汉、杭州、广州、合肥

等地区的皮划艇活动相继开始发展。1958年首次在武汉举行了皮划艇比赛,比赛项目有男子1 000m单人皮艇、单人划艇、双人划艇和女子500m单人皮艇。21世纪以来,我国皮划艇运动竞技成绩并不理想,在国际上排名较为靠后。

在户外运动中,广泛开展的皮划艇活动一般是静水项目,通常是在人工或天然湖面进行。掌握游泳技能的人参与静水项目体验容易上手,不需要很长时间的专业培训。皮划艇激流活动也零星有俱乐部组织,不过参与人群多数是专业人士或常年专业学习皮划艇技术的爱好者(图5-6)。

图5-6 皮划艇

6. 溯溪

溯溪是由峡谷溪流的下游向上游,克服地形上的各处障碍,溯水之源而登山之巅的一项探险活动。溯溪的全过程充满挑战,溯行者须借助一定的装备,运用一定的技术,去克服诸如急流险滩、深潭飞瀑等艰难险阻。

具体而言,溯溪的技术大致可分为溯溪图的判读、绳索技术、登山技术(岩石堆穿越与横移、涉水泳渡、瀑布攀登)等(图5-7)。除技术外,溯溪者还需要同伴之间的密切配合与团队协作。一次艰难的溯溪活动,对溯行者而言是一种考验,但通过团结协作安全顺利地完成之后,溯溪者会感到极大的信任和满足,体会到克服困难后的自信与成就感。

图5-7 溯溪

7. 滑雪

滑雪是一种运动项目,亦是一种娱乐方式。它属于冬季雪上运动项目的一种,起源于19世纪初的北欧。人们借助滑雪板、手杖等滑雪用具,按规定的场地和线路,运用跳跃、滑降、转弯、滑行等基本技术在雪上滑行,其运动项目主要包括跳台滑雪、高山滑雪、花样滑雪、越野滑雪及冬季两项等（图5-8）。在1924年第6届冬奥会上，越野滑雪正式被列为比赛项目。目前，娱乐性滑雪已成为一大假日休闲产业，世界上最著名的滑雪场地位于阿尔卑斯山脉和落基山脉。

我国滑雪运动开展时间较晚，参与人群受季节、地缘等因素影响，分布不均，主要在东北、华北、西北等地且基数较小。滑雪产业在我国发展速度较慢，现有的滑雪场地设施远不如欧美国家。我国滑雪产业普遍面临的问题是滑雪度假旅游区产业结构单一，仅有滑雪体验一项，

图5-8 滑雪

伴生产业较少，配套设施不足。另外，行业规范也急需完善，滑雪场地受限、教练水平良莠不齐，导致该项目的进行存在较大安全隐患。随着我国综合实力的提升、经济水平的增长，以及2020年北京冬奥会的申办成功，我国滑雪运动将得到很大的推动，参与人群迅速增加，滑雪产业开始步入正轨。

五、户外运动活动的组织形式

1. 个体自发组织

个体自发组织也就是通常所说的AA制或"纯AA制"，是指户外个体自发聚集、费用自担、共同参加活动的一种方式，主要具有以下几个特点。

(1) 缺乏组织性，纯为自发、自愿的个体行为。

(2) 费用平均分摊或自担个人费用并平均分摊公共费用。

(3) 通常安全责任由个人承担，无需承担同伴意外伤亡上的法律责任。

2. 俱乐部组织

俱乐部组织通常是指，户外运动俱乐部等机构为户外运动活动的发起人，以营利为目的，召集并组织他人参加活动。目前，此种形式在户外运动行业中普遍存在，它主要具有以下几个特征。

(1) 组织性。活动发起的机构通常是在工商行政经营部门或民政部门依法注册的户外俱乐部、协会、机构等合法的组织，体现了机构与活动的组织性。

(2) 利益性。组织者从中获得各种直接或间接利益，包括现金、实物、声誉、促

销等。

（3）责任性。组织者与参与者各自承担事先约定或法律规定的相应责任。

（4）安全性。有专门的组织者与技术指导人员保障活动安全与参与者的人身安全。

3. 政府部门组织

政府部门组织指由户外运动管理机构、地方行政部门所组织的户外运动活动，一般指较大型的群体活动。从2002年开始，一年一度的全国群众登山健身大会就是典型的由政府组织的群众户外运动活动。全国群众登山健身大会作为国家体育总局登山运动管理中心创办的全国性全民健身品牌，受到了广大群众的热烈欢迎，并逐步发展成为有影响力的全民健身品牌之一。2019年的全国群众登山健身大会从4月份开始，在青岛举行开幕式，一直延续到10月份，分别在四川、河南、浙江、宁夏、安徽、广东、海南等省、自治区设立分会场，开展了23站活动。

第二节 户外运动活动的组织与实施

在管理学中，"组织"一词有两方面的含义。作为名词，"组织"是指按一定目标、原则、程序和分工组合起来的人群、团体。作为动词，"组织"是指按一定的任务和规则，对有关人员进行动员、配置和协调。本书阐述的户外运动的组织，是指为了保证户外运动活动安全、有序、顺利地开展，按照开展户外运动活动的目的和规则，对户外运动领队、教练、参与者等人员进行动员和组织，对活动经费、装备器材等资源和物资进行配置和协调的过程。

由于我国户外运动发展起步晚，存在的管理、组织、操作等方面不规范问题，导致了我国户外运动事故频发，造成不良影响，直接影响了户外运动的声誉。户外运动活动绝不是一次简单的通过网络召集或自发接队后的出游、宿营或探险活动。户外运动有别于其他体育项目，其风险更大，因此在活动中需加强管理，确保每一名参与者和组织者的安全是最重要的任务之一。

对于户外运动活动的组织，我们不仅要在意识和观念上加强认识和理解，在活动中还要遵循户外运动活动规律，严格服从组织安排和管理。各类户外运动活动的组织与实施，都应服从户外运动行政管理部门的管理。组织危险性极大的登山活动还须事先提出申请，如由中国登山协会制订的《国内登山管理办法》第七条明确指出，"举行登山活动应当进行申请"。

一、户外运动活动组织的基本原则

(一)主题性与趣味性相结合

组织者在组织活动时,不能只为了完成活动而进行一些枯燥乏味的流水线操作。不同的活动内容有不一样的目标,所以活动的选择要凸显主题,活动的开展又必须紧扣主题。既要体现实际意义,又要实现既定的活动目标。另外,活动还要有趣味性,必要时动之以情,通过语言、项目激发参与者的情绪,这样才能在活动中调动参与者的热情,促使其感情流露以增强活动的效果。

(二)秉承传统与开拓创新相结合

户外运动活动形式多种多样,千差万别,但是经典的内容主题永远能引发人们无尽的思考。户外运动活动既要与参与组织原有文化相兼容,也要兼顾组织中不同参与群体的关系,开展过程要体现新颖性,吸引参与者的兴趣。在对户外运动活动项目的不断探索中,推陈出新,设计开拓出丰富的新项目与新服务。

(三)集体活动与分散活动相结合

户外运动场地的特点要求我们开展活动不能集中于单一地点,活动安排要合理,既要设计团队协作的集体活动,也要有个人的分散活动。对于参与者个人的活动,不能只是给参与者留出自由支配的时间(如用于休息、游玩或闲谈),还要引导启发他们独自思考人与社会、自然的关系。

二、活动前期准备工作

活动前期阶段的工作非常重要,它是户外运动活动开展的基础和前提。否则没有队员积极踊跃参加,户外运动的必要性无从谈起。因此,前期工作完成的好坏直接影响到户外运动活动能否如期进行。组织户外运动活动的前期工作主要包括以下几个方面。

(一)制订活动计划

组织活动一般应提前两周安排专门人员负责完成活动计划。活动计划包括以下内容。

1. 选择活动地点

活动地点的选择直接关系到活动的内容和预期效果,因此要慎重对待。选择地点可以参考以下标准。

(1)历史、人文与习俗。悠久的历史和深厚的文化底蕴,是参与者决定参加户外运动活动的主要参考标准之一。

(2)地理位置、环境与气候成为开发利用的自然环境。除非是登山、探险一类的户外活动,否则则建议在环境优美、气候怡人的旅游景点开展活动。对参与者来说,参加户外运动活动可以一举多得,相比单纯的旅游或体育锻炼活动,更加具有吸引力。

(3)特殊情况(即有何限制)。进一步分析目的地的地形适合于开展哪些户外运动项目与活动。

2. 明确活动目标

参与对象选择户外运动活动大多是为了达到拓展培训、体验与休闲、健身健心、学习和训练、普及和推广等目标。

(1)拓展培训。将户外运动作为培训员工的手段的企业,大多是企事业单位。在户外运动活动中,通过开展精心创设的特殊情境中的系列活动,包括攀岩、徒步,以及胜利墙、电网、天梯等拓展项目,可以激发、调整、升华、强化受训者的心理、身体、品德素质和潜能,达到使受训者心态开放稳定、敢于应对挑战、富有创新活力、促进团队形成的目的。为了迎合市场需求,有实力的户外运动俱乐部开发了一系列针对企业培训的服务项目,如武汉××公司下属的素质拓展培训中心开发了团队合力训练、新人融合训练、核心领导培训、营销队伍培训、项目团队培训、客户忠诚训练、潜能创新训练、时间管理训练、企业感恩培训等一系列课程。

(2)体验与休闲。大多数自愿报名参加户外运动活动的顾客,出发点都是为了逃出喧嚣的城市,到野外去呼吸新鲜空气,达到真正彻底放松身心、舒缓工作压力的目的。在与清新的大自然亲密接触的过程,也是体验登山、漂流、滑雪、野外垂钓、攀岩、露营、野炊带来的激情与闲适的过程。

(3)健身与健心。以健身、健心为主要目的的活动。一般是由政府部门组织的一些群众性登山、登高、徒步、远足等户外活动。户外运动的本质就是体育运动,任何形式的户外运动都有健身、健心的功能。

(4)学习与训练。有些户外活动完全在野外环境中进行,便于更好地巩固和掌握户外运动技能。如中国登山协会组织户外指导员培训班时所进行的户外实习和考核;再如,中国地质大学(武汉)所组织的户外运动专业学生户外运动综合实习。

(5)普及推广户外运动。不论是户外运动的行政管理部门还是社会商业组织,都承担着普及和推广户外运动各类项目的职责。

3. 确定活动内容

户外运动的活动内容有非常大的选择空间,主要取决于活动对象期望达到的目标(目的)。不同参与对象在年龄、兴趣、职业、文化层次等方面有明显区别,另外活动的地点不同、环境不同也导致了对活动项目设置的要求不同。

首先，不同人群对活动要求各有不同。通过网络招募的队员，大多为思维活跃、性格外向、追求新奇的年轻人，他们大多文化层次较高，渴望在与大自然亲密接触的过程中体验惊险、追求刺激、挑战自我。对这类队员的项目设计应该为难度相对较高的惊险刺激一类的项目，如攀岩、岩降、溜索等。另外，户外运动的功能之一就是构建和谐的人际关系，使参与者学会处理人与人之间的关系。年轻队员在活动前彼此之间大都素不相识，组织者不妨设计增加一些互动性较强的项目和内容，如在旅途中进行自我介绍、举行篝火晚会、丛林穿越等活动，通过这些活动项目的完成来增强年轻人的团队协作意识，并锻炼他们社会交往的能力。

其次，从企业、公司或旅行社招募的集体队员，其年龄、兴趣、文化层次参差不齐，每个人的兴趣爱好也不同。因为是集体队员，按照所属公司要求，主要应该以培训为主，目的就是让队员在野外活动过程中既要放松心情、缓解压力，还要在彼此交往、互相帮助和鼓励中学会坚韧不拔和团队协作精神。针对这类队员，组织者应根据企业文化多设计一些素质拓展训练的内容，做到既有针对性，又有目的性，这样才能达到企业真正想要的增强企业活力、凝聚力，以及提高企业生产效率的目的。

4. 把握制订计划的要求

制订户外运动活动的计划要遵循以下几点要求。

（1）操作规范要熟练。在任何的技术操作中，工作人员必须保持头脑高度清醒，不能有半点马虎和敷衍塞责，技术操作安全到位。动作操作熟练一方面显示了教练员技术扎实和功底过硬；另一方面也反映出教练员的自信。与此同时，这也给参加活动的顾客一种心理暗示——教练员非常优秀，请一定相信他们。

（2）活动安排要周详。对整个活动的所有环节必须考虑周全，包括人员、交通、食宿、装备物资、医疗保障、日程安排、经费等。比如：①计划中的人数不仅仅只包括应参与活动的队员，还应该包括领队、教练员；②交通车的预订应由专人负责，并在事先完成，以保证活动的顺利进行；③活动时间要明确，如遇特殊情况应及时与队员联系，而地点应包括出发地点、目的地、集合地点、宿营地等，都应事先明确告知队员；④活动经费预算应包括项目明细，在计划书中将本次活动的各项消费开支，如食品购买、装备租用、教练员酬劳等项目予以明示，让消费者心中有数；⑤户外运动装备是开展户外运动活动的物质保障，也是队员参加活动的安全保障，户外运动装备必须在专家的指导下购置，购买的装备必须有 UIAA 或 CE 标志（CE 是法语"Communate Europpene"的缩写，是欧盟的意思，CE 认证就是欧洲统一标准），这是质量和信心的保证。同时，还要遵循符合自身需求、分批购置两个原则；⑥将组织者的联系方式标注在明显位置，让队员能够一目了然地找到联系电话并与组织者保持畅通交流；⑦在野外进行户外运动，针对潜在的伤害事故，必须预备医疗保障。可以配备专门队医,若条件不允许,至少能有一人能够承担队医的兼职工作。如果是比较小型的户外活动,可以配备一个药品、器材齐全的医疗箱。

(3)信息传达要快捷。户外活动的环境比普通工作、学习、生活环境复杂很多,存在的风险也难以估量,因此在开始活动前或者活动中,凡事必须尽可能考虑全面,做到意识先行、信息快捷。

(4)活动方案要灵活。在户外组织活动,必须考虑周全,充分考虑到可能发生的意外情况,提前制订备用方案。在活动过程中,如天气突然发生变化、队员身体出现不适、装备丢失等情况,都可能直接导致活动不能如期进行,为避免给顾客造成损失,给组织方造成不良影响,应该果断采取应急备用方案,保证活动的顺利进行。除此之外,在出现意外情况时,工作人员、装备物资等都可灵活机动地调配。

(二)队员招募

随着我国户外运动的飞速发展,以户外运动为经营内容的俱乐部如雨后春笋般涌现出来,竞争非常激烈。目前,我国户外运动俱乐部招募队员主要有以下方式。

(1)通过互联网或社交平台宣传,吸引年轻的户外运动爱好者。我国户外运动爱好者大部分都属于青年群体,年轻而又火热的心使得他们热衷于追求刺激、体验冒险,并渴望在大自然中荡涤心灵、放松心情。处于移动互联网时代的户外运动爱好者主要通过手机获取信息,通过网络宣传户外运动,可以使户外运动爱好者轻松便捷地接收到与户外运动相关的信息,在互联网、手机社交、消费软件的帮助下,形成一传十、十传百的连锁效应。

(2)通过与旅行社合作,开发户外旅游项目。我国是一个旅游资源十分丰富的国家,在第三产业中旅游业也相对发达。现在的户外运动普及面越来越广,许多旅游爱好者已经不满足于单纯的旅游,而是希望在休闲旅游中体验更多的个性化内容,很多地方也通过将户外运动与旅游业更好地结合起来,从而促进了当地旅游经济的发展。

(3)与企事业单位、政府部门合作,提供户外运动培训服务。随着户外运动的兴起,大多数户外运动项目在增强团队精神、培养团队协作意识方面已经逐渐为社会所认识并得到认可。在户外运动俱乐部的大力宣传下,许多效益较好的企业为了进一步提高员工的生产和工作积极性,促使员工工作效率提升,通过为员工交纳一定培训费用,为员工提供优质的户外运动健身与培训服务,既满足了员工的身心健康要求,提高了企业员工的团队协作精神,锻炼了员工的意志品质,又增强了企业的活力和凝聚力,从而提高企业的生产率。目前,户外运动俱乐部为企业、公司或政府部门提供的"拓展训练"是最热门和时髦的培训方式,对俱乐部而言也是利润最为丰厚的业务之一。

户外运动活动的组织与管理

（三）做好应对发生安全事故的保障工作

(1)在出行前,一定要通过保险公司购买意外人身伤害事故保险,有具体保险要求的客户可自行增加保险份额。

(2)在陌生的野外环境中活动,腹泻、中暑或被蚊虫叮咬等情况都有可能发生,因此在户外运动活动中要配备医务员。如果条件有困难,至少要配备医疗箱,并备好伤风感冒、消炎止痛、止血杀菌和雄黄酒等实用的药物和纱布,防患于未然。

三、活动中期管理

户外运动活动的组织是一个包括编制计划、招募队员、活动策划、活动进行、后期分享等多个环节的系统工程,其中活动中期的管理最为重要。完成前期准备工作后就进入户外运动活动的关键部分——活动开展阶段。作为户外运动活动的组织者,不仅要注意保质保量地完成各项户外活动让队员满意,还要高度重视整个活动过程中所有人员的安全问题。活动中期是潜在危险事故的高发时期,各项活动如期开展,各种风险也可能随之而来。陌生的自然环境、人际关系、活动内容等,都存在着安全隐患。

在户外运动活动过程中,领队要充分行使组织管理职能,控制活动计划的严格执行;保障团队的合作,对能力不足的队员给予必要的帮助;根据自身的知识和经验,及时预测识别风险,在紧急情况下合理变更计划,对突发事件做出正确判断和采取措施,无法控制时及时向外界寻求帮助。

基于户外运动活动流程管理的重要性,活动流程的管理主要从人(即对领队、教练、队员以及向导的管理)、物(对装备、食品的管理)以及对活动进程三方面着手。

（一）人的管理

人员管理包括对领队、教练、队员以及向导的管理。所有的人员首先都必须遵守户外运动活动组织的规章制度。对队员的管理尤其重要,队员通常会因出外游玩而比较兴奋,很容易走丢而与大部队失去联系,甚至出现磕伤、碰伤、遇到危险动物等情况。在野外开展活动之前,一定要特别注意强调纪律,尽量避免遇到危险情况和发生不必要的麻烦。

（二）物的管理

活动流程中物的管理主要是指对装备、食品等物资的管理。各种物资尤其是装备,是开展各项户外运动活动的基本保障,应加强严格管理。鉴于物资在户外运动活动开展过程中的重要性,将在专门的"后勤管理"中详细阐述。

（三）活动流程管理

在领队的总体指挥下，各项活动应安排专人负责。各项活动负责人负责加强沟通与协调工作，以保证活动的紧凑、安全与有序进行。总而言之，户外运动活动过程的管理应注意以下原则。

(1)按照计划开展各项户外活动。包括：①活动过程策划精细；②活动开展围绕主题进行；③降低意外事件的发生概率；④保证绝大多数参与者融入到活动中；⑤给予完成任务有困难的参与者以鼓励和必要的帮助；⑥对于实在无法完成任务的个人和小组，可终止活动。

(2)在活动中及时地进行总结。包括：①活动中或活动尾期安排总结活动；②总结形式可以是个人自我总结或评价他人表现，也可以是小组集体讨论；③通过总结使参与者说出自身感受，并相互交流经验；④对表现突出的团队和个人给予表扬和奖励。

(3)保证活动质量。包括：①活动组织者应富有经验，善于引导，能周全安排活动；②活动道具齐全；③活动环境适宜；④参与者精力集中，全身心融入活动；⑤妥当安排饮食与住宿等后勤工作；⑥活动日程安排得当，保证参与者有充沛的精力。

(4)依据外界环境及客观条件的变化，应对某些活动做相应地增减和变动。包括：①天气原因使活动形式、内容发生变化，如水上活动不适合在寒冷天气中开展；②参与者人数的增减，也对户外活动的项目选择产生影响；③参与者在活动现场兴致的高低，也会影响到活动内容的取舍。

四、活动后期管理

各个户外运动项目结束后，标志着户外运动活动进入后期管理阶段。尽管主体部分的活动已经结束，但并不意味整个活动已经大功告成，其后期管理同样重要，内容也十分丰富，主要包括：

(1)当活动顺利完毕后，应保证所有人员安全返回。
(2)将装备器材清点入库，不得遗失。
(3)离开野外营地，应清理现场垃圾，保持环境整洁。
(4)活动结束后，总结出活动中发生的风险，并对其因素、处理措施及效果进行分析。
(5)财务负责人应完成书面收支表。
(6)活动组织者应对活动进行总结，并将结果发布在本公司或俱乐部的网页（或公众号）上。
(7)活动照片和队员信息等资料，应约定时间、地点后发放给每位队员。

另外，在户外运动活动的后期，还应注意客户的信息反馈。可以在实际工作中观察参与者,考察其思想、行为、能力是否相应地得到了改变或提高;还可以通过问卷、访谈等形式开展调查,了解参与者对活动的满意度及意见建议;也可以通过书面总结,了解获取参与者对户外活动的认识、体悟及感受。

五、后勤管理

后勤管理包括营地管理、装备管理和食品管理。装备是开展户外运动活动的物质保障,装备遗漏或者丢失导致的直接结果就是使活动无法开展。

(一)营地管理

在野外,营地为户外运动参与者提供了温暖的"家"。选择营地时首先就要树立"家"的观念,即营地是暂时居住栖息的地方,应该尽可能地选择舒适的地方。一个良好的露营营地至少应建设有四大基本区域,即帐篷露营区、用火就餐区、取水用水区与卫生区。

1. 帐篷露营区

营地的选择要遵循四大基本原则,即水源充足、位置平整、背风背阴、远离危险。

(1)水源充足。在大运动量的户外活动过后,选择有水源补给的露营地是完成整个户外运动活动的关键。因此,应首选在附近有溪流、水潭、河流、涌泉等有水源补给的地方扎营。营地不能选择在河滩上或者河谷中央,也不能选择河流转弯处的内侧。选择好露营点后,应在营地周边进行察看,做到"二选择一评估",即选择布设营地触发报警绳的范围、选择好假如夜晚有意外情况出现时的安全逃生路线和评估营地安全系数。

(2)位置平整。在确定露营点后,将准备扎帐篷的区域打扫干净,石块、矮灌木等各种不平整、带刺、带尖物的东西应全部挖除,不平整的地方可用土或草等物填平,并挖好排水沟。理想营地的地面应平整、不潮湿,且排水性好。营地选择要进行充分的考虑和选择,应在每天正午过后就开始留意行进路线上合适的营地位置,切忌在临近黄昏才开始选择营地。

(3)背风背阴。在野外扎营,尤其是在一些山谷、河滩上,应选择背风的地方,且帐篷拉门的朝向不要迎着风向,选择背风也是考虑到野外的用火安全与方便。所有帐篷的拉门最好都朝着同一个方向,帐篷与帐篷之间的安全距离至少保持1m以上,系好风绳后一定要注意风绳的位置,以免绊倒导致意外发生,帐篷区域还必须远离野外用火。

(4)远离危险。选择营地时不能将营地扎在悬崖下面,一旦刮大风时,山上可能有石头等物落下造成人身伤亡事故。在雨季或多雷电区,营地绝对不能扎在高地上、大树下或比较孤立的平地上,容易招至雷击。营地应尽量选择在靠近村庄或者距房屋及道路的最近点扎营。接近道路,如果发生意外,方便营地的转移与求救。在山野露宿有可能会遇到威胁性动物的攻击,夏季可以在帐篷区外用石灰、雄黄粉等刺激性物质围绕帐篷区抛洒一圈,以预防蛇、虫、老鼠、蚂蚁等爬行动物的骚扰。

2. 用火就餐区

用火就餐区应与帐篷区要有一定的距离,并且要建设在帐篷区的下风处,以防火星烧着帐篷。烧饭的地方最好是有土坎、石坎的地方,以便挖灶建灶,同时要注意有些碳酸钙类石头受热后会引起爆炸,必须保持警惕。拾来的柴禾应当堆放在区域外或上风处,营灯应当放在可以照射较大范围的位置,如将灯具吊在树上、放在石台上或者做一个灯架将其吊起来。火塘的边上应准备一桶水或者泥沙,以便随时可以把火熄灭。就餐以后应及时打扫用火就餐区,可以改造成公共娱乐区。

3. 取水用水区

用水取水一般都在水源点,盥洗用水与食用水应分开。若是流水,食用水应选在上游处,盥洗生活用水在下游处。如是湖水,两种用水处则应距离10m以上。另外,取水要经过的河滩地带乱石灌木等物较多,应提前在天黑以前把取水路线平整好,以确保取水安全。

4. 卫生区

卫生区是队员们排便的地方,如果只是住宿一晚,可以不必专门挖建茅坑,选择有腐土的地点挖猫洞(大约直径20cm×深30cm),猫洞应至少远离水源60m,远离营地60m。排便后,用挖出来的土填入洞中,并用树枝搅拌(这样容易快速分解),再覆盖表土,最后恢复原有的样子。另外,关于卫生纸的问题,建议在户外用植物来清洁,如树叶、草等,或用瓶装水,在盖子上钻小洞,喷水清洁。如果队员人数多或者住宿天数在两天以上,应当挖建茅坑,临时厕所应建在树木较密集的地方。

(二)装备管理

户外运动装备是开展户外活动的最为基础的必备物质,能为户外运动参与者提供安全保障。在准备户外运动装备时,要综合考虑目的地气候、地形状况以及活动项目等因素。此外,还要兼顾携带装备的方式,因为携带方式将决定所能携带装备的体积和重量。

1. 合理的计划

(1)数量。户外运动装备数量的确定,必须从参加活动的人数、活动项目数量与类型、活动地点的气候条件等实际情况出发,根据需要,自行购置或租用个人装备,集体装备则由活动组织者统一提供。

(2)质量。户外运动装备一定要通过正规渠道获得,比如从户外用品专卖店购买、从专业户外运动公司租用等。装备的购置必须有专家的指导和建议,购买的装备必须有 UIAA 或 CE 标志。

2.保管与存放

通常,个人装备由个人管理,一般不会出现损坏或丢失的情况。团队装备牵涉到每一个团队成员的安全与活动的顺利进行,其遗失或损坏将影响到每一个参与者的利益,因此团队装备的管理同样重要。

团队装备通常包括帐篷、绳索、安全带、下降器、上升器、安全帽、炊具、地图、旅行指南和其他工具等,对团队装备的管理要特别小心谨慎。

首先是进行任务分配。如帐篷、绳索等,应该由几个人共同保管,每个人责任要明确,使大家清楚地知道谁保管帐篷、谁保管绳索等等。通常团队装备必须交由成熟、稳重、可靠的人保管,负责人必须定时检查,除了确保其所保管的装备无安全隐患,还要确保装备处于良好的性能状态以保障活动顺利开展,并能维持至活动结束。有许多团队装备具有一定的危险性,如小刀、火柴、斧头、锯子等,这类工具一定也要交由可靠的人专门保管。

其次是存放位置的选择。团队装备应尽量集中存放,必要时适当分开放置,以便于管理和取用。比如,帐篷 A 专门用于存放炊具(炉具、锅、水壶),而绳索、安全带、安全帽等开展活动的必备装备则存放于帐篷 B 中,下降器、上升器、钩环、快挂、扁带等小型但特别重要的物件则需用专门的小包放置。建议将各种急用和非急用物品按其各自功用分门别类放置,以便于各种日常使用。以急救包为例,水泡、伤口、头痛、瘙痒等日常处理所需药品就应当放在易取易放的位置,以免在急用时无法快速取用。有些物品的存放则需要分开放置,如在不使用时,炉子与燃料瓶应分开存放,以免发生危险。

3.检修与维护

户外运动装备通常比较昂贵,而且关系到每一个参加者的生命安全。因此,要保持各种装备的良好性能,应该适时对其进行检修整理和保养维护。

(1)使用前。尽管建议在每次装备使用后要对其进行检修和保养,但每次使用前仍需要对装备进行细致的检查,因为户外活动通常要经过长距离的旅行才能到达目的地,有些装备在运输途中也可能会损坏。

(2)使用中。无论质量多么可靠,户外运动装备都存在一定的使用寿命,且大多装备若违规使用会提前结束使用寿命。比如,一个人数众多的团队高频率地使用的岩降绳索,就应该在使用过程中对绳索时常进行检查。

(3)使用后。在活动结束返回营地后,要对装备数量进行清点,并认真进行保养。比如,帐篷的破洞应在下次使用前修补好;在通风环境下将炉具擦拭干净并确保阀门关紧;将指北针表面擦拭干净以免造成划痕影响使用;背包在仓库中的存放位置应位于通风和干燥处。

(三)食品管理

1. 合理计划

户外运动活动的必备食品应具有以下特点:体积小易包装,重量轻易携带,容易储存不易变质,具有高热量、高蛋白及丰富的维生素,容易消化,味道可口,方便烹调。因并非所有的食品都能具备以上的要求,因此要在出发前预先制订科学、完善的食品购买计划。制订食品计划,首要任务是确定数量。另外,户外运动对体能消耗要求大,食品计划还必须考虑到食品的营养搭配。

(1)数量。绝大部分食品的配备按人数计算,少数食品如咸菜、果汁、果酱、咖啡等则按组分发。

(2)营养。在户外运动中,体力消耗通常较大,如果营养补充不合理,则会引起疲劳,甚至会导致身体出现不良表现,这就违背了户外运动的初衷。因此,除了要保证充足的睡眠之外,膳食的合理安排和高质量营养食品的及时补充也非常重要。

合理的营养首先来自合理的饮食,即全面、平衡、适量的饮食。在户外运动活动过程中,饮食规律容易被打乱,应尽量做到定时定量,不要暴饮暴食,否则可能造成消化功能紊乱,以及营养缺乏或不平衡。每次饮食的数量、时间等要尽量做到科学搭配,规律摄入,避免饥一顿、饱一顿或恣食寒凉食物。

对于经常从事户外运动的人来说,对营养的补充有一定的特殊性,要根据户外活动的特点,选择高水准的营养食品来满足需要,主要包括以下四个方面。

第一,能量和糖的补充。补充糖(碳水化合物)在户外活动中非常重要,体内糖分是日常活动的能量供给最为主要与直接的来源。在活动前,补糖可以增加体内糖原储备和血糖来源;活动中补糖可以提高血糖水平,延长户外活动时间;运动后补糖可以加速体能恢复,尽快消除户外活动引起的疲劳感。糖的种类有很多,其中许多饮料中含有的葡萄糖因人体吸收最快,适宜与水果等含有果糖的食物共同摄入;专业运动饮料中含有的低聚糖在快速补充足量糖的同时不容易产生腹部的饱涨感,并且口感清爽,非常适宜在户外活动中使用。饼干、面包等富含淀粉的食物中除了含有各种复合糖外,还含有维生素、无机盐和纤维素,可在活动后的饭食中增加摄入。不过,对一些在户外活动中有减脂要求的参与者而言,要适当控制活动前及活动中糖的补充。

第二,水分的补充。在户外活动中,出汗会造成机体大量体液的丢失,当人体感到口渴的时候,丢失的水分就已经达到了体重的3%,处于轻度脱水的状态,所以应提倡预防性补水。不过,短时间内大量补水,会造成恶心和排尿次数增加,从而影响到机体的运动能力,应该遵循"少量多次"的原则。此外,应该避免补充纯水,要将补水与补糖结合起来,只补充纯水会进一步加重体内电解质紊乱。

第三,蛋白质的补充。在进行户外活动时,应该准备一些富含优质蛋白质且体积小、便于携带的小食品,如牛肉干、肉松、鸡蛋、火腿肠等。但鱼、肉类食物摄入的同时也会摄入大量的脂肪和胆固醇。额外补充高蛋白质、低脂肪和低胆固醇的优质蛋白粉很有必要,每天补充25克蛋白粉可以起到增强体质的显著效果,混合在饮料或牛奶中同时饮入即可,且其体积小、重量轻,便于携带而不增加负担。

第四,维生素和微量元素的补充。维生素和微量元素的补充主要是通过合理的膳食来实现,在户外活动中要尽量做到食品种类的多样化。不同食物中维生素和微量元素的种类和含量不同,例如水果的维生素C的含量很丰富,但是维生素B_1则主要来源于谷类食物。一些专门针对户外活动人群开发设计的维生素和微量元素补充剂,充分考虑到健身人群的特殊需求和身体中各种维生素和微量元素的实际情况,能做到有针对性地补充,避免了因使用普通产品造成的"缺少的补充不足、不缺少的又补充过量"的现象(表5-1、图5-9、图5-10)。

表5-1 各种维生素的来源及功能

维生素		来源	功能
脂溶性	A	胡萝卜、绿色蔬菜、奶制品、鱼油	生育发育,增强眼部功能
	D	奶制品、阳光、强化食品、黄油	补钙,促进新陈代谢
	E	植物油、奶制品、纯米制品	防止血管硬化、抗氧化
	K	深绿色蔬菜、谷类、肉类	止血(预防流鼻血)
水溶性	B_1	奶制品	补充碳水化合物、糖分,促进新陈代谢
	核黄素	奶制品、谷类	抗氧化
	尼克酸	奶制品、谷类	增加能量,促进新陈代谢
	B_6	蔬菜、梨	增加蛋白质,促进新陈代谢
	C	柑橘类的水果	增强体质,防止血管硬化、抗氧化

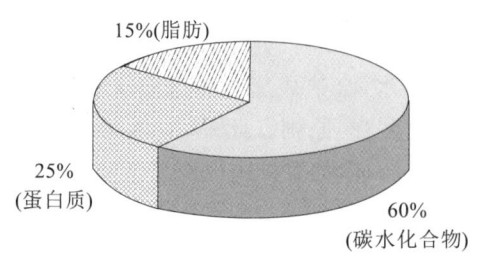
图 5-9 人每天的能量来源

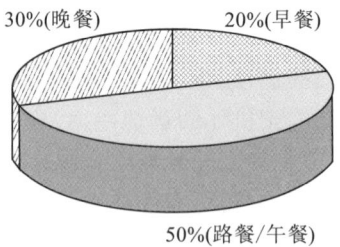
图 5-10 每餐对当天需求能量的分配率

2. 食品存放

合理的膳食加上高质量的营养补充,不仅能使我们在户外运动中尽情投入,又能快速消除疲劳,保持精力充沛,在保证身体营养和健康的基础上,享受到户外活动给我们带来的无限乐趣。

通常,个人食品应该用具备防水性能的塑料袋装好,然后放置在背包内的中上部位。公共食品在营地应分类放置在由专人负责的特定帐篷中,以免被野生动物偷吃或破坏,造成不必要的损失,进而影响活动进程。

3. 人体能量消耗与补充

通常情况下,普通人群在不同强度的运动中对能量的消耗不同,具体见表 5-2。

表 5-2 对热能的(消耗)需求

活动	热能的需求量(cal)	食品需求量(kg)
睡眠	1 500～2 000	不定
春、夏、秋三季徒步正常运动	2 500～3 000	0.8～0.9
冷天徒步、低强度运动	3 500～4 000	0.9～1
冬季登山、低强度运动	4 500～6 000	1.1

在户外运动活动中,关于用餐时间、补水等事项应按如下要求进行。

(1)用餐时间安排:早餐(行军前 1h);午餐(路餐,随时补充);晚餐(睡前 2h)。

(2)及时补充水分预防脱水:①千万不要等到口渴了再去喝水(口渴时身体 1%～2%的水分已经流失);②在行军时,要随时补充水分;③如果沿途有可饮用的水源,尽量少携带水;④如果携带水瓶,要尽量装满;⑤饮品应包括纯净水、运动饮料、冲剂(巧克力粉、茶、咖啡、汤料)等,以便方便地补充热量。

六. 组织户外运动活动的具体要求

1. 牢记安全守则

户外运动属于高危险性体育运动项目,组织实施户外运动活动切记严格规范。尽管我国当前出台统一的户外运动管理标准,但鉴于户外运动的高危险性,无论是自发组织的,还是通过户外运动俱乐部组织的户外活动,发起者或组织者都应该对队员的安全负责。组织者在组织活动时,应遵循以下要求和原则。

(1)掌握扎实的户外运动知识和丰富的实践经验,对活动路线相当熟悉,对参与者各项情况充分了解,具备极强的责任心。

(2)活动前对活动参加人员宣讲野外安全和急救常识,提高参与者的户外安全意识。

(3)购买户外运动专项保险或人身意外伤害险,减少因意外事故带来的损失。

2. 注重团队合作

户外运动的本质是体育运动,历练和培养团队协作精神是户外运动区别于其他运动项目的显著特征和优势。在户外运动活动的组织过程中,对组织管理者而言,无论是俱乐部管理者,还是直接管理队伍的领队、教练员,都应遵循户外运动的团队合作性,这不仅是活动本身的必然要求,也是为团队的其他成员作出表率的体现。

3. 事先准备充分

开展户外运动的"野外"通常是陌生的环境,意外时有发生,因此组织户外运动活动要考虑周全、准备充分,对每种可能发生的意外情况都尽力做到未雨绸缪。

(1)理念。对户外运动理念的理解,众说纷纭,它大致包含"安全、科学、理智、团队、环保"。组织者应该遵循和倡导户外运动的理念,并身体力行地引导参与者理解户外运动的真谛。

(3)知识。户外运动是一门综合学问,参与人员对生理、运动、医学、地理、气候、天象、动植物、人文等方面知识的掌握要多多益善。

(3)技术。如果将户外装备比喻成硬件,那么户外技术就是软件,精湛的技术是户外运动活动质量的保证。

(4)装备。无论是队员,还是组织者,事先要将装备准备好,否则在户外将寸步难行,活动也将无法开展。

(5)体能。户外运动运动量大,强度高,体能是完成野外活动的基本保障。在野外,比如在沙漠里,中午气温可达 60~70℃,对体力消耗极大,如果缺乏充分的准备，可能会出现体力透支现象。因此，至少要在参加活动前一个月，通过开展如跑步、负重登楼、游泳等常规运动来储备充足的体能。

4. 做好急救预案

户外运动安全无小事，且一旦发生人身伤害事故，开展求援也十分困难。因此在活动前必须准备好完备的救援设备，设计策划好急救措施，比如医疗器材、运输设备等。

本章讨论题

1. 组织户外运动的基本原则有哪些？你认为还应遵循哪些原则？
2. 如何理解确定户外运动活动地点、确定户外运动活动目标与选择户外运动活动内容三者之间的关系。
3. 在户外运动活动的组织管理中，人、财、物、活动流程四个要素，你认为哪一个最为重要，为什么？

【案例1】

（一）××登山协会户外活动组织流程

1. 制定活动计划书

原则上应提前一周完成活动计划书，计划书包括以下内容。

（1）出发城市、目的地城市以及目的地的简单介绍。

（2）活动所属类型及难度级别。

（3）活动的参加人数。

（4）活动的交通方式。

（5）活动所需天数及日程安排。

（6）活动整体的预算。

2. 活动行前会

协会组织的各类活动原则上应提前三天左右召开"行前会"并研究以下内容。

（1）确定活动参加人数、最佳交通方式及具体活动日程。

（2）根据人数配置领队人数（最少需设置正、副领队各一名）。

（3）在参加人员中推选财务管理人员，并特别强调出发时间。

（4）领队在出发前备好个人的装备（公用装备填写物品领取表），获取活动队员名单，初步了解队员的个人情况及队员的装备情况，并检查公用装备是否齐备。

（5）预收活动费用，并统一购买保险。

（6）领队尽可能地了解目的地的一切情况，并制订出相应的策略（天气、温度、路线、所需时间、难度等）。

3. 活动操作

协会组织的各类活动，在具体操作时应注意以下内容。

（1）组织者应对活动参加者作适当介绍，并获得所有参加者的常用联系方式，大致了解参加者个人情况，以便于进一步交流。

（2）如中途因特殊情况不得不改变活动计划时，应听从领队安排。

（3）某些特定活动，组织者应充分考虑安全因素，并采取必要的防范措施。

（4）开展活动时要注意给所有参加者参与和表现的机会，并注重加强新老队员之间的交流。

（5）在活动操作中，任何与现金有关的事物均由财务管理人员办理。

（6）在活动结束时，财务管理人员应详细列出活动的全部费用，并向参加者公布费用清单，全部账目应在活动结束后结算清楚，并根据规定多退少补。

4. 活动进行

（1）领队集合队员强调注意事项（时间、地点由领队决定，时间最好确定在出发前),内容包括:线路介绍、安全事项、活动纪律、环保注意事项、队员名单确认。

(2)活动过程合影,原则上应体现出协会的名称与LOGO。

5. 活动的反馈和总结

(1)财务报告:需在活动结束后三天内将活动的财务情况发布在协会网络或公众号上。

(2)余款退付:余款及未参加活动的退款交回协会并由协会负责退付。

(3)聚会:协会鼓励会员间的和谐交流,领队可以安排活动的后续聚会。

(4)活动信息及资源总结:领队负责记录活动中的景区资源、住宿餐饮资源、路线情况等信息,特别是新路线的信息,并交由协会存档。

(5)队员的反馈:协会应建立顾客投诉及建议的平台,对会员提出的专业建议进行探讨,酌情作出扣除积分、赔偿损失、取消资格等处理意见。

(6)回收活动照片,进行统一分类和分发,并作为资料存档。

6. 特别申明

(1)领队所起的作用是协调与支持活动的顺利开展,无法避免发生意外的可能。领队对于线路的行进和更改要全权考虑,要预见客观存在的各种风险因素,参加者自行评判其风险承担能力并审慎选择参加。报名并参加者被视为完全同意本次活动内容与方式的约定,并严格按法律要求参加活动。

(2)倡导"自助与必要的互助"相结合的户外运动理念,不做无保护的攀爬和个人英雄主义的冒险活动。为了安全起见,不允许出现独自疾走、暴走或因好奇新鲜而擅自脱离整体团队的情况。

7. 协会责任声明

登山协会户外活动为非盈利性质的自助游活动,并有一定的危险性,参加者须对自己的安全负责。如活动中发生意外事故,组织者与协会有义务组织救援或改变计划。

【案例2】

(二) ×××风景区户外运动活动的具体实施

1. 地点

武汉×××风景区。

2. 时间

周五下午至周日全天,共计两天半的时间。

3. 人员

队员80人,教练7人(其中,总负责人1名,助教2~3人),医护人员1名。

4. 交通

45座大巴车两辆。

5. 活动内容

攀岩、搭索过涧、竹筏竞渡、定向越野、徒步穿越、埋锅造饭。

6. 活动的具体实施

周五

14:00 队伍集合分组(10人/组),发放食品,装备及物资装车出发。

15:00 途中,队员、教练自我介绍,打破人际坚冰,增进了解。

17:30 到达目的地,总负责人讲解注意事项。

17:50 发放集体装备及物资(帐篷、防潮垫、炊具、大米、面条),扎营。

18:30 晚餐(搭建简易灶具),教练员会议,分配任务。

周六

07:00 各项目小组长提前做好工作准备。打好攀岩保护点、搭建搭索过涧的绳索。

08:00 早餐。

08:30 队员集合,打扫营地卫生。分小组安排活动任务,1、2组攀岩,3、4组搭索过涧,5、6组定向越野,7、8组竹筏竞渡。所有队员集中将竹子搬运至水库边,而后随带队教练到达活动地点,开展活动(其中攀岩、定向越野、竹筏竞渡可以记录成绩)。各活动点工作相互协调,保持信息畅通,轮换进行。领队或总负责人在各点巡逻查看,协调解决困难和棘手问题。

11:30 午餐(在活动点进行)。

15:00 活动结束,队员返回营地进行自由活动。教练员整理、清点装备。

17:00 准备晚餐。教练员总结一天工作。

19:00 篝火晚会。奖励当天表现出色的小组,活跃气氛,融洽氛围。

22:00　篝火熄灭,晚会结束,休息。

周日

8:00　早餐。

8:30　所有队员打扫营地卫生,清理收拾公共装备并装车。

9:30　每个小组配备1名教练、1张地图和1个指北针,自选1名队长,进行徒步穿越。

11:30　到达目的地,午餐(路餐),徒步途中可随时补充。

11:50　返回营地。

14:30　上车,返回集合地。

第六章

户外教育活动的组织与管理

【内容提要】 本章介绍了户外教育活动的基本概念和内容,概述了户外教育活动的目标与对象、场地与时间以及特点与作用,并介绍了户外教育活动的四个主要类型与基本特征。在组织与管理方面,本章从活动前准备、活动设计原则和风险管理等方面对户外教育活动的组织进行了较为详细的介绍。

【学习要求】 通过对本章知识的学习,能够清晰地理解户外教育活动的基本内容,并能够独立设计一次完整的户外教育活动。

第一节 户外教育活动概述

一、户外教育活动的概念及特点

(一)户外教育活动的概念

户外教育可以简单的定义为"发生在户外环境中,关于户外环境的体验式学习"。皮特·希金斯(Peter Higgins)和克里斯·洛尼斯(Chris Loynes)认为,户外教育可以看作是户外活动、环境教育以及社会与个人发展三个主要领域的结合。户外教育工作者可以在一定的时期内关注学习者在某一领域的发展,同时也要关注各领域之间的联系与互补。户外教育还可以被理解为是在户外的学习,在户外的教育,在真情实景中的教育。需要注意的是,户外教育活动的发生地除了传统的教室外,还可以根据户外教育活动的不同目的和需要进行选择,有些是原始或自然的,有些则是人为创造的。可见,户外教育为学习者创造了许多亲密接触大自然的机会。在此过程中,户外教育通过独特新奇的自然环境为学习者提供了恰到好处的感官刺激体验,从而起到了促进学习的作用,这些作用往往是在传统的教室学习环境中无法产生的。

当然,我们并不能否认书本教育的基础性及重要性,知识的获取途径本就不止一种,也不应该仅仅局限于某一特定场所。我们在这里将户外教育活动视为是对书本知识的一种有益补充,同时认为许多教学活动在教室以外的环境下展开更有利于学习者进行学习,学习者通过亲自参与、体会获取的知识往往更加深刻。户外教育实施可依托的手段或内容多种多样,本章所介绍的户外教育活动专指以户外运动作为载体所展开的教育活动。

(二)户外教育活动的特点和作用

1. 户外教育活动的特点

户外教育是以行动为中心的学习过程,它几乎可以渗透到所有课程的学习领域中,也更加有利于实现学科整合的目的。因此户外教育活动在广泛的学科领域中呈现出多样性,其特点也十分明显。

(1)目标的多样性。户外教育活动旨在使学习者通过某一次实地考察和学习,从而实现某一个主要的或多个教学目标,以达到多育并施的教学效果。在教学效果方面,户外教育能够发挥自然教育、社交教育、技能教育等多种功效,能够帮助学习者与大自然建立更加深层的关系,加深对自然界的了解;能够增强学习者的社交能力,培养团队协作精神,建立人与社会的和谐关系,获得领导能力;能够增强户外技能,增强安全意识与风险规避意识,保证在户外活动的人身安全等。

(2)对象的广泛性。户外教育的适用群体十分广泛,如以年龄划分,从幼儿到青少年,乃至成年人都可以成为户外教育的对象;以职业划分,学生、教师、工人等各行各业的社会人士都可成为受教育者。此外,实施户外教育的主体也较多,如学校可以充分利用户外区域资源,对学生进行多门学科的教育,增强其领悟能力;公司可以让员工到户外环境去,借助各种户外活动进行团建,增强员工团队意识,培养多种能力;医院可以借助户外教育,帮助病人进行生理或者心理的疾病治疗等。值得注意的是,只有经过专业人员实施户外教育活动,户外教育活动才能确保最大限度的安全性和专业性,才能够达到最佳教育效果。

(3)场地的延展性。可以根据目标群体、学科内容、教学手段、学习目的等不同,将户外教育活动安排至不同的学习场所。户外教育可以发生在任何一个合理的地理场景中,它将课堂环境扩展到室外的自然领域,为学习者无限延伸课堂,让教育方式也得到了多元化的发展。户外教育应以教学需要和学习者的适应程度来决定场地的选置,既可以是校园内外的空地、操场,也可以是博物馆、科技馆、公园,而山川、河流同样也可以在保证绝对安全的前提下成为教育场地。总而言之,户外教育的场地选择要充分考虑学生和教学的需要,在保证安全的条件下可以灵活地进行选择,并制订有针对性的教学方案与安全预案,以确保最佳的教学效果。

(4)时间的灵活性。户外教育活动的时间选择也可以灵活掌握,没有特定的限制。中国地质大学(武汉)根据学校专业特点及教学资源优势,开设了攀岩、岩降、野外生存体验、游泳、滑翔伞等特色课程,这些课程根据教学内容,所需的时间不尽相同,例如攀岩、游泳等课程可以在校园内通过正常上课时间进行教学,而野外生存体验和滑翔伞等课程对于户外环境的要求较高,所需教学时间也因此较长。总之,在时间的选择上,户外教育者应基于不同的活动主题、教学主旨、学习者的年龄等因素进行综合考虑。

(5)方式的特殊性。户外教育教学方式有别于传统的教学方式,它充分利用了户外环境的动态性和无序性,且以体验与实践为中心,使学习者可以清楚地认识到学习任务的完整性,其中体验式教育是户外教育的一大特点。

2. 户外教育活动的功能

(1)促进人的身体健康与身体机能的同步发展。2016年8月,习近平总书记提出,要倡导健康文明的生活方式,树立大卫生、大健康的观念,把以治病为中心转变为以人民健康为中心,建立健全健康教育体系,提升全民健康素养,推动全民健身和全民健康深度融合。户外教育是以运动为基础的教育,对人的身体具有极佳的锻炼效果,与我国当前的健康中国战略不谋而合。此外,户外运动可以促进人与环境的接触和身体的运动,发展我们的身体意识和运动美学。瑞典厄勒布鲁大学体育和健康研究院的一项研究结果发现,运动发育与概念形成之间存在明显的关系,户外教育所强调的运动体验,对于儿童的运动、概念和语言发育非常重要。

(2)深化人与自然的关系。自然界中的许多景象无法依靠文字完美呈现出来,只有切身体会才能够对大自然怀有敬仰之心,从而提高人们的自然保护意识。环境心理学领域的研究成果证明,变化多样的自然环境对人类的发展具有重要作用,融入大自然能够提高人的工作和生活质量,使人们在休闲时间内获得更大的身心愉悦感。自然界不存在控制人类行为和运动方式的社会因素,因此在人与自然的接触中,时间和空间方面都不受限制,这不仅可以帮助人们养成健康的户外运动习惯来提高身体素质,还可以帮助人们重新认识人与自然的关系。

(3)户外教育为教学提供有益补充。素质教育的实施,是中国教育史的一次伟大变革。长期以来,"唯分数论"使中国广大青少年陷入"死读书,读死书"的学习怪圈,只愿意接收二手信息,缺少独立思考、缺乏感官学习体会等,多是单纯地以"熟记"为手段与目的的学习。素质教育的实行,极大地改变了这一现状,不仅使学生的学习方式有所转变,教师和家长的教育观也随之发生变化。在户外教育活动中,学习者的学习是以亲身观察和直接体验为主,是将课本中学习到的知识在现实环境中的实践和检验。对于学习者而言,感官上的刺激大于文字对他们产生的刺激,他们通过看、听、闻、尝、摸等体验,可以激发对学习的兴趣,让他们产生学习自觉性,并主动获取知识和创造知识。对教育者而言,大自然作为天然的教具,能够呈现教室中无法实现的教学内容,同时激发新的教学方法和教学道具的产生。

(4)促进个人与社会的共同发展。户外教育对于学习者的心理能够产生许多有益的影响,教育者可以有针对性地设计出如团队协作能力培养、领导力培养、感恩教育等诸多类型的教育活动,对青少年的成长和人生观的培养有着重要的意义。在自然的学习环境中,学习者不仅能够体验到活动的娱乐性,在整个学习过程中,他们还能承担更多的责任,提高动手能力与独立思考的能力,克服各种障碍,培养更加健全的心理,促进个人与社会的共同发展,这些经历都为他们今后的学习与生活提供了重要而有益的指导。

(5)促进户外产业发展。随着社会经济的发展与进步,国家的政策支持,人们对于户外休闲活动的热情越来越高,也越来越多地参与到户外活动中去,中国的户外运动产业进入到前所未有的迅猛发展期。依托于当今户外运动产业的发展,户外教育行业的师资力量在逐步扩大,教学装备器材逐年更新,教育观念与教学方法也逐步与世界接轨。户外教育与户外产业相辅相成,户外产业催生了户外教育的发展,户外教育的进步也带动了户外产业的发展。

二、户外教育活动的主要类型与基本特征

(一)户外教育活动的主要类型

1. 学科扩展型

户外教育活动就是以实践的形式对书本内容的扩充,教育者借助户外资源,让学习者通过切身体会来获取知识,以达到辅助教学的目的。该类型在学校教育中较为常见,且适用于多门学科。例如在生物课中,教师可组织学生走出校门,近距离地观察动植物,以感官上的刺激来加强学习者对书本内容的理解和记忆;在历史课中,教师可组织学生在有条件的情况下探访名胜古迹,亲手触摸历史,感悟时光的变迁;在美术课中,教师可以组织学生在自然环境下自由创作,绘出他们

图 6-1 营地教育

眼中最真实的大自然。作为书本学科知识的一种重要扩展途径,这种教育活动通常采取基地教育的形式(图 6-1)。

2. 体能技能提升型

户外教育活动是以身体行动为基础，建立在学生的行动之上。在接触自然的过程中，学生的行动在一定程度上提升了体能。在专门培养学生体能技能的户外教育活动中，教育者有针对性地制定计划，通过各种户外活动提升学生某一方面的身体素质，例如在野外生存体验课程中，营地的建设不仅仅需要搬运各种材料，还需要扎实的户外技能，这些就是教育者应教授的内容，而学生在此过程中不仅锻炼了体力，也学习到了营地搭建、绳结技巧、射箭（图6-2）等多方面的知识。这种类型的户外教育活动，多以帆船、冲浪、登山等特定主题来开展。

3. 心理建设型

户外教育不仅仅是对身体的锻炼，也是对心灵的历练。在活动过程中，学习者将会调动多种感官去学习与领悟，通过实践活动获得内心的升

图6-2 射箭

华。例如，在团队精神的教育中，教育者会通过游戏让学习者们认识到只有通过齐心协力才能达到目标，从而获得集体荣誉感，增强团结意识；在高空溜索（图6-3）、独木桥等户外拓展项目中，学习者会通过同伴们的鼓励突破自己，提升勇气，挑战自己的不可能，继而将这种精神延续到日后的生活中。心理建设型的户外教育内容具有广泛性，既可以针对个人，也可以针对团体，对人的影响也是长久而深刻的。

4. 自然感悟型

户外教育是在大自然环境中展开的教育活动，良好的自然环境对于户外教育活动的成功实施具有重要作用。户外运动倡导的"LNT法则"（全称Leave No Trance），强调对自然环境的最小化冲击，是规范人类户外活动的一条重要法则。大自然对于人类而言，是赖以生存的家园，户外教育将大自然的魅力完全地展现在人们眼前，让人们认识到大自然的雄伟，对大自然产生敬意。当今的户外教育，大多都会涉及环保教育，让学习者通过在户外环境下的实践学习，与大自然亲密接触（图6-4），从而获得更好的环保教育效果。

图6-3 高空溜索　　　　　图6-4 徒步穿越

(二)户外教育活动的基本特征

1. 在户外环境展开

户外教育是在一切自然环境中开展的教育活动,与在教室、体育馆等室内环境开展的教学活动有着较大的差异。需要指出的是,户外教学场地的选择需要密切结合教学目标,并以保证人员安全为第一要义来展开教育活动。

2. 强调亲历体验

学生在教育活动中处于主体地位,一切活动都是在教师引导下围绕着学生展开。与教室内的教育不同,户外教育活动需要人走向室外。因此,需要通过教育者与学生双方的行动来完成教学任务,强调通过学生的亲身经历获得情感体验与建设知识体系。

3. 教学活动的多样性

户外教育活动通常由多个教学单元组成,从而形成完整的教学过程。以户外拓展为例,一般包括团队破冰、个人项目、团体项目与回顾总结四个环节。在这四个环节中,每个环节又由相互关联的不同个体单元所组成。此外,多个活动单元综合起来的最终教学成效一般都大于单个活动简单相加而产生的效果,有着"1+1>2"的作用。

4. 活动目标的多元性

如同一次户外教育活动由多个单元活动组成,户外教育活动的目标因人而异,具有多元性。根据不同的教学对象,设立不同的教学目标,并选择不同的教学方式。例如,针对新入职的员工,公司可以选择团建项目,以加强员工间的和谐关系以及对新的工作环境的适应;针对即将进入中高考的学生,学校可以组织参与拓展项目,增强学生心理水平,激励学生勇创佳绩。

第二节 户外教育活动的组织与实施

一、户外教育活动的组织实施

(一)户外教育活动前准备

1. 熟悉教学对象

在活动开始前,首先要熟悉教学对象,了解学生的性格、爱好及需求,对症下药,才能为活动开展奠定良好的基础。

2. 确定教学目标

根据所授课的内容和学生的需求确定户外教育活动的教学目标。教学目标的确立还应符合实际,切实可行,有利于辅助扩展书本知识,尽力并确保参与者安全。

3. 选取教学方法

在熟悉学生和确定教学目标后,应选取合理有效的教学方法,以确保户外教育活动的顺利进行,达到理想的教学效果。

4. 准备教学用具

教学用具是教育活动中不可或缺的教学要素,借助简单有效的工具(表6-1),能够很大程度地提升教学效果,助力教学活动开展。

5. 做好紧急预案

提前规划好活动路线,查询目的地的地形地貌、气象水文及人文风情等相关情况,考虑到各种可能发生的潜在危险,应事先制订详细的紧急预案,尽力避免意外情况发生而减少人员伤害伤亡损失。

6. 制订计划表格

在以上程序完成以后,将所有步骤列入教学活动表(下文专门介绍),并严格按照计划执户外教育活动。

(二)户外教育活动设计原则

1. 安全性原则

户外教育活动的设计必须充分考虑参与人员的人身与财物安全。教学活动的设计必须严格按照参与者的年龄、身体情况等进行安排,在涉及有风险的项目时,

表6-1　学校组织活动道具清单

名称	数量	单位	备注	名称	数量	单位	备注
大铲	20	个		警戒线	2	卷	
小铲	50	个		三角旗	2	卷	
桶	10	个		木钉	2	捆	
图册	200	本		竹子	2	捆	
锤子	3	把		透明胶	5	卷	
砍刀	3	把		棉绳	1	袋	
麻绳	2	卷		太阳伞		套	租借
音响	1	套		小凳子		若干	是否必要
国旗	1	面		旗架	2	套	
八达旗	1	面					

还应做好紧急预案措施,以保证教育活动的安全有序进行。此外,教育者可就地取材,在可控范围内设计模拟危险事故发生的活动,提高学生的安全意识,加强安全教育。

2. 整体性原则

户外教育活动的设计应考虑活动的全局性,将活动设计为一个可实行的整体,不同的子项目之间要相互联系呼应。同时,教育者还应注重细节,确保每一个活动阶段的系统完整。

3. 实用性原则

户外教育活动的开展一定要确保方案具体详细且可实施。在教学用具选择上,要考虑是否符合教学要求,能否满足学生需要,是否铺张浪费;在时间管理上,也要讲究合理利用,规划好每一个行程,确保活动衔接紧凑连贯,使活动能按时完成。

4. 创新性原则

户外教育活动的设计不必完全套用成熟的方案进行,可适当突破常规禁锢,可尝试新的思路,力求创新,给学生全新的体验,能够让人耳目一新,达到事半功倍的效果,从而最大限度地吸引学生全神贯注地参与。

5. 多样性原则

户外教育活动的设计需多样化,在设计过程中不能过于偏向某一类型的学生,应始终围绕教学主题,要尽量兼顾每一个学生,注重学生之间的个体差异性,尊重每一个教学主体。

6. 多育并施原则

户外教育活动的设计应遵循多育并施的原则,不能只把增长知识当作唯一的目标,还要注重培养学生的实践能力、社交能力,培养他们良好的心理素质,使学生成为健康健全发展的人。

7. 环境保护原则

户外教育活动的实施离不开大自然,在进行户外教育时,环保教育也是不可或缺且十分重要的部分。学生只有切身体会到了大自然对于人类的重要性,才能懂得感恩与回报,同时也会主动将环保作为自己的责任。

(三)教学活动表

教学活动表(表6-2)用于记录教育者所设计的户外教育活动,主要是将教学活动相关信息呈现于表格中,便于教育者的修改与完善,对于教育活动按计划实施具备较强的指导实用性。

表6-2 户外教育教学活动表

教学主题				
教学日期		执行教师		
教学时间		活动人数		活动对象	
教学目标				
教学内容				
教学重点		教学难点		
教学用具				
教学过程			思考与调整	
活动总结				

二、户外教育活动的风险管理

(一)户外教育活动风险管理概述

风险管理指的是如何在一个有风险的环境里把风险降至最低的管理过程。户外教育活动风险管理的对象是风险,主体是参与户外教育活动的组织或个人,基本目标是以最小的风险管理成本收获最大的安全保障。风险管理是一个动态、循环、系统、完整的过程。具体包括风险识别、风险估测、风险评价、风险管理技术选择和风险管理效果评估等重要环节。

户外教育活动的风险管理就是基于风险发生和控制技术的研究,通过风险识别、风险评估,并在此基础上优化组合各种风险管理技术,对户外教育活动风险实施有效的控制,保护参与者的安全,以达到最大安全保障的目标的管理过程。

户外教育活动中的风险管理目标应至少包括三点:一是风险规避,避免险情和损失的发生;二是风险最小化,降低险情发生的可能性,遭遇不可避免的风险时使其损失最小化至可接受的程度;三是利用风险管理使活动收益更大。户外教育活动风险管理的目标并不是追求绝对的安全,因为在户外环境下风险总是客观存在的,但通过影响危险因素中的动态因素可以减少危险的发生。可以从安全控制的训练、经验的累积、合理的计划、判断力的提高等几个方面着手,逐渐提高活动组织能力和有效的风险管理能力。

(二)户外教育活动风险因素

户外教育活动的风险因素主要来源于环境因素、个人因素、装备因素和管理因素(图6-5),这些因素之间并不是孤立的,而是综合在一起的,很多风险事故的发生正是由于多个原因叠加而产生连贯反应而造成,从而使风险的损失也增加了。

1. 环境因素

环境因素主要包括自然灾害、天气情况、交通状况、动植物伤害、人文冲突和流行性疾病等。环境风险因素的存在,并不一定导致风险事故发生,而是需要有一定的诱因。例如,在自然灾害的多发期,要时刻关注活动目的地的天气情况,有意识的避开事故多发区域;在交通条件较差的地方,要联系有资质的交通运输工具,避开险情路段;在野外时,避免与野兽或未知的动植物发生接触,不食用不熟悉的野生动植物等,要避免环境因素转化为事故。

2. 个人因素

在户外教育活动中,教育者、受教育者以及活动过程中所有可能遇到的人都是潜在风险因素的载体,主要表现在心理状况、身体状况、知识经验和技能操作等方面。例如,人的心理状况将极大地影响个体行为,极端的心理状态可能导致行动力

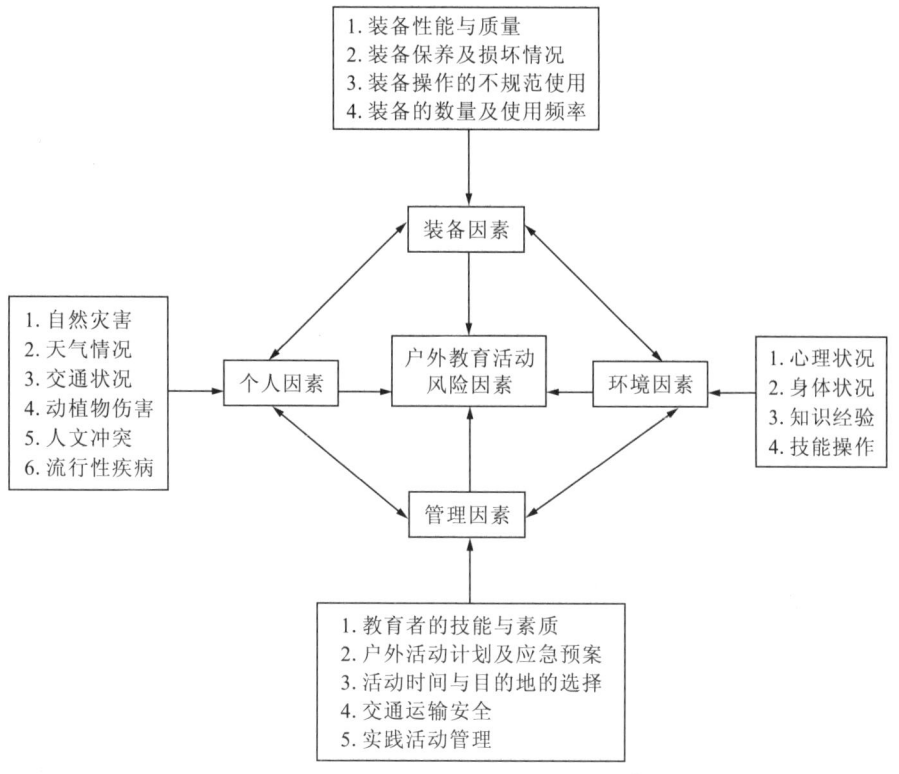

图 6-5 户外教育活动的风险因素

丧失,容易引发风险事故;身体健康的状况则直接影响运动能力;知识经验的丰富程度决定了在遭遇险情时的自我保护能力的大小,专业知识经验的欠缺可能会导致错误的判断;技能操作上的失误,甚至会直接引起险情的发生。

3. 装备因素

装备器材是户外教育活动的辅助教具,因装备器材造成的风险事故不仅仅体现在操作者的不当操作上,还需注意装备器材的认证、保养、操作、数量及使用频率等方面情况,尽力避免因装备造成险情。在装备认证上,需注意是否拥有 UIAA、CE 等专业认证;装备保养应尽力做到专业及时,发现已损坏或报废的装备应妥善处理;装备的操作需熟练,避免因生疏造成的装备损坏而引发安全事故;装备的数量及使用频率应做好相关计划及记录,以保证活动的顺利实施。

4. 管理因素

在户外教育活动中,管理相关的风险因素潜存于教育者的技能与素质、户外活动计划及应急预案、活动时间与目的地的选择、交通运输安全、实践活动管理等方面。在第五章,相关内容已有阐述,在此不再赘述。

(三)户外教育活动风险管理的基本程序

户外教育活动风险管理的基本程序包括风险识别、风险估测、风险评价、风险对策与风险管理效果评估,五个环节共同构成一个周而复始、循环往复的动态管理过程(图6-6)。

1. 户外教育活动风险识别

风险识别是管理的第一步,指的是对所面临的或者是潜在的风险加以判断、分类和鉴定风险性质的过程。风险识别主要包括感知风险和分析风险两个方面的任务。一方面,通过感性的认识和丰富的经验对风险进行判断。另一方面,依靠各种客观的统计数据或资料对风险进行分析、归纳和整理,进而发现各种风险所存在的损害情况。

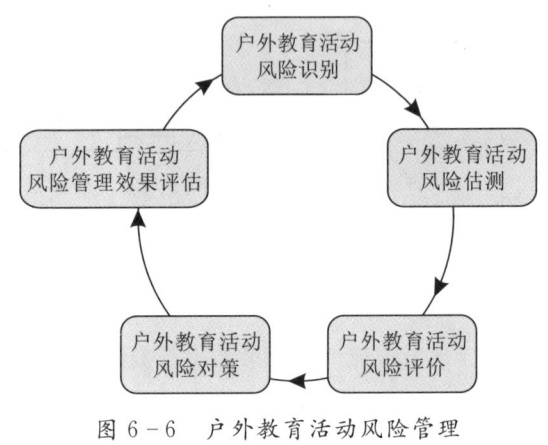

图6-6 户外教育活动风险管理五个环节模式图

在户外教育活动中,风险识别的内容包括确定风险的来源、风险的产生条件,即分析活动过程中的环境、人、装备及管理可能出现的风险,通过对大量资料的分析,认清活动中存在的风险因素,并确定活动项目所面临的风险及其性质,把握其动态变化趋势。需要注意的是,户外环境的条件并非一成不变,人们所面临的风险也会经常产生变化。所以,户外教育活动的风险识别需要贯穿整个活动的始终,从而达到常态化、制度化的效果。

2. 户外教育活动风险估测

风险估测建立在风险识别的基础之上,应对风险可能导致的后果进行定量与充分的估计和衡量。科学的风险估测能够使风险分析定量化,并为风险管理者进行风险的决策提供可靠的依据。进行户外教育活动风险估测,首先要有充分而准确的户外信息资源,同时还需听取专家的判断和建议,分析潜在风险的内在机制与外在原因,以达到降低风险概率和减少损失的效果。

3. 户外教育活动风险评价

风险评价是在风险识别和风险估测的基础上,对风险发生的概率、损失程度、风险发生的可能性及其危害程度进行评估,并与业内安全指标标准相比较来衡量风险的程度,以此决定是否需要采取相应的措施。总而言之,这是利用某一尺度衡量风险的程度,并据此确定风险处理的优化程序,这直接关系到风险管理的总体效益。

4. 户外教育活动风险对策

风险对策的制订是户外教育活动风险管理过程中的一个关键环节,这一阶段的核心是风险应对策略的选择。风险应对措施是包括目标确定、方案选择、方案实施等一系列活动的动态过程。在执行风险对策时,要将具体的风险对策细化落实到户外教育活动的每一个环节中,综合运用各种风险控制方法,充分发挥每一种方法的优点,并根据实际情况灵活调整。

5. 户外教育活动风险管理效果评估

风险管理效果的有效评价有利于风险管理者积累相关经验,为今后的户外教育活动提供更加有效的实际指导。风险管理评价是指对风险管理技术的适用性及其收益情况进行分析、检查、修正与评估,根据实际发生状况的记录与总结,回顾并修正安全控制手段,提高活动后期的风险管理水平。风险处理对策是否最佳,可以通过评估风险管理的效果来进行判断。

1. 简述户外教育活动的定义和作用。
2. 简述某一户外教育活动的设计原则,并举例说明。
3. 简述户外教育活动风险的特征。
4. 论述实施户外教育活动风险管理主要有哪些步骤?
5. 请你根据本章所学知识,设计一次户外教育活动。

【案例】

××学校户外教育活动的组织流程

1. 制定活动计划书

户外教育活动计划书由带队教师或教练负责完成,计划书应包括以下内容。
(1)目的地简介。
(2)参与人数。
(3)教育目标。
(4)交通方式。
(5)时间与行程安排。
(6)教学用具及装备。

2. 活动前准备

(1)确定活动参与人数、交通方式及详细的活动日程。
(2)提前了解参与学生的个人信息(包括紧急联系人、性格、喜好、身心状况等)。
(3)准备教学用具及装备,检查用具是否完好,并考虑用具的备份。
(4)为参与学生做好户外安全教育。
(5)统一购买活动保险。
(6)做好活动紧急预案(包括天气、路线、交通、饮食、装备器材、人文等因素)。

3. 活动操作

(1)始终将学生的安全放在第一位,实时关注学生动态,避免发生不必要伤害事故。
(2)在进行有风险的项目时,需采取必要的安全措施。
(3)牢记教育目标,确保活动始终围绕着主题进行。
(4)遇到突发情况果断及时启动紧急预案。
(5)详细记录活动流程。

4. 活动总结和反馈

(1)总结检查教学活动是否按照"教学活动表"进行。
(2)回顾总结是否达成既定教学目标。
(3)在教学过程中,是否出现未考虑到的紧急情况,并进行归纳整理,积累教学经验。
(4)接受学生的课后反馈与建议。

第七章

户外运动的赛事管理

【内容提要】 本章对户外运动赛事管理的基本概念和内容，户外运动竞赛的基本特征，以及户外运动竞赛社会价值进行了阐述。列举了各类户外运动竞赛的形式，并对户外运动竞赛的前期组织准备、竞赛过程中的组织实施、竞赛结束后的完善收尾的全过程进行描述。

【学习要求】 通过对本章知识的学习，要求了解户外运动赛事的组织架构，赛事计划的编制过程以及具体实施过程。

第一节 户外运动竞赛概述

厘清户外运动竞赛的含义与属性，了解户外运动竞赛的内容、种类与意义，明确户外运动竞赛管理的目的与任务，掌握竞赛管理的基本原则，是对户外运动竞赛进行科学组织管理的重要前提。

一、户外运动竞赛的概念

户外运动竞赛是指为了达到强身健体、愉悦身心、自我完善、夺取优异的户外运动成绩、丰富业余文化生活、促进户外运动事业和社会经济发展的目的，以运动项目或身体练习为内容，运用一定的自然环境和人工非运动目的的建筑物作为场地，在裁判员的主持下，依据规则而组织实施的个人或集体的体力、智力、技艺和心理水平的相互较量的活动过程。主要包含以下几层意思。

（1）户外运动竞赛是集体力、智力、技艺和心理诸方面的较量，它既包括竞技运动方面的竞赛活动，又包括群众体育方面的竞赛活动。

（2）户外运动竞赛必须有互为对手的参加者，参加者可以是运动员个体，也可以是运动队集体。

（3）户外运动竞赛离不开场地、器材等一定的物质、经费和时间保障。

（4）户外运动竞赛必须按照事先规定的统一规则与办法进行。

（5）户外运动竞赛由裁判员主持进行。裁判员是竞赛规则的执行者，对比赛的进行做出安排，以及对比赛的结果进行裁判。

(6)户外运动竞赛的目的具有综合性,其直接目的是争取优胜,终极目的是为社会发展和经济建设服务。

(7)户外运动竞赛区别于其他运动项目竞赛的显著特征在于,比赛场地位于自然环境中,对于自然环境的界定不是纯粹的野外环境,还包括非比赛用途的人工建筑物。

根据对户外运动竞赛概念和系统理论,任何一项户外运动比赛都是由竞赛活动人群、竞赛活动物质条件和竞赛活动组织管理三个子系统所组成的系统(图7-1)。竞赛管理者的责任就在于通过科学的组织管理,使三个子系统围绕竞赛活动的目标任务和谐有序地运作。

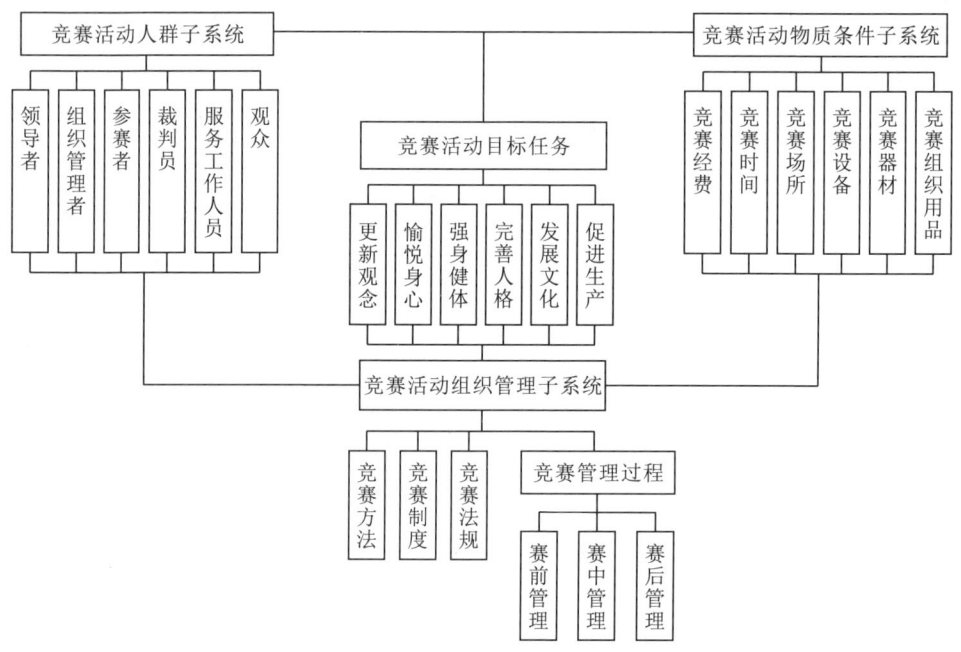

图7-1 户外运动竞赛活动系统的构成

二、户外运动竞赛的基本特征

作为人类社会的一种特殊活动,户外运动竞赛具有以下特征。

1. 竞赛内容的探险性

户外运动竞赛的一大显著特征在于比赛内容具有探险性。不同于传统赛事在专门的体育比赛场地进行,户外运动赛事场地多位于野外自然环境中,这种野外的自然环境往往带有很多的不可知性,使得比赛也更具有挑战性。处在复杂多变的野外环境中,参赛选手自身往往也具有一种探险精神,保持着紧张和好奇。这是户外运动比赛所具有的独特美感,更是其他传统运动赛事不可复制的天然优势。

2. 参赛目标的竞争性

任何一场户外运动比赛都有一定数量的参加者,参加者在比赛中互为对手,并按统一制订的规则、规程进行竞赛,通过一系列的竞赛行为,分出强弱、优劣与先后,优选出最出色的选手。无论参赛者人数有多少,竞赛结束时,只有极少数选手能成为优胜者,并获得相应的精神荣誉与物质收益。因此,参赛选手们都竭尽全力争取比赛的胜利,将其作为锻炼、训练和比赛的主要目标。比赛的层次级别越高,参加者的面越广,竞争强度也就越大。可见,竞争是户外运动竞赛的一个基本特征,无论参赛目的和动机多么复杂,竞争的对抗形式怎样相异,但取胜总是户外运动竞赛最基本和最直接的目的。没有竞争性的较量,不能算作真正的竞赛。

3. 竞赛条件的制约性

竞赛条件对竞赛行为予以制约,这是任何竞赛活动与个体自身的运动行为的一个重要区别。不论是竞技运动项目的对抗,还是大众传统趣味项目的竞争;也不论是正规性的较量,还是非正规性的角逐,都必须建立相应的竞赛机构体系与运行规范,对参与竞赛活动的所有人群(运动员、教练员、裁判员)和整个竞赛工作(包括赛前、赛中和赛后工作)提出严格的制约条件,使比赛严格按照预定的统一规程、规则及组织管理办法顺利进行。任何类型的户外运动竞赛,毫无例外地都应该是在既定条件之下的公正平等的竞争。

4. 竞赛过程及结果的不确定性

竞赛的整个过程都处于动态的、事先无法预料的变化之中,比赛的双方都始终在不断地观察竞技场上的形势,并及时调整战略,采取新的技术、战术措施,力求自己超水平发挥,并抑制对方的优势,这就构成了赛场上双方胜负形势的不断变化。比赛结果同样表现出不确定性,由于影响因素极其复杂,如运动员竞技能力及其临场状态、教练员的指挥水平和艺术、竞赛环境(包括场地器材、地理气候、观众气氛等)、裁判员的道德和业务水平与临场发挥、竞赛的组织与管理工作等因素的随机变化,都可能导致比赛结果截然不同。竞赛过程及结果的不确定性,正是户外运动竞赛的巨大魅力之所在,但同时也增加了竞赛组织者的调控难度。

5. 竞赛信息的扩散性

由于体育具有多元辐射功能,户外运动竞赛必然要走社会化发展道路,并需运用某些商业化手段,需要借助媒体和高效快捷的信息传播技术与手段,还由于体育竞赛结果普遍为社会密切关注,致使现代竞赛信息具有迅速扩散的特性。比赛级别越高,比赛内容和形式越新奇,参与面就越广;竞争的强度越大,社会政治、经济对竞赛的介入程度越深,其信息扩散的速度则越快,影响力越大。竞赛信息扩散性的特点为充分发挥现代竞赛推动社会精神文明与物质文明发展创造了条件。

三、户外运动竞赛的社会价值

(1)排解社会成员的不良情绪。在自然环境或半自然环境下,人们通过正规合理的方式进行角逐,引导人类不良情绪的合理释放。

(2)激励人类的自我奋斗精神。户外运动竞赛有利于激发人们的竞争意识,使人们积极进取,敢于拼搏。

(3)促进社会效益和经济效益的提高,推动经济发展。运动竞赛的举行,使相关的科研、基建、训练、服务、交通等相互配套的产业得到发展。

(4)促进户外运动的发展。户外运动竞赛作为体育与社会交流的媒介,能很好地促进户外运动的发展,在争取优胜和创造良好成绩的意愿下,各种动作技术的革新和科学技术投入都使户外运动得到快速发展。

(5)增进人与自然的情感。人们通过在自然环境中竞赛,使人们亲近自然、珍视自然,进而尊重自然、敬畏自然,从而会更加自觉地保护环境。

四、户外运动竞赛的内容

户外运动竞赛的内容取决于户外运动项目的设置与开展情况。随着户外运动的不断发展,户外运动竞赛的内容也日趋丰富,既包括竞技比赛项目,也包括群众性户外活动项目。根据学者王蒲的研究成果,若以竞赛的检测手段为标准,可以将众多的体育竞赛项目归为两个大类:一类是以客观参数为检测手段,依据取得参数值的大小作为评定竞赛成绩的指标,称为"竞争性项目";另一类是以参赛成员为检测手段,依据战胜对手的多少作为评定竞赛成绩的指标,称为"对抗性项目"。这两大类项目可进一步作如下划分(图7-2)。按照上述划分标准,户外运动绝大部分

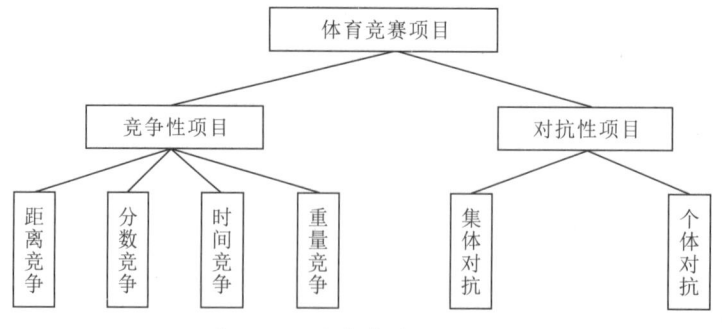

图7-2 体育竞赛项目分类

赛事均以完成规定比赛项目的时间多少来决定胜负,因此多属于时间竞争性项目。

五、户外运动竞赛的种类

户外运动竞赛种类很多,由于分类标准不同,分类方法也不同。常用的分类方法有以下几种。

1. 依据竞赛持续时间分类

(1)短程疾跑赛(sprint):竞赛时间在 1h 内,竞赛项目通常包括越野跑和山地自行车。

(2)长时连续赛(hours):根据竞赛持续时间的长短,可分为秒、分钟、小时、天等标准。该类赛事的竞赛项目设置较丰富,不仅包括山地自行车、越野跑和水上项目,还会设置较多的定向技能和绳索技能项目。

(3)多日分段赛(multi-day):竞赛总时间在 36h 左右,竞赛项目设置丰富,基本采用"3+X"模式。赛事分日举行,夜间有固定休息时间,如中国武隆国际户外挑战赛。

(4)远征探险赛(expedition):被称为最原始、最具挑战性的山地户外运动赛事,以时间长、路线长、昼夜兼程、体验探险为主要特征。赛事持续时间一天,个别赛事时间长达几天,赛道总长度甚至长于 300km。比赛期间不设强制休息时间,运动员休息时间计入比赛总用时。竞赛项目设置丰富,强调对参赛队识图定向能力和绳索技能的考核。

2. 按竞赛项目的数量分类

(1)综合性竞赛。即一系列单项锦标赛集中在一次户外运动竞赛中进行的综合比赛形式。特点是项目多、规模大、组织工作比较复杂、注重礼仪程序,如全国山地运动锦标赛、全国山地户外运动多项赛等。

(2)单项竞赛。主要指单独进行一个户外运动项目的比赛。为了增强竞争的激烈性,往往采用锦标赛或杯赛的形式,使之成为该项目水平最高的竞赛。特点是项目单一,便于组织,如攀岩世界杯赛。

3. 按竞赛的目的任务分类

(1)锦标赛。主要是指集体项目按规定的名次,单项按规定报名标准组织的比赛。各运动队或各队员根据上一届比赛的取得的名次或成绩按规定报名参赛。

(2)冠军赛。即按规定的报名标准组织的单项比赛。此种比赛一般只计单项名次,不计团体总分。

(3)世界杯赛。与以上两种竞赛的目的相同,均在于检查运动技术水平和交流训练经验。共同的特点是竞技性强,也是计算和承认教练员、运动员成绩的三种正式比赛之一。

（4）邀请赛。由东道主发起，邀请外队在主办单位所在地进行比赛。目的在于通过比赛互相学习，促进团结与友谊。主办单位一般承担较多赛事组织义务和主要的竞赛经费支出。

（5）选拔赛。它是一种吸引、发现、鉴别和挑选运动人才且具有一定技术水平的专门竞赛。这种比赛一般根据运动员或运动队的素质、技术条件和培训价值的情况，经过多层次的实际比赛及多角度地反复观察和筛选，最后挑选出一定数量的技术尖子，补充已有的运动队或组建新的运动队。此类比赛的主要任务是挑选人才，而不是赛出各队成绩和名次。根据需要，也可在原组织场次基础上附加竞赛活动。

（6）表演赛。它是为了倡导、宣传、示范、推广某项运动，活跃社会文化生活或是为某种特定目的（如赈灾）征集资金而组织的比赛。它的主要目的是充分发挥运动员的技术、战术，呈现出精彩场面，使观众从中得到启发和享受，一般不过分追求胜负名次。

（7）友谊赛。它是为了交流经验、增进团结和友谊而举行的比赛。

（8）对抗赛。它是同一级别或水平相当的运动队之间，按同等条件参加的比赛。目的在于检验运动技术水平和提高训练质量，相互交流经验，取长补短，增进友谊。特点是竞争性强，注重比赛胜负，不受制度、时间限制，对抗赛可根据训练阶段协商进行。

（9）冠名赛。它是社会办体育的新产物，是将体育竞争与企业竞争融为一体的比赛，即在正规比赛或非正规比赛中，以赞助单位名称或以赞助单位的产品名称，或以某种带理想（或精神）指向的象征性名称作为杯名的比赛。它的目的有两个方面：一是使体育得到企业的经费赞助，弥补自身资金不足；二是使企业和产品提高知名度，获得最佳的广告宣传效果。

第二节　户外运动竞赛活动策划

户外运动赛事的策划是指根据需要和可行性，科学及时地制订达到一定目标的竞赛工作的行动方案，并通过既定的行动方案对全国、地方和部门单位的户外运动竞赛进行有目的的组织协调与监督控制的管理过程。计划工作是户外运动竞赛科学化管理的基本前提与首要环节。在市场经济条件下，我国竞赛资源、管理权力和利益由国家与社会共享，更加强调运动竞赛计划管理的科学性、针对性与有效性。户外运动竞赛计划工作的重点是竞赛计划、组织方案和竞赛规程的编制。

一、户外运动竞赛计划的编制

1. 户外运动竞赛计划的种类

按照计划的范围,可分为全国竞赛计划、地方竞赛计划和基层单位竞赛计划;按照计划的时限,可分为多年竞赛计划和年度竞赛计划。

2. 户外运动竞赛计划的基本内容

(1)计划纲要。它是关于竞赛计划的文字说明。在撰写时,一般应简明扼要地说明编制竞赛计划的指导思想、面临的形势和任务、报告期完成情况、计划期竞赛种类与规模、执行计划的步骤方法与措施等内容。

(2)计划项目与日程安排。通常以表格形式直观、形象、具体地说明计划期内的竞赛名称、项目组别、参加对象、日期地点、主办及承办单位等内容。运动竞赛计划安排表的形式既可由上级主管部门统一规定,也可根据本地实际情况自行设计,其目的是便于直观、形象、清晰地表现运动竞赛的种类、规模、具体日程安排等内容。从国家到地方,由于各层次竞赛管理的能级差异,竞赛计划的表格形式也不尽相同。级别层次越高,表格形式和内容则越简要宏观,越往基层则越细致具体。常用的表格形式有单项型、综合型、简易型等几种。

3. 影响户外运动竞赛计划编制的主要因素

制订竞赛计划时,事先必须周密地进行分析和通盘考虑其相关的影响因素,主要有以下影响因素。

(1)比赛经费。安排竞赛活动的基本依据是竞赛经费的需求量与供给量。应综合考虑经费来源、经费保障和筹资计划,尤其要对专项拨款、社会集资、个人出资、减免优惠、产业开发和负债筹资的合法性、合理性、可靠性、可行性以及有效性进行科学和审慎的分析。

(2)比赛形式。比赛形式的确定,要充分考虑拟组织竞赛的目的和任务,竞赛的组织系统,竞赛参加者的年龄、性别与水平,竞赛项目数量,不同赛制方法各自的特点及适用范围等因素。

(3)比赛时间。制订竞赛计划时,各项竞赛的时间安排应考虑上级对竞赛计划的时间规定、历年举行竞赛的传统时间、比赛举办地的气象规律、全部竞赛所需时间和行业、职业特点以及节假日、纪念日等因素。

(4)比赛地点。选择比赛地点时应考虑交通接待条件、场地设备基础、通信、计算机与传媒保障、申办地居民兴趣与欣赏水平、当地独特的风土人情和自然环境特点以及举办竞赛的经验及组织管理水平。某些重要赛事的地点选择,还需要兼顾选拔赛与正式比赛的地点远近问题。

(5)比赛规模。比赛规模是否适度将直接影响竞赛工作效率和管理效益。比赛规模的控制要以能够完成比赛任务为前提,要严格掌握工作人员的数量,要合理确定场地设施、食宿交通的登记标准与接待规格,要注意规范比赛的礼仪安排。

4. 户外运动竞赛计划的编制步骤

户外运动竞赛计划的编制步骤反映了竞赛计划从酝酿到最后形成全过程的规律性。第一,确定计划目标,明确竞赛活动希望达到的目标、水平和标准。第二,收集信息,主要包括以下方面:计划期内提出的户外运动战略目标和方针政策;国内外户外运动形势;上级竞赛活动安排;运动队的数量、水平与项目设置情况;国家、地方、部门以及社会组织的财政力量;国家和地方的运动与生活设施、设备建设情况;竞赛组织者和裁判员的数量与水平等。第三,进行分析预测,根据国内外比赛安排及各参赛队的变化情况,进行系统地单项预测和综合预测。第四,在预测的基础上,全面衡量,统筹安排人、财、物、时间等竞赛资源,拟订备选方案。第五,在综合平衡的基础上进行论证、评估、选优,确定正式计划方案,经主管部门批准后,下达执行。

二、户外运动竞赛计划的实施

户外运动竞赛计划通过招标、申办和主办、承办、协办、参加等具体途径变为现实。

(一)竞赛招标与申办

1. 竞赛招标与申办的概念

竞赛招标是商业性的运作方式,它包含两层含义:一方面是运动竞赛计划主管部门按照规定条件对竞赛计划项目发布招标公告(或通知),择优选择应征者;另一方面是应征者报出相应要价和条件,试图通过竞争为招标者选中,以获得竞赛的承办权。

申办是一级政府的权力和义务,以政府的组织名义,提交申请举办报告,按照规定条件和法定程序,通过竞争与协商试图获得大型赛事的承办权。

2. 竞赛招标与申办的区别

竞赛招标与申办二者在竞争标的、参加主体、行为性质和运作程序等方面都存在差别(表7-1)。

表 7-1　竞赛招标与申办的区别

内容	项目	
	招标	申办
标的	非国家直接计划调控的重大综合性竞赛活动,如各单项的正式性比赛和辅助性比赛	国家直接计划调控的重大综合性竞赛活动,如"全运会""城运会"等全国综合性运动会
参加主体	个人、企业、单位、公司等非一级政府组织	省、自治区、直辖市或省会城市、计划单列市和各特区城市
行为性质	商业手段。一般不需政府批准,只需竞赛主管部门审批	政府行为,须经上级政府批准
工作程序	招标—投标—开标与评标—签订合同	申请—考察—民主协商—确定公布

3. 竞赛招标程序

(1)招标。竞赛计划主管部门提前发布运动竞赛招标计划通知,通报招标项目、招标条件和招标办法,提供投标意向书和文件资料。

(2)投标。投标单位接受招标申请,通过投标资格审查以后,领取招标文件和资料,经权衡后填写并报送标函,即投标书。

(3)开标与评标。竞赛计划项目的招标者在规定时间和地点召开专门的竞赛招标会议,开启应征者标函,对投标资料进行质量、价格和条件等方面的评议比较与权衡协商,确定中标单位。如都不满意,可另订日期再行招标。

(4)签订合同。招标、中标双方签订竞赛协议书,履行公证手续,同时对未中标的投标者发出通知,收回招标文件和资料,宣布招标工作结束。

根据我国经济合同法的有关规定,竞赛协议书一般须具备以下内容:具有法人资格的双方或数方(当事人);标的(竞赛项目);数量和质量(承办基本条件和具体要求);价款(经费额);履行的时间、地点和期限;违约罚则和奖励条件以及其他有关事项。

4. 申办单位应具备的基本条件

(1)当地党政部门支持举办拟投标的赛事。
(2)当地政府能提供可靠的财政保证。
(3)安定的社会环境和良好的社会秩序。
(4)为参加者及有关人员、新闻记者等提供良好的食宿、交通等接待条件和工作条件的保障。

（5）具备符合国际标准或国内技术标准的竞赛场地设施和器材。

（6）采用分散与集中相结合的举办形式时，开幕式、闭幕式和能集中在一地举办的项目数量符合有关规定。

（7）具备较高的竞赛组织管理水平。

（8）具有符合竞赛需要的技术保障条件。

5. 申办工作程序

（1）申请。竞赛主管部门发布信息，介绍运动会的基本情况，了解申办意向，申办者根据申办工作的总体要求提交书面申请和申办报告。申办报告应包括以下内容：申办单位概况（所在城市特征、经济、社会治安、气象条件、环境、安全保卫、医疗卫生系统等）；竞赛基本条件（现有设施和修、改、扩建情况、各项目安排设想、场地器材设备条件、医疗和兴奋剂检查条件等）；接待条件和接待工作方案（如食宿、交通、安保等）；计算机、通信、电视转播的保障（数据处理系统的技术设施、计算机信息系统、城市通信现状及发展计划、新闻媒介、新闻中心位置及提供的服务设施水平等）；筹资计划、经费来源与经费保障；举办参加体育竞赛的经验与组织管理水平。

（2）考察。申办单位提交申办报告后，由有关政府部门组成考察委员会，根据申办单位应具备的基本条件，对申办单位进行实地考察，在充分考察、审核的基础上提交考察报告。

（3）民主协商。在一定范围内（举行申办协商会议）由申办单位介绍申办情况或宣读申办报告，由考察委员会介绍考察情况或公布考察报告，实行公开、公平竞争。

（4）确定公布。在充分民主协商的基础上，将初步意见报主管部门和上级政府，待批准后正式公布承办单位。

（二）主办、承办、协办和参加

任何单位承办高层次以上的比赛，都必须由主办单位首先提出初步方案，再由承办者提出可行性意见，在征得同层次主管部门的同意后方可正式承接比赛。主办单位对竞赛的组织管理承担直接与全面责任，拥有竞赛经费的下拨权，竞赛规程的制发、补充、修改和解释权，以及竞赛组织管理的指导监督权。承办单位则负责执行竞赛计划与规程，协助制发、补充规程等具体事宜。承办与主办的区别在于竞赛工作的主要责任者与具体组织比赛的组织者是否分离。

户外运动主管部门、社会群众团体和其他部门主办本层次的比赛活动，均由本部门（或组织）的主管部门领导牵头统一指挥，由本单位（或组织）所属的具体职能部门负责对竞赛、宣传、后勤、安保等各项业务工作进行直接具体的组织。主办竞赛时,组织机构由本单位或本系统职能机构的工作人员组成,上一级业务部门一般派员工参加组委会的工作。

协办指有关单位或个人以协助者或协作者的身份,通过各种手段与途径协助竞赛的主办或承办。

对于列入计划需要派队参加的竞赛活动,则应按照竞赛计划与竞赛规程,认真做好选拔、组队、训练、管理等备战工作,以良好的竞技状态按时赴赛。

三、户外运动竞赛组织方案

在竞赛计划的统一部署安排下,一项竞赛活动有步骤地展开,必须首先进行总体的设计构想并提出组织方案,大致有以下内容。

(1) 比赛名称、目的和任务。根据比赛的内容、性质、赛制、时间和规模等因素确定比赛名称;根据比赛性质、项目特点和本地区、本部门的中心工作确定比赛的目的和任务。

(2) 比赛主办与承办单位。

(3) 比赛时间与地点。

(4) 比赛规模。包括参加者范围、比赛等级、场馆档次与数量等。

(5) 比赛的组织机构。包括职能机构设置和工作岗位配备的数量。

(6) 经费预算。包括竞赛经费来源与筹资计划、经费使用原则与使用范围、收支计划与增收节支措施等。

(7) 工作步骤。确定竞赛整体工作的阶段划分,各阶段的工作重点与具体步骤。

四、户外运动竞赛规程

竞赛规程是户外运动竞赛计划和组织方案的延伸与具体化,对运动竞赛具有导向、规范与激励作用。竞赛规程和竞赛规则都是竞赛活动的基本依据和具体规定,共同保证竞技比赛的公正与平等,对竞赛的组织者和参加者具有普遍的指导与约束意义。但不同的是,前者侧重于竞赛活动组织管理的政策规定;后者则侧重于竞赛行为的技术规范及承认运动成绩的有关场地、器材、裁判等条件的规定。

竞赛规程由竞赛主管部门制订。单项竞赛活动应制订单项规程,综合性户外运动比赛由于存在项目多、共性问题也多的情况,因此需分别制订竞赛规程总则(总规程)和单项规程。

1. 制订竞赛规程的依据

(1) 要以竞赛的目标任务为依据,为竞赛的目标任务服务。

(2)要遵循竞赛计划,允许根据现实需要做必要的修改补充,但不应完全脱离计划。

(3)要与国家颁布的方针、政策、法规相适应,并与体育竞赛制度、国际体育组织与国内竞赛的有关规定相配套。

(4)要符合客观实际。既符合国家、地区情况和户外运动项目发展的实际情况,又反映国际国内户外运动发展水平和趋势,以及运动员、观众对运动竞赛的需求状况。

2. 制订竞赛规程的原则

(1)目的性原则。竞赛规程应体现竞赛的举办宗旨,体现为实现竞赛管理目的服务的思想。

(2)系统性原则。竞赛规程应从整体上把握各相关因素,尽可能地全面兼顾各方面的需求,充分考虑各种条件和可能发生的问题。

(3)公平性原则。竞赛规程应充分保证参赛者在相同的条件下、在规定的时间和空间内,按照共同认可的准则进行公正平等的竞争。

(4)连续性原则。竞赛规程一经审定制发,就须严格执行,不能朝令夕改、变化无常;新旧规程之间应保持必要的连续性,以维护竞赛工作和规程的严肃性与权威性。

(5)效益原则。竞赛规程应体现效益管理思想,力求用较少的资源投入获取较好的办赛效益。

3. 竞赛规程的基本内容和一般格式

(1)竞赛名称。应采用全称,且在比赛相关的文件、会标、宣传材料等要严格统一。

(2)举办竞赛的目的意义。

(3)竞赛时间和地点。

(4)竞赛项目。

(5)参加单位。

(6)运动员资格。应写明运动员身份的确认办法,代表权的确认办法,年龄、健康状况、性别规定以及证明手段,运动员成绩或技术等级达标规定与确认办法等内容。

(7)参加办法。规定报名人数(含领队、教练员、工作人员);每名运动员可参加的项目数和每项限报人数;报名截止日期和报名地点;运动员、裁判员(长)等报到的日期、地点、单位;报到时应携带的材料或物品;违反报名与报到规定的处理办法及参赛的其他规定。

(8)竞赛办法。应写明采用的竞赛规则和赛制;团体总分的设置办法;决定名次和计分办法;破纪录加分办法;分阶段、分组比赛办法;各阶段抽签与成绩的衔接办法;违反竞赛有关规定的处罚办法;比赛器材及比赛服装、号码规定等。

(9)录取名次与奖励。应包括单项和团体项目录取奖励名次以及奖励内容;辅助性奖励办法。

(10)仲裁委员会。应写明委员会的基本职责,申诉的基本程序。

(11)裁判员。应规定裁判长和裁判员的名额分配、选派及聘请办法;参赛裁判员的资格条件与工作要求。

(12)经费。可以注明赛区住宿条件、标准和交通费开支办法,以及报名费、风险押金的规定等内容。

(13)主旗、团旗、会歌。

(14)关于比赛规程的解释权与修改权的归属问题,应明确写明归属本次组织委员会(或领导小组)。

4. 制发竞赛规程的注意事项

制发竞赛规程是一项非常严肃、细致和慎重的工作,应努力做好以下各方面的工作。

(1)竞赛规程应提前制订和发放。比赛规模越大,层次级别越高,制发时间应越提前,以便参赛者充分备战。

(2)单项规程与总规程要达到一致,不允许有相互矛盾的现象出现。

(3)竞赛规程应文字严谨、内容合理、用词确切、条理清晰。原则性规定不能似是而非,指令性要求不能含糊其辞,有关定义不能使人产生两种以上的解释,力求使规程成为经得起推敲的"封闭系统"。

(4)要留有缓冲余地。竞赛规程应充分考虑主客观情况可能发生的变化,预留适度的"弹性"和回旋余地。

(5)不随意修改。一经审定制发的竞赛规程必须严格执行,不能随意改动,并尽可能地减少增发补充通知的情况。

(6)补充规定或通知下发应及时。在竞赛规程提前下发后,当出现难以预料的意外情况时,一旦确认必须补充修订其规定时,应及时制发补充通知,使参加单位能够尽早应对变化。

第三节 户外运动竞赛的过程管理

户外运动竞赛的过程管理,是指依据竞赛计划和竞赛组织方案,有目的地组织、指挥、调节和控制竞赛的活动。仅就一次比赛活动来说,其组织管理的工作过程可依次划分为赛前工作管理、赛中工作管理和赛后工作管理三个阶段。其中,赛前准备工作的管理是最重要的关键环节。

一、赛前工作管理

赛前工作管理主要包括讨论、确定竞赛活动组织方案,制订竞赛规程,成立组织机构,拟订具体工作计划和制订行为准则,编制竞赛秩序册等。赛前管理工作在竞赛组委会(或领导小组)正式建立前,由筹备委员会(或筹备小组)负责,组委会正式建立后,则由组委会负责。其中,讨论、确定竞赛活动组织方案和制订竞赛规程在第二节中已做详细论述,现从以下各方面做补充介绍。

(一)成立组织机构

1. 组织委员会(或组织领导小组)

组织委员会是全面领导整个竞赛组织工作的最高机构,其机构编制、人员数量没有具体限额,应视比赛的性质和规模而定。大型运动会一般由政府一级的行政领导担任组委会主任,由主办单位的有关领导担任副主任,一般包括体育部门的各职能机构领导、协作单位职能机构的领导、各单项竞赛委员会主任等,与赛事有关的新闻、服务、公安等方面负责人,部分有代表性的参赛单位负责人担任委员,确保赛事在各方力量的积极支持下顺利进行。

2. 竞赛职能部门

竞赛组织委员会的下属职能部门,一般包括办公室、竞赛部、宣传部、保卫部、行政部、后勤部等工作机构,另外可根据运动会规格和规模的需要,增设大型活动、外事接待、工程、科研、电子通信、集资等部门。建立组织机构,应体现能级差异,应与竞赛规模相适应,以完成各项任务标准。竞赛的规模层次不同,职能部门的设置数量与称谓、部门的岗位编制与工作人员配备等方面也应有所不同。在组织机构成立后,应根据精简高效的原则,视实际使用情况分批借调工作人员,以节约人力成本的支出。

组织委员会及其办公室的职能和组织委员会下属各部门的职能如下。

(1)组织委员会职责:确定组委会人员范围和名单;确定职能机构和人选,包括各职能机构负责人名单和各单项竞委会负责人名单;审议批准各项工作实施方案,包括竞赛工作方案、宣传工作方案、行政后勤工作方案、大型活动方案、安全保卫方案;审议经费,包括总经费预算、各项预算、奖励标准、总决算;裁决有关重大问题。

(2)办公室职责:拟制文件,包括会议记录、综合信息简报、领导讲话稿件、各类请示报告、综合报表汇总、总结汇报材料;组织会议,包括组委会会议、各职能机构联合办公会、代表团负责人会议、听取工作汇报会议、大型迎送会议、总结表彰会;监督协调,具体包括职能机构之间的业务协调、社会各部门的协调、监督各项工作方案的实施、绘制网络计划图、接收工作信息反馈、监督计划的贯彻执行;文档管理,包括协调安排领导人出席大型活动,各类文件收文和传阅、立卷归档以及印刷和发放。

(3)竞赛部职责:组织竞赛指定竞赛组织工作方案,制订竞赛总规程、各单项规程、补充规定和通知,进行报名注册与资格审查,组织兴奋剂与性别检查;制订总活动日程表,编制秩序册,设计并制作各类表格,对各单项竞委会实行业务指导与监督,了解反馈各赛区组织工作动态,每日综合成绩公告,编制总成绩册等;组织裁判,确定聘用裁判与仲裁人选,组织裁判员业务培训,监督执行竞赛规则,各项竞赛统计,录取名次,组织发奖;场地器材、勘察、确定竞赛场地,并检查落实场地器材准备工作,电动计时与仲裁录像等设备准备;制订各项竞赛经费预算方法、科目,审批预算和开支。

(4)新闻宣传部职责:拟制宣传稿件,设计制作宣传品图案和秩序册、成绩册封面;对各单项竞赛委员会进行业务指导,制订思想教育方案;负责大会广播,组织摄影、录像,新闻报道;制订新闻,接待记者,组织采访;组织评选,制订体育道德风尚奖评选办法并组织评选,制订最佳赛区的评选办法并组织评选;制订各项宣传经费预算方法与科目,审批开支。

(5)安全保卫部职责:负责驻地与赛场的治安秩序及对单项竞赛委员会的业务指导;负责主席台警卫,制订设计比赛枪支弹药管理与运输保卫工作的各项规定;制订并监督实施大会车辆管理办法,疏导在公路上比赛的交通;制订各项保卫经费预算方法与科目,审批开支。

(6)行政部职责:培训各类服务人员,安排大会驻地的食宿,组织各代表团接站、送站及往返车票的登记、确认、购买和发放,对各单项竞赛委员会进行业务指导;购买赛会办公用品、器材、奖品,安排医疗救护、防疾卫生,以及为大会服务的车辆进行管理;编制运动会经费预算、决算,监督各类财务开支标准的实施。

(7)大型活动部职责:设计开、闭幕式团体操组织方案并组织排练、预演,组织开、闭幕式仪程与入场式的演练及组织大会发奖工作;组织大会集体参观、出席大型招待会,群众性联欢游园活动及管理大型活动经费。

(8)外事接待部职责:组织机场、车站、码头的外宾迎送工作,安排外宾的食宿和交通工具;外宾的迎送招待会、宴会等礼仪活动的组织工作,外宾与中方业务工作部门的联络和接洽工作,以及联络、翻译等工作人员的培训和外事工作经费管理。

(9)集资部职责:筹集社会赞助,筹集政府资金,体育彩票发行工作及赛场商业许可证发放;运动会标志产品、指定产品和专用产品的专利权出售和广告宣传。

(10)科研部职责:负责技术数据的采集、整理与反馈,组织技术交流和现场技术会诊;负责提供心理咨询服务,提供身体康复服务,以及提供新器材使用咨询。

（二）拟订具体工作计划和行为准则

组织委员会成立后,应根据组织方案、竞赛规程和责任分工,拟订各职能部门的具体计划和组织管理行为、参赛行为、技术操作行为的有关规范,经组委会批准。

（三）编制秩序册

秩序册是竞赛组织和比赛秩序的文字依据,由竞赛部门负责编制,报组委会审定后印刷。综合性大型运动会需要在各单项秩序册编制的基础上及时汇编总秩序册。不论单项竞赛、中小型运动会,还是大型综合性运动会,其秩序册都应提前下发。

1. 秩序册的主要内容和格式

秩序册的主要内容和格式包括以下几个方面。

(1)封面。内容应体现:会徽、运动会名称(全称)、举办时间与地点、主办单位、承办单位、协办单位及"秩序册"三个大字。另外,还可呈现吉祥物图案。

(2)封二。运动会组织系统图。

(3)赞助广告和赞助单位。

(4)目录。

(5)竞赛规程和补充规定。

(6)组织委员会名单。

(7)各职能部、室、处人员名单。

(8)各项目竞赛委员会、仲裁委员会成员和裁判员名单。

(9)各参赛代表团名称及代表团团长、领队、教练、运动员名单。

(10)竞赛总日程表。

(11)各项目竞赛日程表。

(12)竞赛场地示意图。

此外,基层户外运动竞赛根据需要,可将"三员"(运动员、教练员、裁判员)守则、各种评优条例、历届运动会成绩(或最高纪录)等内容附上。

2. 竞赛日程的安排

在编制秩序册的过程中,安排竞赛日程是技术性最强的工作。竞赛日程表安排的基本要求有以下几个方面。

(1)严格遵守竞赛规程和相关竞赛规则的有关规定。

(2)各项竞赛时间要紧凑,不宜过长。

(3)各项竞赛交叉衔接要合理。

(4)注意天气变化特点,保证最宜产生优异成绩的气象条件的最佳利用。

(5)保证场地与器材条件的最佳安排。

(6)充分考虑交通条件和驻地距赛场的远近,合理安排比赛时间。

二、赛中工作管理

赛中管理阶段始于开幕式,止于闭幕式举行之前,其管理工作主要是开幕式的组织、赛事活动管理、人员管理和后勤管理。

(一)开幕式的组织

1. 开幕式临时指挥系统的组成

开幕式随竞赛活动的规模、等级、任务的不同而各具特点,其组织程序各有异同。为了使开幕式气氛庄重、热烈以及日程紧凑,一般需组成开幕式临时指挥系统,负责事前各项工作,可由组委会授命3~5人组成临时指挥小组,分工合作,具体负责。全国性大型综合性户外运动比赛,开幕式临时指挥机构一般由大型活动部牵头,组委会及其他部门派员配合组成。根据需要,可以在总指挥部下设置负责各项具体工作的分指挥部。比如入场式分指挥部负责开幕式的仪仗队、各代表团队伍、裁判员队伍的组织以及与入场式相配合的奏乐、献花和升旗仪式等组织工作;大会表演分指挥部负责开幕式各种表演的组织及现场指挥工作;大会宣传分指挥部负责开幕式大会现场宣传、新闻发布、记者组织、观众教育及会场环境布置等各项工作;请柬区分指挥部负责主席台及请柬区的各项组织接待工作;大会服务分指挥部负责会场所需水电、音响设备、通信、医疗急救以及各类服务保障工作。

2. 入场式队伍的组织

入场式是开幕式的重要程序,由礼仪队伍和裁判员、运动员队伍共同构成入场式的整体队伍。入场式行进序列一般为国旗先导队、会旗会徽先导队、乐队或鼓号队(亦可在固定地点演奏)、鲜花方队、红旗(或彩旗)方队、标语牌方队、裁判员队伍、各运动队队伍、尾队。各方块队伍的人数、队形、着装、行进速度、距离间隔和行进间表演等,事先要有明确的规定和要求。一般应在鼓乐声中,列队绕场一周以后经过主席台,接受检阅。确定运动员队伍入场的排列顺序有多种方法,按英文字头或汉语拼音字头顺序,或按国务院公布的各省、自治区、直辖市序列,或按报名的先后顺序均可,通常主办单位的代表队伍排最后。开幕式的时间安排不宜过长,开幕辞及其他讲话应尽量简短精练,力戒拖沓冗长。

(二)赛事活动的管理

赛事活动展开以后,主要指挥管理人员要深入赛场第一线,对赛事活动进行全面具体的组织领导。要以果断、及时、准确为原则,严格掌握比赛进度,加强职能部门之间的协调配合,防止比赛出现脱节、漏洞和误差。遇到困难或问题,要及时召集碰头会、现场办公会或组委会会议,注意研究解决比赛中出现的弃权、争议、罢赛、弄虚作假、赛风等方面的问题,确保赛事活动顺利进行。

(三)人员管理

竞赛期间的人员管理,主要是对裁判员、运动队及观众的教育管理。

1. 裁判员管理

裁判员管理是竞赛管理的关键环节,裁判员的思想道德和业务水平的高低关系到比赛能否顺利进行。在我国目前的各类竞赛活动中,除个别高等级裁判员由竞赛主办者直接指派外,其他裁判员均由主办或承办单位从社会各行业中协商聘请。因此,裁判员管理一般做好以下各方面的工作。

(1)抓好裁判员的职业道德与纪律教育。把"公正、准确、严肃、认真"八字方针贯彻裁判员管理工作的始终,杜绝不良的裁判作风。

(2)认真组织裁判赛前的业务培训学习,统一思想认识与执法尺度,研究可能出现的问题和处理办法。

(3)组织好必要的考核和实习。重要岗位的裁判员要反复训练,辅助性裁判岗位也要求细致、准确、精益求精。

(4)开好赛前裁判员准备会,合理分工。重要场次要仔细研究,慎重安排水平较高的裁判员担任临场工作,对抗性强的项目和评分项目尽量安排与参赛队无利益相关的裁判员执裁,以确保万无一失,公正准确。

(5)及时认真地组织赛后总结与讲评。保证裁判工作每天有小结,阶段有总结,全过程有评比。

(6)教育和引导裁判员虚心听取各方面的意见,及时改进工作。

(7)加强裁判员执法的现场督察,充分运用法律武器、经济手段和舆论监督力量。维护裁判员的合法权益,调动积极性,严厉打击裁判队伍的不正之风与腐败现象,不断提高公正执法的水平。

2. 运动队管理

对于较正规的运动竞赛,应事先拟订运动队的管理教育计划,宜采取分级管理办法。一是要抓各队,提出统一要求和具体规定,并做好各队之间的协调工作,定期召开联席会议,听取意见,处理问题,改进工作。二是领队、教练员要抓队员,负责全队运动员的管理。竞赛期间,应着力抓好运动员的思想教育、场上(下)的业务管理、生活纪律管理三个方面。比赛全过程,要始终坚持用奥林匹克精神和中华体育精神教育、激励、约束运动员队伍。考虑到运动员竞赛期间的生理与心理压力,提倡以正面教育为主,多鼓励表扬,少批评惩戒。可以运用宣传手段和实施精神文明评比等形式,及时反馈观众、裁判、工作人员对与赛队各方面表现的评价意见。

通过严格而有效的管理,使各队能以良好的竞技状态和精神风貌完成比赛任务,提高竞赛的综合效益。

3. 观众管理

充满悬念而紧张激烈的比赛,对观众具有强烈的刺激作用。若组织管理不当,极有可能与一些复杂的社会因素交织混杂,轻则影响比赛进行,重则破坏赛场乃至社会稳定。为此,竞赛组织者应从观众的心理承受能力和赛场的特殊氛围出发,寻求防患于未然的预防治理方法。根据实践经验,观众管理工作应注意做好以下各方面的工作。

(1)提前制订观众管理教育计划,公布赛场管理规定。

(2)赛场舆论导向要正确、宣传要客观。

(3)赛场的选择与布置要科学合理,符合安全要求。

(4)落实方法措施,强化预防职能。竞赛期间的安全保卫工作要做到组织落实、制度落实、人员落实、责任落实,以及加强重点,点面结合,形成网络,疏而不漏。

(5)票务计划要符合赛场承受能力,开、闭幕式和关键场次的门票销售与分发要控制得当。

(6)严格控制场地经营许可证的发放数量和范围。

(7)要科学地确定进退场开门的时间,及时疏导开场前和终场后的高密度人群。

(8)严格入场前后的安全检查。禁止观众携带和销售不利于场内安全的物品。

(9)依靠多种社会力量(包括公安、交通、宣传、教育、行政等部门)联合治理。根据竞赛的对抗激烈程度、观众喜爱程度、比赛级别高低、电视电台转播情况、竞赛时间长短等因素进行科学预测,周密制订观众管理方案,积极争取社会力量支持,运用法律与行政手段,确保比赛顺利、安全。

(10)加强总结工作,在实践中锻炼提高管理人员的素质与能力。

(四)后勤管理

竞赛期间的后勤管理工作包括认真检查比赛场地、设备和器材的部署与使用管理情况,落实运动员、裁判员的住宿、用餐、洗澡、交通和保卫管理,监督比赛各项预算执行情况,以及医务方面的伤病预防和临场应急准备等项具体工作。

三、赛后工作的管理

赛后管理阶段是从闭幕式开始,至运动会总结、表彰、财务决算等工作全部结束为止,具体管理工作包括以下几个方面。

(一)闭幕式的组织

在各项竞赛活动结束后,根据事先确定的闭幕式组织方案,闭幕式的各项组织工作必须提前准备完毕。闭幕式的形式没有固定限制,也如开幕式一样随竞赛活动的规模、等级、任务的不同而各具特色,并有大致相同的组织程序,其形式多样,可在场(室)内,也可在场(室)外;可有表演,也可没有表演;可以是体育表演,也可以是文艺表演。一切均应根据现实需要灵活决定,但一定要注意与开幕式的安排前后呼应,以形成整体效果。

(二)其他收尾工作

(1)各队办理离开赛区的各种手续,方可离会。

(2)组织协调借调人员返回原单位,并按有关规定填写与寄发《裁判员工作登记卡片》。

(3)用于比赛的场地、器材、服装、用具等物资设备的归还、转让、出售和处理工作。

(4)财务决算。

(5)汇编、寄发比赛成绩册和技术资料。比赛成绩册的编制依据是竞赛规程中录取名次和记分方法的有关规定。成绩册的主要内容依次为:①奖牌与破纪录情况(金、银、铜牌及破纪录情况汇总表,各项目奖牌与破各级最高纪录统计表);②各单项名次情况(团体总分名次表、单项得分名次表、集体项目名次表、各单项前六名或前八名统计表);③荣获"体育道德风尚奖"名单(荣获的代表团、运动队、运动员、裁判员名单,荣获"最佳赛区"的承办单位名单);④各项目比赛成绩表。

(6)填报等级运动员和破纪录成绩。

(7)移交、整理有关文档资料。

(8)向新闻单位发布比赛情况。

(9)评比表彰工作。对参与开、闭幕式表演工作的单位和个人,对支持、协助比赛工作的单位和个人,对工作出色的各级组织者、指挥者及工作人员进行表彰。

(10)进行工作总结,并上报有关部门。属于承办全国竞赛的赛区,需填报赛区情况统计表。

本章讨论题

1. 户外运动赛事赛前、赛中、赛后管理分别包括哪些重要工作?
2. 户外运动竞赛的基本组织与流程包括哪几部分?
3. 相比传统的体育竞赛,户外运动竞赛具有哪些特征?

【参考资料】

国际著名越野挑战赛赛事简况

1987年,法国记者热拉尔·菲西在采访阿根廷举行的怀特布雷德环球帆船赛时突发奇想:如果把这项为重温当年麦哲伦环球航行历程的赛事移植到陆地上来,让更多的人员能够有机会像过去几个世纪的探险家那样,全凭自己的坚韧意志和运动技巧与大自然作生死的较量,那是不是会更吸引人?正是菲西这个突然闪烁的灵感,诞生了一项在全球一发不可收拾的运动——越野挑战赛。

山地越野赛是指参赛运动队依靠集体合作,发扬团队精神,以最短的时间完成比赛项目的竞赛,是近年来国际上流行的最艰苦、最吸引人的赛事之一。山地越野也是户外运动中的一种重要赛事。它的项目主要有山地越野跑、山地跋涉、山溪湖泊舟渡、山地自行车、丛林定向越野、攀岩、岩降、溜索、负重越野等。这是一个由多种奥运项目元素组合而成,考验运动员野外综合技能及其耐力、意志,突出团队协作配合的现代新兴运动。

1. 莱德加洛伊斯赛(Raid Gauloises)

1989年,为期两周的首届莱德加洛伊斯赛在新西兰南岛举行,这也是首次国际专业越野赛事。共有30支队伍参赛,最终只有6支队伍抵达终点,其余各队均在400mi(1mi≈1 609.34m)的崎岖山路、湍急河流和狂风暴雨中半途而废了。1998年又增设了极限赛事(X-AD-Ventures Raid Series)。

目前,莱德加洛伊斯赛的赛程直线距离至少在数百千米以上,赛期长达10天,比赛多半在世界上最险峻的地形中举行。每队由5名参赛者和2名后援者组队,比赛中交通方式包括了任何非机械式的辅助工具,如徒步、游泳、攀岩、骑马、泛舟等。2002年,莱德加洛伊斯赛距离长达1 000km,赛期12天,在中越边境的山脉与森林中举行的。

2. 越野跑黄金大满贯联赛(Golden Trail Series)

2018年5月,Salomon公司宣布成立"Golden Trail Series",即为越野跑黄金大满贯联赛。组委会选取了世界上最有特点的六场越野跑比赛,其中五场为黄金大满贯联赛的系列赛,第六场设为总决赛。分别为:①西班牙Zegama山地马拉松,其观众数量远远超过参赛者,整个山谷塞满了被誉为这个星球上最热情的观众;②勃朗峰山地马拉松赛道浓缩了阿尔卑斯山最美的风景,也被称为"景色最美的越野跑";③瑞士Sierre-Zinal越野赛;④美国Pikes Peak马拉松被誉为"美国的终极挑战",是美国所有马拉松赛中最为困难,也最具挑战性;⑤苏格兰天空跑,被冠以"最具技术难度的赛事"标签,甚至被美国有线电视新闻网(Cable News Network,CNN)称作世界上最危险比赛;

⑥南非水獭越野赛(Otter Trail)是总决赛,比赛线路是世界著名的徒步路线——水獭径,以在该区域发现的海角小爪水獭(Cape Clawless Otter)命名。水獭径位于南非花园大道(Garden Route)线路上,是一条世界顶级的徒步路线,步道全长42km需5天5夜才能走完,这条路线能让参赛者遇见非洲最美丽的海岸线。

3. 世界探险越野赛总决赛(ARWC)

ARWC被认为是世界上最艰难的极限赛事。2016世界探险越野赛总决赛线路全长637km,赛道围绕整个澳大利亚新南威尔士地区,竞赛项目包含185km皮划艇、115km越野跑、332km山地自行车和5km洞穴穿越。来自全球27个国家的97支户外探险队,只允许依靠组委会提供的一份地形图,全程要求自导航、无补给、昼夜不间断地(组委会不设强制休息,队伍自行安排)完成所有挑战。

4. 国家地理动感亚洲越野挑战赛(NG-AA Challenge Series)

National Geographic是全球闻名的专业传媒组织,"Action Asia"(动感亚洲)是亚洲专业的户外运动杂志,两家于1998年合作策划了一项洲际越野赛事——国家地理动感亚洲越野挑战赛。国家地理动感亚洲越野挑战赛一般3人为一组,并分设女子组、男子组、混合组以及元老组,比赛包括山地越野跑、急流横渡、岩降、攀岩等多项综合性项目。比赛特别强调与自然和谐共处,若参赛者有任何破坏生态环境的行为,将会因此而被淘汰。国家地理频道结合比赛举行地的人文景观特色,播出了1h的专题节目。

5. 中国的越野挑战赛

1997年,七星国际越野挑战赛开创了中国户外运动赛事发展的先河。自2000年以来,中国登山协会协同各地方组织开展了形式多样的户外越野挑战赛,目前已经在国内形成了较有影响力的"新疆帕米尔高原山地户外越野挑战赛""重庆武隆国际山地户外越野挑战赛""浙江吉安山地户外越野挑战赛"三大户外赛事,其他具有影响力的越野挑战赛还有"2003九寨天堂越野挑战赛""广西百色越野挑战赛""浙江杭州越野挑战赛"以及其他地区性的越野挑战赛。户外运动赛事正受到越来越多人们的关注,引领着国内户外运动的发展方向。

中国登山协会2018年主推出两大系列赛事

1. CHINA 100 山地越野赛(CHINA 100 Mountain Cross-country Race)

CHINA 100 山地越野赛全称"超长距离山地越野赛",此项赛事是在山地中进行的越野速度竞赛,比赛的最小距离已超过马拉松的距离,一般比赛距离大于100km,并有海拔爬升高度的规定。

2009年超长距离山地越野赛落地中国,自2013年已成井喷之势,数十场超百千米赛事在各地举办,由中国登山协会2013年举办的沂山百公里国际山地挑战赛是国内第一个大型的百公里(1公里=1km)赛事,受到广大爱好者的赞誉。

CHINA 100自创立至今已经举办了13站系列赛,张掖百公里、贡嘎百公里已成为国内非常影响力和知名度的赛事。山地越野赛的参与人群比较广泛,无论是专业运动员还是业余爱好者,都能参与到山地越野赛中,通过参加山地越野赛可以增强人们的体能、体力、意志、毅力、心理等素质,提高野外生存技术和能力,磨炼自己、战胜困难,能充分享受大自然赋予的乐趣。

2. 山地户外运动(Mountain Outdoor Sports)

山地户外运动是在自然场地举行的一组集体项目群,其中包括越野跑、登山、攀岩、悬崖速降、野外露营、野炊、定向运动、溪流、探险等项目。

山地户外运动的竞赛分四种形式:疾跑探险越野赛、短程探险越野赛、分段探险越野赛、全尺度探险越野赛。我国设计组织的第一次全国性越野赛是由中国登山协会于2000年8月22日至24日在吉林主办的"长白参杯全国大学生登山越野挑战赛"。比赛为期3天,有12支队伍参加,全长约22km。项目包括山地跑、定向越野、岩降、露营。

中国山地马拉松系列赛英文名称为China Mountain Marathon,简称CMM,是山地户外运动的精品赛事,分设山地马拉松42km个人赛。与山地马拉松21km个人赛,同时还根据比赛承办地点的自然环境设置了4~9km的群众健身赛。每站赛事规模约3000人。

"向山而跑,非凡之路",中国山地马拉松系列赛引领跑者在比赛中感受中国各地独具特色的山河之美和人文风貌,使专业路跑运动员和众多渴望挑战自我的体育爱好者通过跑步获得更多正能量。与城市马拉松不同,山地马拉松对赛道爬升高度及路面环境有一定要求。比赛线路制订遵循"自然、健康、和谐"的理念。自然:赛道自然原生态,所选赛道最大限度的保持其自然状态,跋山涉水、途径古村木桥、田埂小道,别有一番滋味,使参与者从赛事中获得乐趣。健康:人民追求健康,生命在于运动,在山间林地溪流进行跑步呼吸新鲜空气。和谐:人与自然的和谐,人在赛事中体验自然,自然在赛事中得到保护。

赛事标志(Logo)以一块岩石为主体,突出一个积极向上奔跑的跑者形象,整体呈现出山地马拉松运动员跑者不断向前、向上的精神。赛事整体包装以黄色和蓝色为主基调进行延伸,象征蔚蓝的天空和坚实的土地,且在户外环境中具有较高的辨识度。

2016年中国山地马拉松系列赛共举办了7站赛事,分别是6月5日湖北利川站、6月19日辉腾锡勒草原站、6月26日齐齐哈尔碾子山站、9月23日贵州兴义站、10月23日福建寿宁站、10月23日福建东山站,11月6日广西马山站;2017年共举办了7站赛事,分别是 4 月 16 日驻马店嵖岈山站、6 月 18 日辉腾锡勒草原站、6 月 25 日湖北利川站、11 月 5 日广西马山站、11 月 12 日福建漳州港站、11 月 26 日重庆黔江站、12 月 24 日广州从化站。2018 年中国山地马拉松系列赛共举办了 10 站赛事,分别是 4 月 15 日驻马店站、5 月 27 日重庆黔江站、6 月 3 日湖北利川站、6 月 17 日内蒙古辉腾锡勒草原站、9 月 16 日山东五莲站、9 月 28 日信阳鸡公山站、10 月 21 日广州从化站、11 月 4 日广西马山站、11 月 11 日福建漳州港站、12 月 2 日武汉新洲站;2019 年共举办了 9 站赛事,分别为 3 月 31 日信阳鸡公山站、4 月 14 日驻马店站、5 月 19 日四川广元站、6 月 2 日湖北利川站、7 月 28 日内蒙古辉腾锡勒草原站、9 月 1 日山东五莲站、10 月 21 日广西马山站、11 月 3 日广州从化站、11 月 17 日武汉新洲站。

【案例】

2018 中国山地马拉松系列赛——武汉新洲站

竞赛规程

一、组织单位

主办单位:中国登山协会 湖北省体育局
承办单位:武汉市体育局 武汉市旅游委 武汉市新洲区人民政府
协办单位:武汉市新洲区文化局 武汉市新洲区旧街街道 武汉市新洲区道观河风景区
独家运营:北京南天星体育产业发展有限公司
媒体推广:体坛传媒集团

二、竞赛名称、地点、时间

比赛名称:2018 中国山地马拉松系列赛——武汉新洲站
比赛地点:湖北省武汉市新洲区
比赛日期:2018 年 12 月 2 日

三、竞赛项目和人数

山地马拉松 42km 个人赛:200 人
山地马拉松 21km 个人赛:200 人
群众健身赛:1 500 人

四、线路介绍

2018 中国山地马拉松系列赛——武汉新洲站·赛道图(图 7-3、图 7-4)。

1.42km 个人赛

赛道走向:问津书院→清水塘村→孔子河水库→普庵堂寨→李家岗→烟李家湾→姚家河村→唐家塝→红色旅游公路→大雾山→少潭河水库→红色旅游公路→王家河村→田铺塆→石河塆→石家寨→道观河风景旅游区。

赛道信息:赛道总长约 42km,最高海拔 274m,最低海拔 38m;累计上升+1 070m,累计下降 1 034m;硬化路面约 31.7km,乡村土路约 9.4km(表 7-2)。

2.21km 个人赛

赛道走向:问津书院→清水塘村→孔子河水库→普庵堂寨→李家岗→烟李家湾→

图 7-3 赛道图(一)

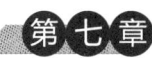

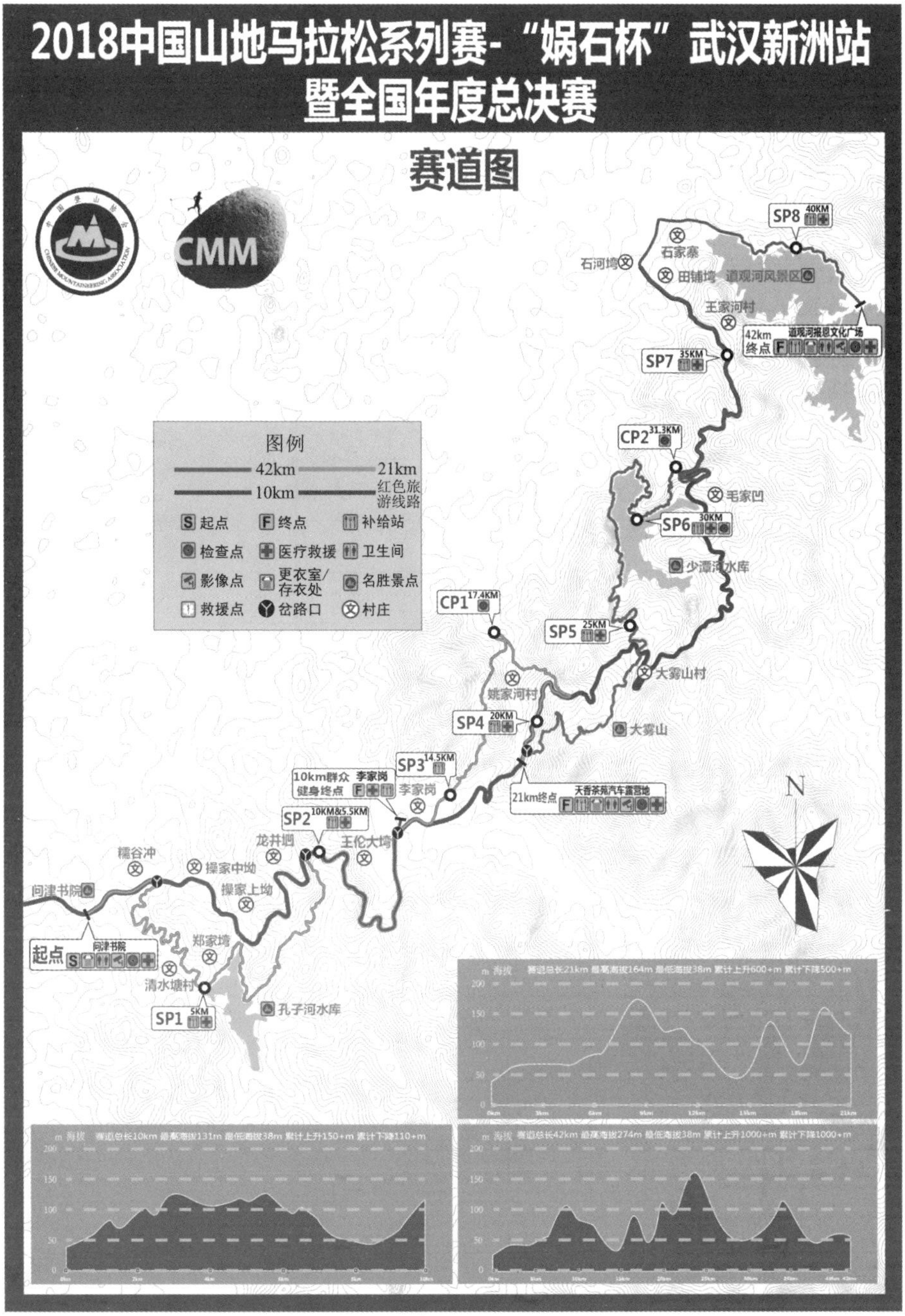
2018中国山地马拉松系列赛-“娲石杯”武汉新洲站
暨全国年度总决赛
赛道图
CMM
图例
42km
21km
10km
红色旅游线路
S 起点
F 终点
补给站
检查点
医疗救援
卫生间
影像点
更衣室/存衣处
名胜景点
救援点
岔路口
村庄
SP8 40KM
石家寨
石河塆
田铺塆
道观河风景区
王家河村
42km 终点
道观河摇臣文化广场
SP7 35KM
CP2 31.3KM
毛家凹
SP6 30KM
少潭河水库
CP1 17.4KM
SP5 25KM
大雾山村
姚家河村
SP4 20KM
大雾山
SP3 14.5KM
21km终点
天香茶苑汽车露营地
10km群众健身终点
李家岗
SP2 10KM&5.5KM
龙井垌
王伦大塆
糯谷冲
操家中坳
操家上坳
问津书院
起点
郑家塆
清水塘村
SP1 5KM
孔子河水库
N
赛道总长21km 最高海拔164m 最低海拔38m 累计上升600+m 累计下降500+m
赛道总长10km 最高海拔131m 最低海拔38m 累计上升150+m 累计下降110+m
赛道总长42km 最高海拔274m 最低海拔38m 累计上升1000+m 累计下降1000+m

图 7-4 赛道图(二)

姚家河村→唐家塝→红色旅游公路→天香茶苑汽车露营地。

赛道信息：赛道总长约 21km，最高海拔 164m，最低海拔 38m；累计上升＋600m，累计下降 547m；硬化路面约 11.6km，乡村土路约 9.4km（表 7-3）。

表 7-2 42km 个人赛路线信息表

位置	功能							
	检查点	医疗	水	饮料	食品	水果	干果	热食
起点	✓	✓						
5km		✓	✓					
10km		✓	✓	✓	✓	✓	✓	
14.5km	✓	✓	✓	✓	✓	✓	✓	
20km		✓	✓	✓	✓	✓	✓	
25km		✓	✓	✓	✓	✓	✓	
30km	✓	✓	✓	✓	✓	✓	✓	
35km		✓	✓	✓	✓	✓	✓	
40km		✓	✓	✓	✓	✓	✓	
终点	✓	✓	✓	✓	✓	✓	✓	✓

表 7-3 21km 个人赛路线信息表

位置	功能								
	检查点	医疗	救援	水	饮料	食品	水果	干果	热食
起点	✓	✓							
5km		✓		✓					
10km		✓		✓	✓	✓	✓	✓	
14.5km	✓	✓		✓	✓	✓	✓	✓	
20km	✓	✓		✓	✓	✓	✓	✓	
终点	✓	✓	✓	✓	✓	✓	✓	✓	✓

3. 群众健身赛

赛道走向：问津书院→糯谷冲→操家中坳→操家上坳→龙井凹→李家岗→烟李家

湾→天香茶苑汽车露营地。

赛道信息:赛道总长约 10km,最高海拔 131m,最低海拔 38m;累计上升＋240m,累计下降 223m;硬化路面约 10km(表 7-4)。

表 7-4 群众健身赛路线信息表

功能	位置		
	起点	5.5km	终点
检查点	✓		✓
医疗	✓	✓	✓
水		✓	✓
功能性饮料			✓

五、参赛资格

(1)要求参赛选手为中国内地及港澳台地区运动员(包含外裔中国籍选手)。国际赛对参赛选手无国籍限制,统一排名。

(2)国内精英运动员资格(经审核符合以下条件的运动员,按照报名先后顺序录取,额满为止):①参加本年度或上一年度中国山地马拉松赛事并获得赛事积分的运动员;②在本赛事前一年内参加中国登山协会主办的 30km 以上山地户外赛事,并获得组别前 12 名;③在本赛事前一年内参加其他 40km 以上的山地户外赛事,并获得个人组别前 10 名。

(3)除精英运动员之外,其他报名 20km 以上山地马拉松的运动员要求 1 年内至少有过一次 20km 以上山地越野赛、山地竞速挑战赛或城市马拉松半程及以上赛事的完赛经历,在同级别山地越野赛中取得前 30 名以内的选手优先录取。

(4)参赛运动员须具备良好的体能,确认自身健康状况具备参加本次赛事的条件。

(5)参赛运动员年龄要求。42km 个人赛、21km 个人赛、群众健身赛:18～65 岁(以竞赛日期为基准)。

(6)参赛选手身体状况要求。山地马拉松是一项高负荷大强度长距离的竞技运动,也是一项高风险的竞技项目,对参赛运动员体能和技能要求很高。参赛运动员应身体健康,有长期参加跑步锻炼和训练的基础以及基本的山地越野跑经验。参赛运动员可根据自己的身体状况和实际能力,选择比赛类型中的一种参加。

(7)有以下身体状况者不宜参加比赛:①心肌炎和各种心脏病患者;②高血压和脑血管疾病患者;③冠状动脉瘤患者和严重心律不齐;④血糖过高或过低者以及糖尿病患者;⑤比赛日前两周以内患感冒;⑥其他不适合运动的疾病(孕妇、饮酒过度、赛前疲劳等)。

(8)精英运动员因特殊状况,无法按时参赛,必须提前一周告知组委会,否则取消当年精英运动员资格。

六、竞赛办法

(1)采用中国登山协会山地马拉松最新竞赛规则(另行发布)。

(2)采用电子感应计时,各参赛运动员必须按要求正确佩戴感应计时芯片,组委会在起终点、途中设置感应计时地毯、计时打卡点及影像采集点。未经过检录、未通过赛道指定检查点或未经过起点计时地毯的运动员即使完成比赛成绩亦无效。

(3)比赛采用统一时间、分区域检录、统一发令的方式进行。按山地马拉松42km个人赛、山地马拉松21km个人赛、群众健身赛的顺序排列出发,之间间隔10m的安全区。

(4)按规定比赛线路行进,有意或无意抄近道及跑错路等,一经发现并确认并非线路标识等问题,取消成绩。

(5)比赛中运动员受伤需接受医务人员处理,裁判员根据医务人员建议报请裁判长批准可终止运动员比赛。

(6)比赛过程中运动员不得使用任何交通工具,一经发现取消本次比赛资格,并禁赛一年。

(7)比赛中运动员不得冒名替换,一经发现将取消比赛资格,并禁赛两年。

(8)赛事不允许携带宠物参赛。

(9)运动员强行进入与所报组别不符的赛道,取消比赛资格,并给予禁赛两年处罚。

(10)参赛运动员到达终点后重复冲线,取消比赛成绩。

(11)赛道严禁丢弃垃圾,一经发现将取消比赛资格。

(12)42km个人赛参赛运动员携带非专业水杯或水壶的在起点将不予检录。

(13)比赛全过程必须佩带组委会印制的号码布,其中号码布佩戴要求:①山地马拉松42km及21km项目每人2块号码布(一大一小),比赛中胸前佩戴一块大号码布,小的用于存衣,群众健身赛每人1块号码布(一大),比赛中佩戴于胸前;②号码布是参赛运动员的身份凭证,参赛运动员必须佩戴各自号码布进入与比赛项目相应的出发区进行检录(号码布不齐或佩戴不正确,不予检录),在比赛过程中必须自始至终佩带号码布,不按规定佩戴号码布则取消比赛资格;③号码布不得转让,如因号码布转让而发生的一切事故,由原号码布持有者负全部责任。

(14)比赛成绩以官方电子计时为准,采用枪声成绩进行录取名次,途中出现检查点遗漏,如不能获得影像证明,视为未完成赛事;如属于器材问题,需经裁判长确认,方能认可比赛成绩有效。

(15)发枪和关门时间(拟08:30发枪,具体以发令枪声时间为准),见表7-5。

表 7-5 时间表

项目	发枪	关门	关门用时
山地马拉松42km个人赛	08:30	15:30	7h
山地马拉松21km个人赛	08:30	12:30	4h
群众健身赛	08:30	10:30	2h

七、录取名次及奖励办法

(1)在规定的时间内,按要求完成相应的赛程,计成绩。

(2)最终名次按每名运动员规定时间内完成比赛路线,用时由少到多排列,时间少者名次列前。若成绩相等,则名次并列,无下一名次。

(3)总奖金10万元人民币,分别录取42km个人赛男子组、女子组前3名颁发奖杯和奖金,前12名颁发证书和奖金;42km个人赛所有参赛运动员在关门时间内完赛并取得有效成绩的获得完赛奖牌和成绩证书;群众健身赛参赛运动员在关门时间内完赛均获得完赛证书,见表7-6。

表 7-6 奖金表　　　　　　　　　　　　　　　　　　　　　　单位:元

名次	42km个人赛男子组	42km个人赛女子组	21km个人赛男子组	21km个人赛女子组
第一名	10 000	10 000	3 000	3 000
第二名	8 000	8 000	2 500	2 500
第三名	6 000	6 000	1 500	1 500
第四名	4 000	4 000	1 200	1 000
第五名	3 000	3 000	1 000	1 000
第六名	2 000	2 000	800	800
第七名	1 500	1 500	600	600
第八名	1 000	1 000	500	500
第九名	800	800	400	400
第十名	600	600	300	300
第十一名	500	500	200	200
第十二名	400	400	200	200

(4)奖励积分办法:中国山地马拉松 42km 个人赛(限国内运动员排名)积分方式按中国登山协会发布的赛事积分办法执行。参赛运动员每站按照排名获得如下积分(参加年度总决赛,可取得个人积分×1.5 倍分值;总决赛积分×1.5+各站积分=个人年度总积分;根据积分总额进行一定奖励),见表 7-7。

表 7-7 积分表

名次	积分	名次	积分	名次	积分
1	100	11	35	21	10
2	85	12	30	22	9
3	75	13	27	23	8
4	70	14	24	24	7
5	65	15	22	25	6
6	60	16	20	26	5
7	55	17	18	27	4
8	50	18	16	28	3
9	45	19	14	29	2
10	40	20	12	30	1

八、竞赛物资及装备

竞赛物资及装备详见表 7-8。

九、竞赛日程

详见 CMM 中国山地马拉松公众号。

十、报名方法

(1)报名时间:2018 年 10 月 11 日开始报名,额满截止。

(2)报名审核:主办方根据赛事规程,有权筛选并最终决定是否接受报名。

(3)报名流程:登录赛事官网→信息填写→资料提交→缴费→信息审核→审核通过→报名成功(注:信息审核未通过者,报名费用将退还原支付方)。

(4)因个人原因无法参加比赛,开赛前 15 天(以竞赛日为准)告知可退还报名费 50%,多于 15 天不予退款。

表 7-8 竞赛物资及装备清单表

序号	名称	规格/功能	数量	备注
		山地马拉松42km、21km个人赛必备物资		
1	参赛号码布	竞赛识别	1张	组委会提供,胸前一张
2	计时芯片	计时	1张	组委会提供
		群众健身赛必备物资		
1	越野鞋、背包和腰包	装物	1个	自备
2	水带或水壶	储存饮品	1个	自备
3	手机	通信保障	1部	自备
4	口哨	救生	1个	自备
5	防晒用品	防晒	/	自备:帽子、头巾、太阳镜、护臂、防晒霜等
6	登山杖	辅助登山	1副	自备
7	手套	手臂保护	1双	自备
8	护臂、护膝	防止摔伤	1对	自备
9	皮肤衣或风衣	保温、防雨	1件	自备
10	压衣裤	稳固肌肉、排汗保温	1套	自备
11	越野跑鞋	/	/	自备
12	急救包	急救处理	1个	自备:救生毯、弹性绷带、止血带、三角巾、创可贴、云南白药等

(5)若参赛资格审核通过,参赛名额不得转让。参赛名额赛事组委会将以候补人员的条件由高到低排序,择优录取(详见条款一第二条、第三条)。

(6)未报到参赛运动员可联系组委会(将自己的姓名、组别、身份证号码、衣服尺码、电话号码、邮寄地址在赛前一周内,发送至某女士/男士手机××××××××××,超出时间范围,组委会将不再受理),赛后赛事包可代为寄出(顺丰到付)。

(7)报名咨询电话:134××××××××某女士,199××××××××某先生。

(8)合作联系电话:010-67××××××/134×××××××× 某女士。

电话咨询时间:08:00—19:00。

十一、费用

(1)赛事服务费(表7-9)。

山地马拉松 42km 个人赛(精英组):150 元。
山地马拉松 42km 个人赛:150 元。
山地马拉松 21km 个人赛:80 元。
群众健身赛:50 元。

表 7-9 赛事服务费物品清单表

物品	山地马拉松 42km 个人赛	山地马拉松 21km 个人赛	群众健身赛
号码布	√	√	√
计时芯片	√	√	—
赛事手册	√	√	√
抽绳包	√	√	√
参赛 T 恤	√	√	√
完赛奖牌	√	√	
完赛毛巾	√	√	—
完赛证书	电子证书	电子证书	纸质证书

费用统一网上支付,若参赛资格审核通过,参赛名额不得转让。

(2)精英运动员比赛期间食宿(餐:12 月 1 日晚餐—12 月 3 日早餐,其中 12 月 2 日中餐需自理),另外报销所在地到参赛地实际票价不高于 600 元的交通补助。报销凭据:只限正规长途汽车票、火车票(硬卧、硬座)、动车票(二等座)、机票行程单(经济舱);非以上形式票据,概不受理,车票应为赛前五日内产生有效实际发生的行程。若精英运动员未完成比赛,将不予报销车费。

(3)运动员比赛期间保险费由组委会承担,《人身保险说明书》请在赛前登录官方合作网站查阅。

(4)赛事信息及安排详见相关网站。

十二、申诉

凡对竞赛成绩、裁判员执法、参赛运动员资格有异议提出申诉者,需向组委会提交签字的《申诉报告书》及 500 元申诉费方可受理。如果胜诉,申诉费用将全款退回。

十三、其他

未尽事宜另行通知,本规程解释权属赛事组委会。

赛事组委会
2018 年 10 月 11 日

第八章

户外运动俱乐部经营管理

【内容提要】 本章主要介绍户外运动俱乐部的概念、性质、经营模式等知识内容;阐述我国户外运动俱乐部的发展现状及存在问题,从组织结构、人力资源管理、装备设施管理等方面对户外运动俱乐部运营进行了介绍;从市场调查、市场细分、目标市场选择、产品定位等方面对营利性户外运动俱乐部的市场营销相关问题进行了介绍。

【学习要求】 通过本章知识内容的学习,要求基本了解户外运动俱乐部的本质、特点及基本盈利模式;要求掌握户外运动俱乐部经营的基本程序与关键事项;能独立运用相关知识开展户外运动营销工作。

第一节 户外运动俱乐部概述

1857年,世界上最早的户外运动俱乐部在德国诞生,这个以登山、徒步为主要运动项目的民间组织是现代户外运动俱乐部的雏形。如今,户外运动作为新兴的体育项目,带着强烈的时尚气息在我国迅速发展,登山、攀岩、潜水、溯溪、漂流、探洞等项目,刺激惊险,新颖奇特,能使参与者充分张扬个性,从而受到广泛追捧。2016年中国群众体育现状调查结果显示,群众性登山运动位列"老百姓最喜欢的体育运动"排行第七位。随着众多群众对各种户外运动项目的逐步接受与热爱,户外运动俱乐部也如雨后春笋般发展起来。

严格的资质认证是规范俱乐部健康发展的基本前提与重要手段。由国家认证认可监督管理委员会和国家体育总局联合制订的《体育服务认证管理办法》已于2007年1月1日开始实施,2013年中国登山协会出台《登山户外运动俱乐部及相关从业机构资质认证标准》,进一步明确了户外运动俱乐部的准入标准、权利及义务,规范了户外运动行业秩序。2019年6月《中国登山协会登山户外运动俱乐部管理办法》颁布,更进一步细化了登山户外俱乐部的权利和义务,为户外运动行业指明了发展方向,将在一定程度上推动户外运动事业健康、稳定与可持续发展。

一、户外运动俱乐部的概念及性质

目前,我国户外运动俱乐部主要包括面向社会大众的商业性户外运动俱乐部和学校爱好者成立的户外运动俱乐部两类。前者指的就是本章将阐述的营利性户外运动俱乐部,中国登山协会制订的一系列户外运动俱乐部管理条例也是以此种俱乐部为管理对象。部分高校户外运动爱好者成立的俱乐部,属于社会团体范围,其目的是促进户外运动的发展和普及。

营利性户外运动俱乐部是以营利为目的,向社会公众提供户外休闲健身服务的体育企业。户外运动俱乐部组织形式是企业,这与一般的体育社团、协会、公益性俱乐部的组织形式有很大不同。企业的运作方式都是为了在社会上能够生存发展,占有一席之地,所有经营管理方式必须以市场为指导。不论何种企业,首要目的是获取利润,否则在市场上就无法生存。作为企业的营利性户外运动俱乐部,也要面对市场,遵守市场规则,遵循价值规律,根据各种不同层次、不同爱好顾客的户外运动需求,提供不同等级、不同内容的服务,以达到盈利的目的。

与一般的户外运动装备生产企业不同,户外运动俱乐部提供的产品不是看得见、摸得着的实物产品,而是无形的服务。因此,户外运动俱乐部营利的手段是通过向社会公众提供户外运动休闲健身的服务产品,以满足大众健身休闲需求和美好生活需要。

二、我国户外运动俱乐部的发展现状及存在问题

总体来看,经过30多年,特别是近十年的飞速发展,我国户外运动俱乐部在数量上有了较大的增长,已经初具规模,经营项目、盈利模式也日益多样化,经营手段逐步规范。根据360地图2018年3月27日的统计数据与坐标显示,目前全国共有122个户外运动类协会,户外运动俱乐部1 635个。目前,我国户外运动俱乐部主要集中在经济较发达的省市。

(一)户外运动俱乐部跨区域合作加强,"引进来走出去"成为共识

由于以往的俱乐部多是由几个爱好者自娱自乐自发组织而成,有的甚至连工商注册手续都不完备。即使部分俱乐部期望正规化操作,但受到免费的AA自助游的影响,也很难形成规模,依靠组织出游活动盈利更是一种奢望。通常一条陌生线路的开发成本较高,俱乐部一般难以承受。因此,寻求与线路所在地的俱乐部展开合作,共同组织户外运动活动,逐渐成为一种比较可行的流行方式。一方面,参加活动的人员来源相对较广;另一方面,当地俱乐部对当地线路熟悉,行程安排更科学合理。"引进来走出去"的合作方式为户外活动增加了亮点,一些有远见的俱乐部开始打破隔阂携手合作。早在2006年,在"户外时代网"的支持下,"武汉××

×""内蒙古×××""山西×××"等多家俱乐部联合发起了"全国户外俱乐部联盟",他们以联盟为平台,加大跨区域合作,共享资源,致力于共同打造户外运动俱乐部的品牌效应。

(二)拓展业务成为俱乐部过渡期间主要的盈利项目

在户外运动俱乐部发展的早期,免费 AA 自助游活动对户外运动俱乐部的经营冲击很大,户外运动俱乐部能够获得规模和效益的很少。因此,生存还是很多俱乐部面临的现实压力。除了实行俱乐部联盟政策,提高会员活动质量、进行拓展运动培训就成为了很多俱乐部盈利的一种模式。有业内人士这样对比户外运动俱乐部和拓展公司的境况,户外俱乐部"十有八九在赔钱",拓展公司"十有八九在盈利"。由此可见,户外运动俱乐部开辟拓展培训业务,也是顺理成章之事。参与拓展培训的大多是企业客户,而企业客户不同于单个户外运动参与者,他们是企业付费消费,对价格不是特别敏感,更看重的活动的培训效果。国内目前优秀的拓展培训师仍然不多,拓展师培训人才市场有很大的市场前景。

(三)户外出游收费制渐行其道,户外运动俱乐部开始创造品牌效应

随着移动互联网、旅行 APP 等的普及与应用,网上结伴旅行逐渐成为户外出游的主流模式,北京××俱乐部、深圳××俱乐部均靠这种经营模式获得了巨大的人气。但网上结伴的松散性、领队的随机性、"免费等于免责"的内部行规以及频频发生的意外事故,也使得这种免费的 AA 自助出游模式受到了那些对活动品质和安全保障有较高要求的户外运动参与者的质疑。在此背景下,以《中国国家地理》的会员部和"远飞鸟"为代表的品牌俱乐部逐渐占据市场。多家俱乐部联合发起的"全国户外俱乐部联盟",也打出了"多点钱、多点保障、多点品质"的口号。可以预见,随着出游人群对活动质量和安全保障要求的提高,户外出游收费一定会制渐行其道,户外运动俱乐部逐步走上品牌打造之路。

在近 30 年的发展历程中,我国户外运动俱乐部也遇到了许多的问题,有些问题没有得到很好解决,至今还仍然存在,主要表现在以下几个方面。

第一,经营者对"户外运动"定义的理解过于片面和狭窄,导致发展定位不准。在观念上表现为刻意强调户外运动就是"挑战自然、探索险境",追求所谓的"纯户外路线",而忽略了户外运动"放松身心、陶冶情操"等健身健心功能,进而导致在服务产品开发与设计方面,过于强调线路的难、奇、险,而忽视了休闲、体验、娱乐等元素的开发与关注。

第二,俱乐部从业人员综合素质不高,从而导致俱乐部发展缺乏充足动力。从业人员素质不高主要体现在专业素质与文化素质两个方面。许多领队教练仅经过短期培训便开始独立带队进行户外活动,在相关专业技术掌握不熟练、户外知识储

备不丰富、户外风险意识薄弱的情况下,户外运动参与者或消费者良好的活动体验以及人身安全都难以得到保障。另外,户外运动既是一类体育运动,也是一种人类文化活动。它不仅包含了人对自然的热爱、人与人之间的相互理解和关爱、人对生命的珍惜等诸多因素,而且蕴含着对成功、失败、挫折、共享等各种复杂情感的体验与感悟。目前,国内户外运动从业人员,尤其是部分教练员由获得了户外运动指导员证书的爱好者或在校学生兼任,他们本身对户外运动的认识不够深刻,同时也缺乏对人生的丰富体会,很难引导具有较高学历且较深人生阅历的户外运动参与者产生共鸣,一定程度上会影响消费者对户外运动的真切体验。

第三,俱乐部同质化严重,服务产品雷同。大多数户外运动俱乐部的创新能力不足,提供的服务形式种类单一且缺乏特色,无法体现独特竞争力,使得整个市场缺乏获利,进而导致大量客户在体验过一两次后就失去对户外运动的兴趣,造成客源流失。

第四,俱乐部之间竞争恶劣,市场秩序混乱。各俱乐部缺乏交流合作,缺乏培育整体户外运动市场的理念与意愿,缺乏品牌打造意识,普遍的短视行为导致无序恶意竞争,"一锤子"买卖情况时常发生。

第五,缺乏环保意识,环境破坏行为普遍存在。尽管大多数户外运动俱乐部制定了环境保护的相关办法,但在执行中没有真正落到实处,环保工作形同虚设。这主要体现在俱乐部开展户外运动活动的过程中,忽视引导消费者树立环保意识,甚至为取悦消费者对他们破坏、污染生态环境的行为不予约束与制止。

第六,风险意识薄弱,风险管理能力不足。很多俱乐部无法为客户提供相应的保险,为转嫁风险,基本上都"打擦边球",只为客户投保"旅游险"。缺乏风险防范机制,俱乐部没有建立风险等级制度,在相应的风险管理过程中仅提供应对突发事件的具体手段。

第二节 户外运动俱乐部的运营管理

作为向社会公众提供户外运动休闲服务的体育企业,对户外运动俱乐部的运营管理属于企业管理的范畴。考虑到户外运动俱乐部休闲服务产品的特点,本节着重介绍户外运动俱乐部的组织结构与组织设计、人力资源管理、装备设施管理三个方面,并对我国与户外运动相关的法律法规进行介绍。

一、组织结构与组织设计

组织结构是描述组织要素与结构的框架体系。企业的组织结构多种多样,具体有职能型结构、分部型结构、矩阵型结构、网络型结构等。管理者在设立或变革一个组织的机构时,就是在进行组织设计。组织设计不分大小,上至国家机关机构改革,下至某个小型户外运动俱乐部的结构调整,都是对原有的组织进行变革,均属于组织设计的范畴。

户外运动俱乐部在进行组织设计时,可以有多种选择。每一种组织结构都有其优缺点,管理者无论是在俱乐部开设之初,还是在俱乐部扩大经营时,在进行组织结构的设计时,都必须根据组织的特点和俱乐部的特色,选择最适合本俱乐部的组织结构。下面首先对常用组织结构进行简单介绍。

（一）职能型结构

它是按职能进行组织,将相似和相关职业的专家组合在一起来组建结构。如根据生产、研发和营销等职能将组织分为生产部、研发部和营销部等。其优点在于专业化的经济性,缺点是各职能强调自己部门与工作的重要性,容易忽视全局利益。一般适用于生产单一产品或服务的组织。

（二）事业部型结构

它由自治的单位组成,各单位管理者均对某种产品或服务负完全责任。这种结构的优点是强调结果好坏,分部负责人因而具有高度责任感;缺点是活动和资源配置重复,造成成本上升,效率下降。一般适用于生产多种产品的大型组织或企业。

（三）直线型结构

它是指低复杂性、低正规化和职权集中在一个人或极少数人手中的垂直管理结构,具有快速、灵活和经济的特点。通常只适用于发展初期的小型组织,仅在简单的环境中能发挥优势。

（四）矩阵型结构

这种结构融合了职能型和事业部型结构的特点,既发挥了职能型结构专业化的经济性,又发挥了事业部型结构对产品结果的责任感。但在双重指挥下容易造成混乱,引起权力斗争。比较适用于多个产品的规划与经营,需要依靠有职能专长的人进行管理的组织,比如学校。

（五）网络型结构

它是一种新型的组织结构,是计算机技术革命的产物。此种结构只有很小的中心组织,依靠其他组织以合同为基础进行生产、营销等经营活动。既可以作为小型公司的选择,也可为大型组织所采用。

目前,大型营利性户外运动俱乐部一般都采用连锁或加盟形式来占领不同地区的市场。各个俱乐部根据自身实际的选择,组织结构有所不同,或采用单一组织结构,或几种组织结构交叉使用。

按照公司、企业的组织结构,一般的体育经营类企业都设置有总经理办公室、事业发展部、市场营销部、人力资源部、教学培训部、财务部等部门。严格来说,营利性户外运动俱乐部也应该包括上述部门,但我国的户外运动俱乐部由于发展历程较短,组织结构还不是十分完善。比如,某规模较小的户外运动俱乐部的组织结构如图8-1所示。

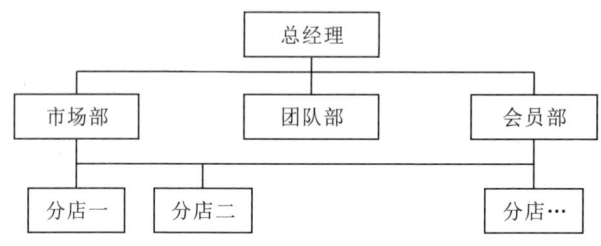

图8-1 某户外运动俱乐部组织结构图

各部门主要职责如下。

(1)市场部:负责俱乐部的营销工作,如俱乐部形象设计与推广、对外宣传、产品推介、各类赛事招商及媒体推广,还包括建立网站、公众号、会员数据库及运营管理。

(2)团队部:利用技术优势和户外运动管理经验,将体验式培训与户外运动项目紧密结合,为各大公司、机构、企业组织专业的户外体验式拓展训练。

(3)会员部:搭建综合性交流平台,为消费者提供专业户外运动服务,主要包括策划组织各种户外运动活动、户外运动专业知识讲座、户外运动赛事筹划、户外运动资源规划等。

在我国户外运动俱乐部的组织结构中大多缺乏财务部、人事部等部门,充分说明了当前户外运动俱乐部的管理,尤其是人事和财务等方面还很不规范。

二、人力资源管理

加里·德斯勒(Gary Dessler)将人力资源管理定义为"完成获取、培训、评价和报酬雇员的工作,同时还要处理劳资关系、雇员健康和安全问题以及与公平有关的其他一些问题"的一种过程。不论是世界500强企业,还是普通中小企业;不论是从事商品制造业,还是体育服务业,其不管有没有人力资源部或人事处,人力资源管理都是企业非常重要的工作内容之一。从筹建之初,营利性户外运动俱乐部就应加强人力资源管理,主要从人员甄选、绩效评估、员工培训与发展和薪酬福利四方面开展。

（一）人员甄选

人员甄选是指用人单位根据用人条件和用人标准，运用适当的方法和手段，对应聘者进行审查和筛选的过程。户外运动俱乐部对从事户外运动指导的领队、教练员，应该有以下几个方面的要求。

(1)掌握全面的户外运动知识和技能。

(2)具有较丰富的户外运动经验。

(3)具有一定的户外运动教学能力。

(4)具有一定的户外运动组织能力。

(5)具有较强的责任感和事业心。

(6)对户外运动行业是有浓厚的兴趣。

(7)具备稳定良好的心理素质，能够承担压力。

（二）绩效评估

绩效是指构成员工职位的任务被完成的程度，它反映了员工能在多大程度上实现职位要求。绩效评估又称绩效评评、绩效评价或员工考核，是一种正式的员工评估制度，也是人力资源开发与管理中一项重要的基础性工作，旨在通过科学的方法与原理评定和测量员工在职务上的工作行为和工作效果。通过对员工的绩效评估，形成客观公正的人事决策过程。绩效考评的内容有以下几个方面。

(1)业绩考评：就是对行为的结果进行考评。如任务完成度、工作质量、工作数量等。

(2)能力考评：考评其在工作岗位上及工作过程中显示出来的能力，如经验、知识、技能熟练程度、判断力、理解力、创新能力、改善力、企划力等。

(3)态度考评：考评出勤状况、纪律性、协作性、积极性、责任心。户外运动俱乐部对员工进行绩效评估示意图如图8-2所示。

（三）员工培训与发展

员工培训与发展就是组织通过学习与训导的手段，提高员工的工作能力与知识水平，最大限度地使员工的个人素质与工作需求相匹配，促进员工现在和将来的工作绩效不断提高。

员工培训与发展是人力资源管理中的一个重要环节。职业发展使员工在自己选定的领域里，在自己能力所及的范围内，不断进取而成为业内专家。员工的职业发展对于组织发展的好处在于，可以增加员工忠诚度和提高生产率。

体育运动的发展变化非常迅速，户外运动尤其如此。比如，户外运动俱乐部的服务项目，以前是以素质拓展为主打项目，现在流行的项目就有野外生存、攀岩、野

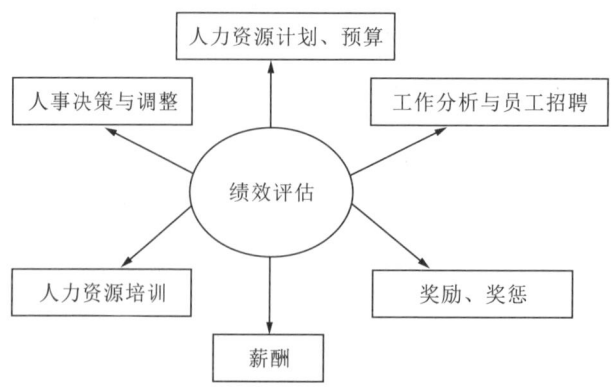

图 8-2 绩效评估与人力资源管理其他环节的关系

战 CS、定向越野、滑翔伞、潜水等多个项目。作为户外运动俱乐部的员工,只有不断地学习,才能吸引更多的顾客,才能为顾客提供更安全、周到、舒适的服务。另外,一名员工不可能一成不变地长期从事一项工作,随着职务职位的变化,其要求也就随之发生改变。我国户外运动各地各级行政管理部门和协会每年都会举办户外指导员、拓展指导员、助理教练员、攀岩从业人员等培训班,对户外运动俱乐部的从业人员和爱好者进行专业技能培训,能大大完善他们的能力结构和知识体系。

(四)薪酬福利

在企业中,薪酬福利是指员工因为被雇用而获得的各种形式的收入,包括基本工资、奖金、津贴、加班工资、各种福利项目,以及长期与短期的激励等。在我国户外运动发展的当前阶段,行业管理的不规范导致了部分户外运动从业人员对自己的薪酬福利不满意,从而导致工作积极性下降。

作为户外行业来说,需要进一步解决如下问题。比如,薪酬和奖励机制要诚信、合理、透明;要设计科学合理的薪酬与绩效管理制度;逐步建立共享未来、有安全感的人本文化;完善人才梯队建设计划,促使员工能力和经验不断更新提高等。根据目前我国户外运动俱乐部发展现状,户外运动俱乐部员工薪酬福利的设计理念原则上应包括以下内容:职位、能力与薪酬三位一体;团队与业绩挂钩;相对稳定,共享未来等。除此之外,职务任免、奖金、归属感、培训发展机会等也应该纳入户外运动俱乐部薪酬福利范围。

在设计员工薪酬福利时,管理者还要特别注意和考虑户外运动俱乐部内部与外部的公正性。

(1)外部公正性,即公司需要根据行业的特点和自身的发展阶段的需要,制订合适的薪酬策略,使其薪酬水平与外部市场相比有一定的竞争力和吸引力。市场平均薪酬水准是影响企业薪酬水准的重要因素,也是能否吸引和留住俱乐部关键人才的首要因素。

(2)内部公正性,一般需要通过以下三个方面的工作来进行保证:公司有明确的并被大多数员工认同的价值导向;通过对各职位的关键要素进行评估,得出各职位对公司最终目标价值贡献的大小;有一套完善的职位评估程序和方法,并通过培训和宣传让公司员工,特别是管理层和关键人才认识到职位评估过程与结果的公正性,即对于相同的职位,绩效高的员工获得的报酬应该比绩效差的员工高。

三、装备设施管理

装备设施是保证户外运动活动顺利开展的基本物质保障,其正常有序的运行是确保户外活动万无一失的保证。对户外运动俱乐部来说,户外运动装备、场地设施的管理非常重要。从经营者到普通员工,都有权利和义务对俱乐部所有的安全带、绳索、铁锁、下降器、上升器、头盔等器材装备进行经常的检查,对拓展运动基地的高空项目、胜利墙、荡绳过河等危险系数较高的器材设备也必须经常保养和维修。每次装备器材使用前后,都要认真检查,如发现问题应及时解决,并养成良好习惯。此外,还应建立严格、规范、健全的器材设备管理制度,保证各项户外运动设备都能在活动进行过程中处于良好的运转状态,确保每次户外运动活动的顺利进行。

鉴于户外运动的特殊性,其场地设施的管理,应该不同于普通体育场地的管理。不同之处主要体现在对大自然的保护上。要树立环保意识,坚决避免破坏大自然生态和污染环境的行为出现。随着生产力的发展和工农业的现代化,保护和改善环境就成为劳动力再生产的必要条件。作为我国当前的热门产业,户外运动在其迅猛的发展道路上,保护环境是必须应尽的义务。此外,"热爱自然、保护环境"是户外运动的重要理念之一,大自然是开展户外运动最主要的场地,我们时时刻刻都要保护和爱惜空气、阳光、水、动物、植物等。

四、关于户外运动俱乐部相关法律法规

作为一类企业,户外运动俱乐部要遵守国家各项法律法规,并要接受国家和地方各有关部门的管理,其主要的管理部门有工商、税务、统计等部门。除了接受上述国家行政部门的监督外,作为经营体育的企业,户外运动俱乐部还要接受国家体育行政管理部门的监督和管理。相关的法律条款主要有《中华人民共和国体育法》《登山户外运动俱乐部及相关从业机构技术等级标准》《登山户外运动俱乐部及相

关从业机构资质认证标准》，以及国家体育总局下发的各类法规等。其中《登山户外运动俱乐部及相关从业机构技术等级标准》和《登山户外运动俱乐部及相关从业机构资质认证标准》两项条例从专业的角度，对营利性户外运动俱乐部的技术等级划分标准和资质认证标准予以了明确规定。

另外，部分省、市制订了地方条例和规章制度，对户外运动俱乐部的经营活动进行了规定，主要体现在审批发证、日常监督、年度验审三个方面。

（一）审批发证

户外运动俱乐部在正式营业之前应当到体育行政部门申领许可证，其要求在领取营业执照前申领，但也有要求在领取营业执照之后申领。比如，《湖南省体育经营活动管理条例》第六条规定："从事射击、跳伞、滑翔伞、热气球、赛车、轮滑、攀岩、登山、漂流、探险、拳击、武术、摔跤、柔道、健身气功、游泳、潜水、蹼泳、皮划艇、跳水、水球、赛艇、摩托艇、滑水、帆船等专业性强、技术要求高或者危险性大的体育项目的经营活动，应当向县级以上人民政府体育管理机构提交可行性报告，经过严格审查批准并发给体育经营许可证后，向工商行政部门申请注册登记，领取营业执照。"此项规定要求户外运动俱乐部经营者要先到体育行政部门申领经营许可证之后，才能到工商行政部门办理营业执照，这就是通常所说的"前置审批"。而《北京市体育运动项目经营活动管理办法》第六条明确规定："从事体育运动项目经营活动的单位和个人，应当到工商行政管理机关办理注册登记，自领取营业执照后 30 日内到体育行政部门申办体育运动项目经营资质证书。"这种规定则要求经营者在领取营业执照后到体育行政部门办理审批发证手续的审批方式，称为"后置审批"。

（二）日常监督

户外运动俱乐部在经营过程中，还要接受体育行政部门的日常监督检查，检查内容包括从业资格和条件两个方面，主要包括从业人员的资格管理、器材设施的管理等。比如《河北省体育经营活动管理办法》第五条规定，举办体育经营活动应具备下列条件：①有必要的资金和相应的设施、设备；②有符合安全、消防和环境卫生条件的场所；③有经过岗位培训，具有专业知识的经营管理及从业人员；④经营内容有益身心健康；⑤法律法规和规章规定的其他条件。第九条规定："从事体育培训、辅导、裁判和咨询的人员以及体育经营活动的管理人员，须经市以上体育行政部门资格认定，取得资格证书后，方可上岗。"对体育行政部门日常检查不合格的俱乐部，在该管理办法中明确指出了要受到罚款处罚，涉及违法犯罪的要追究刑事责任。

（三）年度验审

户外运动俱乐部的经营情况要接受年度验审，主要针对营业审批初的审核条件是否发生变更、企业终止经营是否在体育部门注销等。《北京市体育运动项目经营活动管理办法》第十二条规定:"体育行政部门对体育运动项目经营资质证书实行年度验审制度,对体育运动项目经营活动的日常管理实行稽查制度。对拒不接受年审或者年审不符合规定的,由体育行政部门责令限期改正,逾期不改正仍继续经营的,按无证经营处理。"

第三节　户外运动俱乐部的市场营销

营销专家菲利普·科特勒认为"市场营销是一个社会管理过程,在这个过程中个人和群体通过创造、提供、与他人交换有价值的产品而满足自身的需要和欲望。"经过多年的发展,营销不仅是企业经营中的一个极为重要的手段,而且也被非营利组织、政府部门等机构广泛采用。STP营销,即市场细分(segmentation)、目标市场选择(targeting)、产品定位(position)是现代市场营销的核心。本节将结合我国营利性户外运动俱乐部的具体情况,重点讨论市场调查、市场细分、目标市场选择和产品定位四个方面。

一、市场调查

市场调查是系统地设计、收集、分析并报告与公司面临的特定市场营销状况有关的数据和调查结果。无论是准备进入户外运动行业的企业,还是在户外运动行业打拼多年的企业,市场调查都是不可或缺的工作。市场调查的结果,对于营销部门了解和分析一个户外运动企业在市场中的地位非常重要,能为管理者提供决策依据。

户外运动的市场调查内容很多,归纳起来大致有以下五类:第一,户外运动消费者的需求情况;第二,户外运动产品和服务的供应情况;第三,户外运动产品和服务的销售渠道;第四,户外运动新产品的发展趋势;第五,户外运动市场竞争情况。关于户外运动行业的市场调查,有以下几个主要问题需要考虑:首先,本地区有没有足够的潜在客户来支持俱乐部的正常运营(潜在客户指收入较高、教育水平较高、对户外活动有兴趣的人群);其次,城市的周边自然环境是否具备开展户外运动的条件,即距市区3小时的车程内有没有山地、林区、河流、海岛、草原、荒漠、水库等用于开展户外活动的山地户外资源;最后,同一城市从事户外运动经营的企业数量以及其主要经营业务。

二、市场细分

市场细分是指营销者通过市场调研,依据消费者的需要和欲望、购买行为和购买习惯等方面的差异,把某一产品的市场整体划分为若干消费者群的市场分类过程。每一个消费者群就是一个细分市场,每一个细分市场都由具有类似需求倾向的消费者的群体构成。以户外运动服装为例,根据不同的项目特点,专门设计生产针对不同运动需要的户外服装,如登山防风衣和背带裤、连体滑雪衫、自行车骑行服和车裤等。根据功能大致可以分为内层排汗服装、保暖层服装和外层防护服装。

三、目标市场选择

目标市场就是企业决定要进入市场。一家户外运动企业在完成对细分市场的评价的基础上,根据细分市场的市场潜力、竞争状况、自身资源条件等多种因素,决定把哪一个或哪几个细分市场作为目标市场,这就是目标市场选择。一般而言,户外运动企业考虑进入的目标市场,应符合以下标准或条件。

首先,具有一定的规模和发展潜力。企业进入某一市场是期望能够有利可图,如果市场规模狭小或者趋于萎缩状态,企业进入后难以获得发展,此时应审慎考虑,不宜轻易进入。当然,企业也不宜以市场吸引力作为唯一取舍,特别是应力求避免"多数谬误",即与竞争企业遵循"将规模最大、吸引力最大的市场作为目标市场"的同一思维逻辑。大家共同争夺同一个顾客群,将造成过度竞争和社会资源的无端浪费,同时使消费者的一些本应得到满足的需求遭受冷落和忽视。

其次,竞争者未完全控制。不言而喻,企业应尽量选择那些竞争对手相对较少、竞争能力较弱的市场作为目标市场。如果竞争已经十分激烈,而且竞争对手实力强劲,企业进入后可能会付出巨大代价。

再次,符合企业目标和能力。某些细分市场虽然有较大吸引力,但不能推动企业实现战略目标,甚至分散企业的精力,使之无法完成其主要目标,这样的市场应考虑放弃。另外,还应考虑企业的资源条件是否适合在某一细分市场经营。只有选择那些企业有条件进入、能充分发挥其资源优势的市场作为目标市场,企业才会立于不败之地。

举例说明,某户外运动俱乐部如此选择目标市场。18～28岁年龄段的年轻人精力旺盛,兴趣广泛,充满激情,敢于接受挑战,是户外运动最主要的参与人群。第一目标消费人群则是在校大学生。选择理由:大学生族群是一个个性鲜明、特征突出的细分市场,这一细分市场消费者的年龄基本分布在18～25岁之间,且精力充沛、好冒险、敢于接受挑战,余暇时间相对较多,是户外运动理想的消费群体。第二目标消费人群是已工作的年轻人。选择理由:这部分人群同样年轻有活力,并且有一定经济基础,但是闲暇时间有限,可以作为俱乐部次要目标市场。

四、产品定位

产品定位,是指企业对用什么样的产品来满足目标消费者或目标消费市场的需求。户外运动俱乐部一旦确定自己的目标市场,就应确定产品和服务的类别与定价。

如果该目标市场内只有一家企业,俱乐部就可以确定较高的价格,获取较高利润。如果该目标市场企业多,竞争激烈,产品同质化严重,对于户外运动俱乐部来说,就应该追求与竞争对手的产品差异化效果,吸引消费者购买自己的特色产品和服务。俗话说"物以稀为贵",如果产品具有鲜明特色,户外运动俱乐部就可以在定价上采用较为灵活的价格。以户外运动服务为例,绝大多数俱乐部都以协助企业单位组织登山、拓展、徒步穿越、溯溪、野外露营等为主要服务内容,如果某户外运动俱乐部开发军事野战、滑雪攀冰、潜水海钓等新兴项目,一定能受到户外运动爱好者的格外青睐,因此也可以适当较高定价。

目前,我国户外运动俱乐部经营的产品和服务趋同性较强,经营项目基本为组织活动、培训、咨询、装备租售等。其中,组织活动的项目集中在徒步穿越、拓展、速降、攀岩、漂流、野外生存等。作为打算进入户外运动行业的经营者和已经经营多年的俱乐部来说,如何正确合理地进行产品定位,直接关系企业营利多少,是成败攸关的大事。

五、宣传

保持和确立户外运动俱乐部良好的形象,增强消费者的认同感,吸引更多的消费者的参与是户外运动俱乐部营销的重要工作之一。

广大年轻人非常爱好户外运动,证明了户外运动俱乐部存在的必要性,而且运转良好。但对于众多的户外运动俱乐部来说,如何在激烈的市场竞争中立于不败之地,除了有效地经营管理外,广告宣传是俱乐部成功营销至关重要的环节,目前主要的媒体有电视、报纸、杂志、展会、户外广告、广播、互联网等。各种宣传媒体都有其特点,作为户外运动俱乐部,应该多选择互联网宣传方式。在移动互联网高度发达的今天,智能手机占据现代人大量的生活时间,也是现代人获取信息的主要手段与工具。通过移动互联网加强户外运动、户外公司企业的宣传,能大大增加户外运动服务产品的曝光度及宣传有效度。

1. 当前,我国户外运动俱乐部的组织结构设计存在哪些问题?
2. 如何理解户外运动俱乐部薪酬福利的公正性?
3. 各种组织结构分别适应户外运动企业的哪个发展过程?
4. 如何利用新媒体推广户外运动企业?

第九章

我国户外运动发展现状及对策

【内容提要】 本章主要从组织管理、开展范围、开展形式、开展项目、人群特征等方面对我国户外运动发展现状进行介绍,并归纳总结存在的相关问题,从行业管理、制度法规、人才培养、宣传推广等方面提出促进我国户外运动发展的对策与措施。

【学习要求】 通过本章知识的学习,对我国户外运动的发展现状、存在的问题会形成基本认识,从而掌握我国户外运动的发展对策与措施。

第一节 我国户外运动的发展现状

一、我国户外运动组织管理情况

1. 行政组织

在国家层面,国家体育总局下设登山运动管理中心,负责登山运动的组织、管理、普及和推广工作,登山运动管理中心的内部机构包括攀岩攀冰部、户外运动部、高山探险部、交流部、培训部、经营开发部、新项目部国家登山训练基地等部门,具体负责攀岩、攀冰、山地户外运动等各类项目的组织管理工作。在地方层面,少数省、自治区、直辖市在体育行政管理部门下设登山户外运动管理中心,如新疆、青海等。部分旅游资源丰富的省市也设有登山户外运动管理中心,如湖南省。还有一些省市将户外运动纳入体育局社会体育管理中心的管辖范围。

2. 体育社团组织

中华全国体育总会是中华人民共和国的全国群众性体育组织,是依法成立的非营利性的社团法人。中华全国体育总会实行会员制,其团体会员包括省、自治区、直辖市体育总会、全国各单项体育运动协会及行业系统体育协会等。体育社会组织是指体育社团(包括项目和人群协会)、体育民办非企业单位、体育基金会、自发性群众体育组织(包括健身活动站点、团队、网络组织等)等以发展群众体育为目的非营利性组织。我国登山户外运动项目的推广、普及及发展,主要由中国登山协会履行相关职责,进行规划、设计与执行。

二、户外运动活动的开展形式

1. 俱乐部组织的商业活动

户外运动俱乐部组织商业活动,其形式是为爱好者提供科学的户外运动健身指导服务,根本目的是盈利,在兼顾社会效益的同时,追求经济效益最大化。随着人们户外运动的需求日益增大,越来越多的人参与到户外运动中来,相应的各种户外组织团体也应运而生。我国第一个户外运动俱乐部1989年在云南诞生,10年之后我国户外运动俱乐部进入快速发展期。根据《2015—2016年中国户外运动俱乐部经营分析报告》数据显示,全国户外俱乐部大约已经发展到了8000多家,发展速度非常迅猛。

2. 行政部门组织的公益活动

户外运动行政主管部门组织户外运动活动,主要是为了达到普及和推广户外运动项目的目的。行政部门通过开展群众性户外运动活动和竞赛,使更多的人了解户外运动,热爱户外运动,从而参与到户外运动中去。例如,中国山地马拉松系列赛从2016年328场到2019年约1900场,场次逐年增加,类型不断丰富,传播范围不断扩大。近年国内山地马拉松赛事数量呈井喷式发展,已成为现象级体育运动,显著带动了地方社会、经济与文化的发展。此外,它还延伸出新的经济价值,通过体育引流带动传统"旅游"过渡到"新旅游","体育+旅游"为赛区旅游发展注入了新动力,同时也为参与者带来了积极新奇的娱乐体验。

3. 民间自发组织的娱乐活动

我国户外运动的发展与互联网的普及紧密相关,网络召集一度成为户外运动民间组织开展活动的重要手段。在1998年之前,大部分户外活动都是在官方体育部门的倡导下由学校组织,或者仅局限于熟悉人朋友之间展开。1998年后,伴随互联网的广泛普及,具有相同兴趣爱好的"驴友"开始建立户外运动网站、QQ群、微信群等,公开召集组织户外运动活动。随着人民生活水平的提高和余暇时间的增多,加之职业病的流行,人们意识到加强体育锻炼迫在眉睫。2003年"非典(SARS)"的爆发,使得更多民众越发意识到身体健康的重要,并开始加入户外运动的行列。据不完全统计,截至2004年,全国有近500个户外运动网站,主要集中在广东、北京、上海、四川等省市。诸多实体户外运动俱乐部同时经营网站,运用论坛、QQ或微信等通信工具发表活动召集公告,通常由召集人任领队,费用采取AA制,类似于自助游。

4. 学校组织的教学训练和交流活动

有些户外运动活动的组织,完全是为了便于更好地巩固和掌握户外运动技能。

中国登山协会组织户外指导员培训班进行的户外实习和考核、户外运动专业学生的综合实习、国内外高校的登山户外交流（如中日韩三国大学生登山交流）等，均属于学校组织或在相关管理部门的指导下由学校组织的户外运动活动。这些户外运动的教学训练与交流活动通常属于公益性质，其目的是普及推广户外运动，加强户外运动交流，巩固户外体育技能。

5. 学生户外社团自发组织的户外运动活动

随着户外运动被纳入高校体育课程的教学内容体系，各种学生户外社团迅速发展壮大。户外社团组织的登山户外类活动成为了学生参加户外运动活动的主要组织形式之一，吸引了大批的学生参加户外运动。据不完全统计，目前北京已有17所高校成立了与登山、定向越野、野外生存、攀岩、攀冰等相关的学生户外社团，比如北京大学山鹰社、中国地质大学（北京）大地社、中国农业大学峰云社、北京林业大学山诺会、中国人民大学自由人、北京航空航天大学凌峰社、北京工业大学俊野社、北京交通大学山盟社、北京理工大学风信子、北京师范大学绿营、清华大学山野社、北京体育大学牧天社、中央美术学院川行社、北京化工大学绿协等。与此同时，截至2019年全国约有72所高校开办了与户外运动、户外休闲等相关的体育专业。

除此之外，一些地区还出现了老年人户外社团，这些社团组织通常挂靠在国家和地方各级老年人协会下，一般以登高徒步等为主要内容。这种特色人群的民间社团为特定人群提供了体育锻炼的组织与活动，十分值得效仿与推广。

三、户外运动的开展项目

按照开展活动的地形，我们将户外运动分为五大系列，即山地系列、峡谷系列、海岛系列、荒漠系列、人工建筑物系列。根据户外运动的定义和分类，户外运动活动的内容十分丰富，包括攀岩、速降、攀冰、横渡、溯溪、攀瀑、溪降、漂流、溜索、悬崖跳水、攀楼、攀塔、地下管道攀降等几十个项目种类。其中，现阶段开展较为广泛的项目有登山运动、攀岩运动、攀冰运动、野外宿营、定向运动和拓展训练等。其中下列项目最为热门：

（1）山地马拉松路跑。无论是全球范围内来看还是各年龄段参与群体分布来看，路跑都是受众最为广泛的户外运动形式，尤其以覆盖面广、普及度高的马拉松为代表，近年来在我国发展极为迅速。

（2）冰雪户外运动。我国滑雪产业发展空间巨大，近年来增长较快。随着冬奥会的申办成功，相关配套政策出台，基础设施建设逐渐完善，将进一步刺激国民冰雪户外旅游的热情。

（3）水上户外运动。近年来，随着海岛游的兴起及推动，水上户外运动呈现加速发展趋势，以潜水为代表的水上运动项目广受户外爱好者的欢迎。

四、户外运动参与者的消费动机

1. 求新动机

表现为追求户外运动的新颖和时尚。比如,久居城市的人们告别喧嚣,身背帐篷、睡袋、食物等到大自然体验野宿、徒步、垂钓等特殊的生活方式。

2. 求奇(异)求特(别)动机

表现为追求户外运动的奇异特殊的式样和别具一格的造型等,注重户外运动的与众不同之处,如登山探险、探洞滑翔等,通过专业的户外运动装备和专业的户外运动技术体验感受自然。

3. 求刺激动机

表现为追求户外运动带来的感官刺激和精神刺激,比如登山、攀岩、岩降、溜索等。尤其是由高空垂直或横向快速移动的项目,是年轻户外运动爱好者的首选。

4. 求身价动机

主要表现为参加登山活动(又以商业登山最具有代表性),是一种事业成功的体现,也是地位和身价的体现。

5. 求强身健体动机

表现为消费者为了强身健体、防病祛病、延年益寿而参加各类户外运动。如低海拔登山运动、简单的徒步穿越等,既起到了强身健体的作用,又可以放松心情、缓解工作压力、开拓视野。

6. 求欢度余暇动机

表现为参与者为了充实业余生活、陶冶高尚情操而参加各种健身、休闲、娱乐型的户外运动活动。在野外生存体验活动中,在野外食宿并开展一些有意义的健身娱乐活动,如野外攀岩、徒步穿越、篝火晚会等,为消费者打发时间、欢度余暇提供了别样的选择。

7. 求社交公关动机

表现为利用野营、徒步等户外运动活动的场合,结交朋友、洽谈贸易、签订合同,以及开展其他商务与公关活动。

五、户外运动参与人群特征

在此引用天津财经大学梁强教授主持完成的《中国户外运动大数据报告(2019)》对我国户外运动参与者人群的特征进行简要分析。

1. 性别分布

在我国参与户外运动的人群中,女性占 21.6%,男性占 78.4%,男性参与比例比女性明显要高(图 9-1)。

2. 参与者的年龄分布特征

在被调查的参与人群中,户外运动参与者的年龄主要集中在 25~55 岁之间,占 80.9%。25~35 岁年龄阶段占比最多,占 29.1%。56 岁以上的参与者,只占调查人群的 4.2%。从年龄分布情况可以看出,户

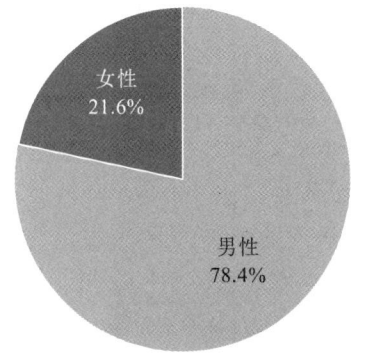

图 9-1 参与人群性别分布图

外运动参与群体的年龄分布比较集中,多为中青年人群;近几年中年人群慢慢成为参与的主流人群;14 岁以下和人群参与比例最低(图 9-2)。

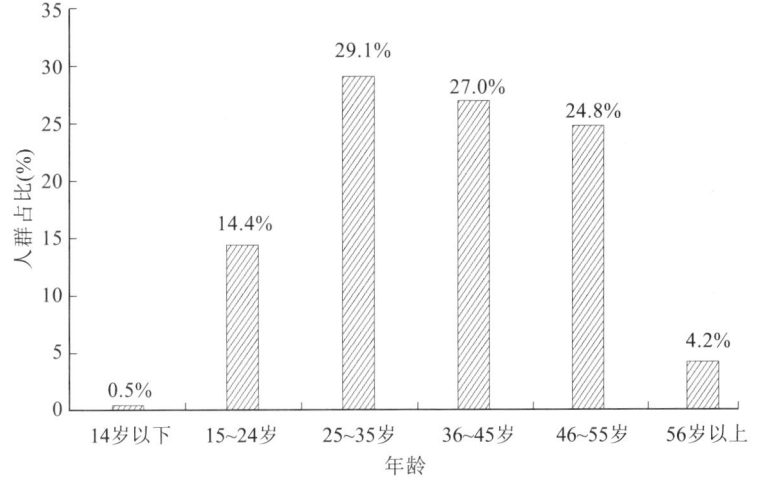

图 9-2 参与者年龄分布图

3. 文化程度

被调查者的文化程度分布情况如图 9-3 所示,初中以下学历只有 4.2%,中专或高中学历人群为 27.5%,大专及本科学历人群分别为 23.7% 和 40.9%,研究生以上学历占 3.7%。这说明户外运动参与人群的文化程度越高,对户外运动的价值观念的认同度越高。同时,受教育程度越高,经济条件也越好,因此也更具备参加户外运动的经济基础。

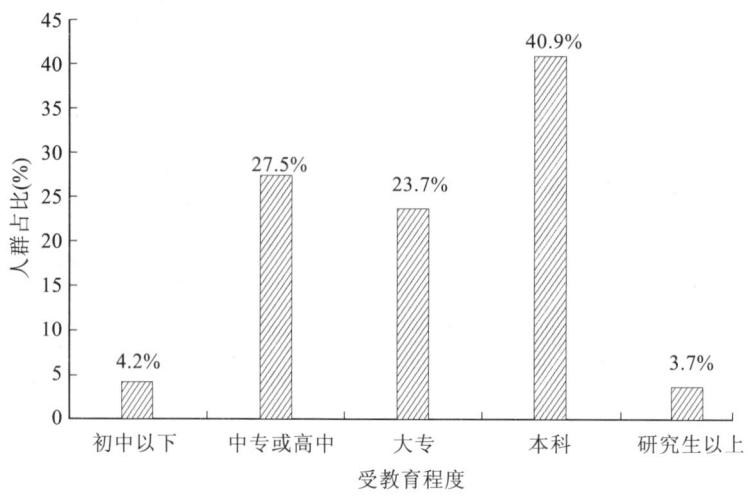

图 9-3 参与者文化程度分布图

4. 职业情况

户外运动参与者职业分布如图 9-4 所示。户外运动参与者职业类型主要包括各类专业技术人员、管理人员、一般职员、学生、自由职业者、退休人员、暂时失业者等，其中各类专业技术人员占 26.1%，管理人员占 17.4%，一般职员占 19.6%，学生占 11.6%，自由职业者占 19.6%，退休与暂失业者分别是 3.6% 及 1.9%。从职业类型来看，户外运动参与者多为技术人员、管理人员和一般职员与自由职业者。

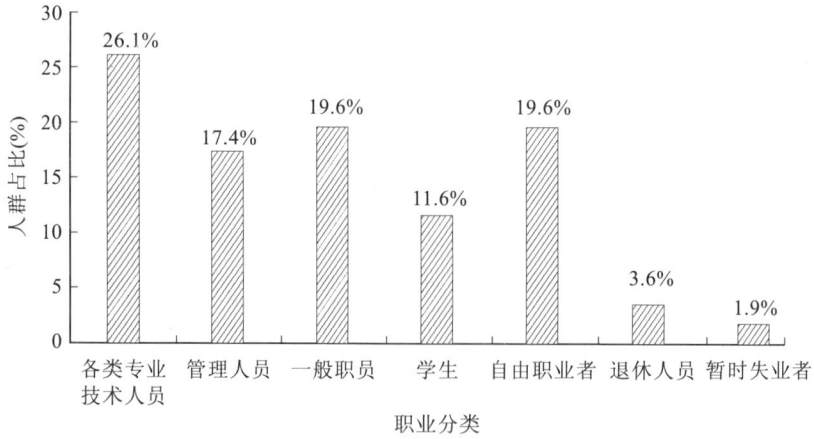

图 9-4 参与者职业分布图

5. 收入情况

户外运动参与者的月平均收入如图9-5所示。调查结果显示,被调查者其中每月收入位于2 001～4 000元者占10.7%,4 001～6 000元的占19.5%。每月6 001～8 000元的收入者也占有一定的比例,共计11.9%。另外,有9.9%的参与者收入水平每月在8 001～10 000元之间,15.2%的人收入更是达到了1万元以上。总的来看,户外运动参与者月收入一般在4 001～10 000元之间,共占到被调查人群的56.5%,值得一提的是,无全职收入的户外运动参与者最多,占31.2%。由此反映出,参与户外运动的人群多具有一定的经济基础,且具有相对自由的支持时间。

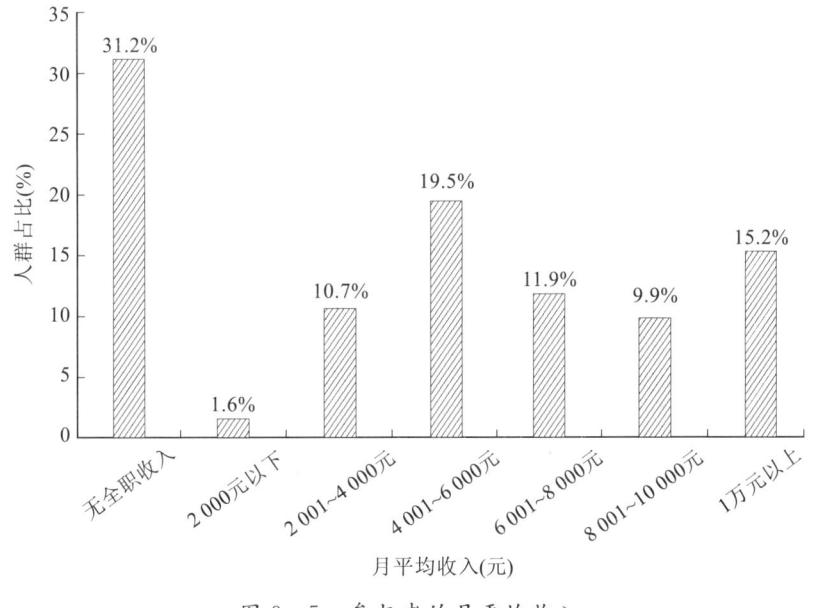

图9-5 参与者的月平均收入

第二节 我国户外运动发展存在的问题

一、疏于对户外运动经营实体的管理监督

目前,我国户外运动的经营实体主要有以下几种形态:在工商部门注册的企业法人、民政部门注册的社团法人、挂靠在体育局下的社团、体育文化公司下属的户外运动俱乐部等。按照要求,经营体育服务业的公司、企业与俱乐部,应在体育行

政部门申请办理经营许可证,并在工商行政管理部门申请注册登记领取营业执照。我国户外运动起步较晚,相关法规制度有待完善,很多经营户外运动各类业务的组织和个人,为了逃避行业部门的严厉监管,或追求低税率,并未严格按照体育类经营企业(俱乐部)的申请审批,因此出现了工商、民政、体育等各部门多头管理、监管混乱的局面。

此外,许多组织和个人为了追求经济利益最大化,躲避行政部门监管,避开行业门槛,通过网络、电视、报纸、电台等媒体私自招募户外运动爱好者,在没有任何管理部门监管的情况下开展户外运动活动。这种形式完全不同于在国家行政管理部门申请注册的企业法人,也不同于盛行于网络的 AA 制,活动参与者因为共同的兴趣爱好参加,在对组织者(或机构)的资质、经验、技术水平、人品信用等都不甚清楚的情况下去参加活动,存在着极大的安全隐患。从管理者的角度出发,这种活动没有界定责任和法律关系,消费者盲目参加,一旦发生人身意外安全事故,将导致十分麻烦的后续管理问题。

二、户外运动法制建设相对滞后

截至目前,我国还没有一部完全适用于户外运动行业的法规制度,即使是行业管理规范也十分欠缺。目前仅有国家体育总局登山户外运动管理中心出台的《国内登山管理办法》《攀岩攀冰运动管理办法》《外国人来华登山管理办法》《登山运动员技术等级标准》《户外运动员注册与交流管理办法》《登山户外运动俱乐部及相关从业机构技术等级标准》《登山户外运动俱乐部及相关从业机构资质认证标准》等少数单项管理办法或者从业人员、机构管理办法。而针对户外运动活动组织者的资质认证、责任划分等方面的管理制度还尚未建立。这就导致了大量不具资质的人员或机构"浑水摸鱼",为户外运动健康发展造成阻碍。

三、对户外运动的理解存在误区

首先,是对户外运动本质含义的曲解。在短短 30 多年发展历程中,户外运动在我国越来越被当作旅游来看待,这是一种对户外运动本质内涵的曲解。户外运动源于野外探险和军事训练,并最终发展为在野外开展的体育运动项目。无论是在项目种类、活动组织形式、功能与意义等方面,户外运动与旅游都相去甚远。

其次,是对户外运动的内容与意义的理解过于狭隘。户外运动是一类以自然环境为运动场地,以体育运动和探险为基本属性的运动项目群,而不是特指某一个项目(如野外生存、拓展、登山、攀岩等)。社会上将户外运动理解为极限运动或休闲活动,也一定程度缩小了户外运动的内容范畴。另外,户外运动的作用和意义体现在多个方面,除了普通人所能直观理解的锻炼身体、休闲娱乐功能之外,还具有培养自我激励、坚韧不拔、处事不惊、拼搏向上的果敢品格的功能。另外,培养团队协作精神,巩固和谐人际关系,增强环保意识,构建人与自然的和谐关系等赋予了户外运动强大的功能。除此,户外运动还有教育功能、经济功能等。

最后,是对户外运动在理念上的片面理解,主要表现为忽视环保和安全问题。无论是户外运动的管理者、活动组织者、还是活动的参与者,对户外运动理念均要求能做到正确全面的理解,否则就会误导参与者在活动中的本真体验。户外运动的理念大致包含安全、科学、理智、团队、环保等方面。其中,安全和环保最易被忽视。在宣传、普及户外运动的过程中,管理者、组织者应该遵循和倡导户外运动的理念,身体力行地引导参与者正确、科学、全面地理解户外运动的真谛。

四、群众户外运动参与意识相对淡薄

基于户外运动项目的特殊性,其参与者大多为中青年群体,尚未覆盖到我国各年龄层次人群。户外运动在我国发展时间不长,尚属于较高层次的体育消费,消费对象多为学历层次较高、经济收入水平较高的人群,大部分人群对户外运动"敬而远之"。另外,户外运动的内涵十分丰富,其与生俱来的健身、健心、休闲、娱乐、教育、经济等多种功能尚未被普通人群全面认识与深入理解,"户外运动就是旅游""参加户外运动不如去打球跑步"等肤浅认识,充分体现了群众对参加户外运动活动进行健身锻炼的观念还没有完全形成,户外运动参与意识相对淡薄。

五、从业机构恶意竞争导致市场混乱

户外运动俱乐部是我国户外运动活动开展的主要载体,由于缺乏相关资质认证的法律规范,我国户外运动行业入门门槛相对较低,由此出现了俱乐部数量激增、竞争激烈的局面。加之户外运动产业相关的市场机制配套法律及法规仍不完善,一些不法经营者为获取经济利益,大肆进行侵犯户外运动消费者权益的活动,严重地损害消费者利益。如部分没有经过任何认证或审核的俱乐部,在教练员能力不足、户外线路不成熟、器材装备不符规格等情况下为消费者提供服务,这就严重损害了消费者权益。另外,在俱乐部数量众多而消费者数量有限的情况下,户外运动行业已基本形成了完全竞争的市场格局,俱乐部经常出现恶意降价、降低服务质量等情况,严重扰乱了市场秩序,给户外运动行业健康持续发展造成了不良的影响。

第三节 我国户外运动的发展对策

一、加强对户外运动行业的领导管理

要确保我国户外运动健康有序地发展,首先要建立健全组织管理机构,除国家层面之外,各省、自治区、直辖市均应成立相应的户外运动行政管理部门或行业协会,用以行使各地方户外运动事业发展的计划、组织、实施、控制等管理职能。其次,构建划分管理层级,将户外运动管理的职责分工到人,确保各项户外运动工作层层落实。

二、建立健全户外运动管理制度体系

国家及各地方行政管理部门应尽快建立健全行业管理的法规制度,进一步制定和完善户外运动的行业服务标准、组织管理办法、从业人员培训制度、监察制度、资格认证制度和技术等级制度,把户外运动纳入法治化管理轨道。户外运动法制工作机构应不断加强立法工作的科研比重,积极吸收和转化各种科学研究成果并应用于立法实际工作之中。全国人大常委会曾多次指出要发挥好专家在立法中的作用,包括组织或委托专家、学者起草法律等。在立法过程中要充分发挥专家学者在立法工作中的作用,实行立法工作者、实际工作者与理论工作者相结合。针对户外运动行业,可以充分发挥我国高校户外运动领域的专家、学者、骨干教师的力量,发挥他们理论研究功底扎实、知识面宽广、实践经验丰富的优点,落实户外运动法规制度的起草、修订和制定工作。

三、加大户外运动专门人才培养力度

户外运动专业性强且危险性大,大多数项目都在高空、野外等高风险状况下进行,对从业人员,尤其是教练(或户外运动指导员)的要求较高,他们必须具备相应资质条件、相关的基础理论知识和扎实过硬的实践技术水平、丰富的实际操作经验。近些年,中国登山协会、各地方登山协会以及部分专业组织根据户外运动、攀岩、定向、户外教育、户外安全等不同项目或业务种类,举办了多期初级、中级、高级等不同层次的教练员、指导员、裁判员、宣讲员等培训班,着力提高相关从业人员的技术技能、组织管理等方面的知识、能力与水平,为国家和地方培养了大量的户外运动从业人员,这在一定程度上提高了我国户外运动从业者的综合素质,但相对于日益旺盛的社会需求来讲还远远不够。户外运动人才的培养必须依托学历教育,因此要加大对户外运动专业建设的重视程度,建立一支高素质的骨干教师队伍。

教育部直属重点大学中国地质大学（武汉）2005年创办了社会体育（户外运动方向）本科专业，2006年获国务院学位委员会批准设立体育教育训练学二级学科硕士学位点，2018年与中国登山协会联合成立"中国登山户外运动学院"，2019年获批体育学一级学科硕士学位点，至此中国地质大学（武汉）基本建成了"本硕一体"的登山户外运动人才培养体系，"户外运动"正逐步被打造成为学校继"地学""珠宝"之后的第三张名片，这也意味着中国户外运动事业发展步入了新的历史发展阶段。

四、加大推广力度提升户外运动意识

将户外运动定位为群众体育健身项目，并使各类活动紧密围绕群众日常健身展开，才是户外运动持续发展的正确方向。呼吁和倡议户外运动俱乐部在开展盈利性经营活动外，积极投身于户外运动的宣传和普及，通过广泛开展公益活动使户外运动健身观念深入人心。建议户外运动行政主管部门或社会团体积极发挥计划、组织、领导、协调等管理职能，从宏观管理角度集中人、财、物、时间、信息等资源，重点抓好群众性户外运动活动。依托社会团体、高等院校、大型企事业单位等，大力推广户外运动基本知识、技能和方法，充分利用山地资源优势广泛开展户外运动群众性活动，为更广大人群提供户外运动健身平台和机会，让人们在户外运动中强身健体、挑战自我，提高个人综合素质。唯有如此，才能为我国户外运动发展打下坚实的群众基础，营造良好的发展环境，进而不断推动全民健身事业发展与体育强国建设。除此，还可充分利用电视、广播、报纸、网络、短视频等新媒体与传统媒体加大宣传力度，使更多的人能正确认识理解户外运动的本质含义、特点与功能，营造全社会关注和参与户外运动的良好舆论氛围，培养公众理性参与户外运动的消费习惯，最终推动户外运动在我国普通人群中的普及与深入开展。

五、加强从业人员的资质认证与监管

对从业机构进行严格的资质认证是确保行业规范发展与市场秩序稳定的前提条件。就户外运动行业而言，建立高门槛的市场准入制度，是保证户外运动行业安全、健康、可持续发展的必要手段。户外运动不同于其他体育运动，"户外安全无小事"的反面就是户外运动风险事故的高损失，加强对户外运动领队、教练员、指导员等人群的从业资格监管，就是对户外运动消费者人身安全负责的体现。首先要加大对户外运动从业机构的资质认证的管理力度，其次是从业人员的知识水平、素质能力等方面的考核监督。

六、规范户外运动市场秩序

在市场经济体制中,户外运动经营者拥有独立的自主经营权,同时也受到相关法规制度的管理与约束。基于市场信息不对称因素,户外运动消费者相对于户经营者而言处于相对弱势的地位,因此必须依靠健全的法律制度对消费者的权益予以保障。只有这样,才能拉动户外运动消费需求,推动社会发展与经济增长,从而促进社会主义市场经济良性发展。规范我国户外运动市场,应坚决打击无证照运营、销售假冒伪劣商品与服务、坑蒙拐骗欺诈消费者以及恶意压价竞争等违法违规的经营行为。

七、加强户外运动基础设施建设

在党中央国务院的统一部署下,当前我国正逐步实施乡村振兴、一带一路、长江经济带、健康中国等国家战略,这为我国户外运动的长远发展提供了千载难逢的时代机遇。国家体育总局、国家发展改革委员会、交通运输部等8个部门联合发布的《山地户外运动产业发展规划》,就对我国山地户外运动资源的规划、开发与建设做出了指导性部署和安排。国家、社会以及相关管理部门应积极鼓励引导具有资金、技术、品牌实力的公司、企业及俱乐部顺应时代变化,适时转变调整发展方向,重视对山地户外运动资源的规划建设,使相关机构在促进企业实力壮大的同时,也充分发挥社会责任,为国家和社会发展贡献"户外"力量。

1. 简述我国户外运动参与者消费动机。
2. 简述我国户外运动发展过程中遇到的问题。
3. 怎样才能促进我国户外运动的发展?请举例说明。

附录一

主要的户外运动管理组织和机构

一、国际登山组织联盟（UIAA）

1932年成立，现有60多个国家的80个协会会员。我国于1985年10月成为其会员。它的主要职责是将全世界知名登山专家集中在一起，研究和帮助解决登山者在登山方面遇到的各种问题。世界登山联合会每年召开一次协会代表会议，讨论国际登山的重要事宜，每两年召开一次大规模会议检查各委员会的进展，并为登山运动制订发展战略。世界登山联合会的经费主要来自各协会会员，但主要工作依靠协会会员的无偿付出。

二、国际定向运动联合会（IOF）

1961年5月，在丹麦首都哥本哈根成立了国际定向运动联合会（Inter national Orienteering Federation，IOF），成立时共有10个成员国。截至2016年，IOF共有6大洲80个会员国（含正式会员和临时会员）。国际定联是世界定向运动的行政实体，是国际体育联合会总会之一。

三、国际攀登运动联盟（IFSC）

国际攀登运动联盟又称国际攀岩联合会，简称IFSC，于2007年1月27日由其全体成员共同创建，前身是1977年成立的国际攀登竞赛委员会。国际攀登运动联盟是国际体育联合会总会成员，并被国际奥林匹克委员会所认可。

四、中国登山协会（CMA）

中国登山协会是中华人民共和国组织、管理和推进登山运动的唯一的全国性机构。它是具有独立法人资格的全国性群体社团，是中华全国体育总会团体会员，是代表中国参加国际登山联合会（UIAA）及相关组织的唯一合法组织。

五、香港野外定向总会（OAHK）

1979年3月，一些热心定向越野的人在香港各界人士的支持下成立了以推广定向越野为宗旨的团体——香港野外定向会（HKOC）。1982年，香港野外定向会与驻港英军及皇家警察定向会联合发起组织了"香港野外定向总会（OAHK）"，下属香港野外定向会、圣匠社会服务中心、爱丁堡奖励计划(DEA)、香港大学野外定向会等18个分会。该会规定每年12月举行"香港野外定向锦标大赛"。

六、中国定向运动协会(OAC)

1995年12月,中国定向运动协会成立,它是全国性群众体育组织,是中华全国体育总会的团体会员,最高权力机构为全国委员会,执行机构为常务委员会,会址设在北京。根本任务是统一组织、管理和协调全国定向运动的开展及重大的赛事活动,推动群众普及活动和提高运动技术水平,并协调参加国际定向联合会的有关活动,开展国际交流和技术交流等。

七、中国学生定向协会(SOCN)

SOCN成立于2003年,是中国大学生体育协会的分支机构之一,该分会在中国大学生体育协会的领导下及授权的范围内开展各项活动。它由全国各省、自治区、直辖市教育行政部门相关人员和学校师生自愿组成,是非营利性的全国性学生单项体育协会组织。

八、美国户外领队学校(NOLS)

1965年,由Paul Petzoldt创立,NOLS全名为National Outdoor Leadership School。在全球6个国家拥有11个分校,超过800名员工。NOLS致力于教导学员使其具备有从事户外活动时所需的生活、安全、环保和领队技能。40余年来,已有来自全世界各地超过6万名的户外活动爱好者在此完成相关课程及训练。美国太空署曾委托NOLS规划员工所需的一连串户外训练课程。目前,NOLS为全美最具规模、最专业的户外教育学校,能够提供全面的户外技能教育,已在全世界建立了11个分支机构,提供从2周到12周的长期远足活动。

九、体验教育学会(AEE)

从20世纪70年代开始,户外教育在美国已成为一种能对多个领域起推动作用的教育形式,但缺乏一个能将其有效规范整合的组织机构。随后,部分外展训练学校、学术机构和大学一起合作。举行了若干以户外体验教育为主题的学习方法研讨会,对体验教育如何在不同领域的运用与发展进行了讨论与规划,教育学者们在1977年组建了一个较为专业的组织,这即是体验教育协会(Association for Experiential Education, AEE),目的是致力于更好地发展体验教育,以及对世界各地体验教育模式的评估。

附录二

主要的户外运动法规制度

第一节 各单项管理法规

一、国内登山管理办法

第一章 总　则

第一条　为推动我国登山运动发展,确保国内登山活动的规范化,根据《中华人民共和国体育法》,制订本办法。

第二条　本办法适用于西藏自治区 5 000m 以上和其他省、自治区、直辖市 3 500m 以上独立山峰的登山活动。

第三条　国家体育总局主管全国登山运动、国家体育总局登山运动管理中心具体组织实施管理。地方体育行政部门管理本行政区域内的登山活动。中国登山协会、地方各级登山协会按照其章程,协助体育行政部门做好有关管理工作。

第四条　省级体育行政部门根据本地区情况划定供攀登的山峰,报国家体育总局批准后,由省级体育行政部门分别公布。

第二章　登山活动申请和批准

第五条　举行登山活动应当组成具备以下条件的团队:

(一)由一个具有法人资格的单位发起;

(二)队员有两人以上,并参加过省级以上登山协会组织的登山知识和技能的基础培训及体能训练;

(三)配备持有相应资格证书的登山教练员或高山向导,1 名登山教练或高山向导最多带领 4 名队员;

(四)团队所有成员须经二级以上医院身体检查合格且无障碍疾患;

(五)配备符合安全要求的防寒、通信、生活、医疗等基本器材装备。

(六)登山团队不得吸收外国运动员参加。

第六条　登山团队设置领队(队长)。领队(队长)对团队活动和成员进行组织管理。团队成员应当服从领队(队长)的指挥。

第七条 举行登山活动应当进行申请。

攀登公布的山峰,登山活动发起单位应当在活动实施前一个月向山峰所在地省级体育行政部门申请。

攀登未公布的山峰,登山活动发起单位应当在活动实施前三个月向山峰所在地省级体育行政部门申请。

攀登省、自治区、直辖市交界山峰,经攀登一侧省级体育行政部门批准,并向山峰交界其他方省级体育行政部门通报。如山峰交界省级体育行政部门间有争议,由国家体育总局决定。

第八条 攀登 7 000m 以上山峰,登山活动发起单位应当在活动实施前三个月向国家体育总局申请特批。

第九条 申请举行登山活动需要提供下列文件:

(一)申请书;

(二)登山活动发起单位法人资格证明;

(三)登山团队所有成员名单及登山简历;

(四)登山团队登山教练员或高山向导的资格证书;

(五)登山计划书;

(六)装备清单;

(七)其他需要的文件。

第十条 同意申请的,由批准部门发给国家体育总局制作的《登山活动批准书》。批准部门是省级体育行政部门的,还应将批准结果向国家体育总局备案。

第十一条 登山活动计划中如有需其他主管部门核准的事项,凭《登山活动批准书》,登山活动发起单位可以委托批准部门代办。

第十二条 山峰所在地省级体育行政部门负责向登山团队提供包括交通、攀登路线、山峰地区气象特征以及注意事项等信息和资料的咨询服务。

第十三条 登山团队变更攀登季节、路线或山峰,应当重新申请。

第三章 登山活动要求和成绩确认

第十四条 登山团队进山前,应当向山峰所在地省级体育行政部门交验《登山活动批准书》,并按山峰所在地相关规定,向当地有关部门缴纳登山环保费。

第十五条 登山团队应当保持登山路线及营区的环境卫生,妥善处理登山垃圾。地方有具体环保规定的,按相应规定执行。

第十六条 登山团队在登山活动中发生重大事故,必须及时向批准单位报告,并采取相应措施。

第十七条 登山活动结束后,登山团队应及时向山峰所在地省级体育行政部门报告,并将登山活动结果和登山过程中的意外情况以书面形式报告批准单位。

第十八条 需要交验成绩的,登山团队应向山峰所在地省级体育行政部门提出交验申请,并提供以下资料:

(一)登顶或到达高度的图片(取景中须有背景和对照物),登顶处女峰还须提供360°连片照片;

(二)登顶及攀登过程概述。

第十九条 成绩认定合格后,省级体育行政部门发给由国家体育总局登山运动管理中心统一制作的登顶(登高)证书,并报国家体育总局备案。达到等级运动员标准的,按照国家体育总局登山运动员技术等级标准申报等级运动员称号。

第二十条 登山团队使用山峰的名称、高度,应以国家有关部门最新正式公布的名称、高度为准。

第四章 罚 则

第二十一条 未经批准擅自组队登山的,国家体育总局登山运动管理中心或山峰所在地省级体育行政部门停止该登山活动,成绩不予认定;吊销参与该登山活动的登山教练员或高山向导的资格证书。

第二十二条 批准单位未认真履行审查职责,发放《登山活动批准书》的,国家体育总局视情况给予通报批评,责令改正。

第二十三条 未按环保要求处理登山垃圾的,按照地方有关规定处罚。

第五章 附 则

第二十四条 港、澳、台人员来大陆参加登山活动,按国家体育总局有关规定办理。

第二十五条 外国人来华参加登山活动,按《外国人来华登山管理办法》办理。

第二十六条 本办法自发布之日(2003年7月25日)起施行。1997年7月8日原国家体委发布的《国内登山管理办法》同时废止。

二、攀岩攀冰运动管理办法

第一章 总 则

第一条 为促进我国攀岩、攀冰运动健康有序地发展,提高攀岩、攀冰运动的社会普及程度和技术水平,依照《中华人民共和国体育法》等法规制订本办法。

第二条 国家体育总局登山运动管理中心(以下简称登山中心)是我国攀岩、攀冰运动的主管部门,负责该项目的普及、推广、提高及竞赛工作。

中国登山协会代表中国参加国际及亚洲的攀岩、攀冰组织,并代表中国组队参加各类国际比赛。

第三条 地方各级体育行政部门是本地区攀岩、攀冰运动的主管部门,负责对本行政区域内攀岩、攀冰经营场所及其器材、设施、从业人员等方面的管理和监督。

第四条　攀岩、攀冰运动是一项具有一定危险性的运动,本项目的所有从业人员(包括运动员、教练员、裁判员、定线员、社会体育指导员及管理人员)均应以高度的责任心,确保在开展此项运动过程中的安全。

第二章　竞赛活动的管理

第五条　凡在中国境内举办的世界杯赛、世界锦标赛、亚洲锦标赛、国际邀请赛和全国性以及跨省、自治区、直辖市的攀岩、攀冰比赛及活动,均须报国家体育总局批准,由中国登山协会组织实施。

第六条　在各级行政区域内举办的攀岩、攀冰活动,由相应的地方体育行政部门审批,并报登山中心备案。

第七条　全国锦标赛(包括青年锦标赛)以上级别竞赛的比赛规则采用《国际竞技攀登委员会比赛规则》。全国邀请赛及区域性的各类比赛可视具体情况,制订并采用相应的比赛规则。

第八条　参加本项目竞赛的运动员、教练员、裁判员和定线员必须遵守国家对体育竞赛的有关规定,遵守体育道德。严禁使用兴奋剂,严禁利用本项目的竞赛进行任何形式的赌博活动。

第九条　本项目竞赛的申办者有下列情况之一的,负责审批该竞赛的体育行政部门将不予办理:

(一)申请、登记中隐瞒真实情况,有弄虚作假行为的;

(二)从事与申请中载明的目的和意义不一致活动的;

(三)组织的相关活动有害于运动员身心健康或有损于社会主义精神文明建设的。

第三章　从业人员的管理

第十条　中国登山协会负责实施对攀岩、攀冰项目的专业人员(包括运动员、教练员、裁判员、定线员)及其他从业人员(包括管理人员、工作人员、社会体育指导员等)的培训及资格认证工作,具体办法另行制订。地方各级登山协会在各自职责范围内对上述人员实行管理。

第十一条　攀岩、攀冰活动从业人员只有经过中国登山协会培训、考核和资格认证,才能进行此项活动的有偿服务。

培训合格者,发给由中国登山协会统一制作的教练员、裁判员、定线员等级证书和管理人员、工作人员、社会体育指导员资格证书。以上人员的技术评定实行年度审核。

攀岩运动员的注册按有关注册管理办法执行,其技术等级按国家体育总局颁发的登山运动员技术等级标准执行。

第十二条　申请参与攀岩、攀冰活动的广告经营单位或其他中介组织,须符合国家规定的从业条件,并与攀岩、攀冰活动的主办者签订承办协议后方可对外开展有关业务。

上述活动中的广告、赞助行为不得与中国登山协会指定赞助商的广告权益发生冲突,其收入管理和作用应符合国家有关规定,并自觉接受审计部门监督。

第四章 罚 则

第十三条 未经国家体育总局和县级以上地方各级人民政府体育行政部门审批、登记,擅自举办竞赛,不听劝阻的,登山中心与地方体育行政部门责令停止举办该项体育竞赛,由地方体育行政部门对举办者进行3 000元以上,5 000元以下罚款,并给予停止其举办比赛资格3年的处罚。

第十四条 在开展此活动中,因从业人员违反安全操作规程或使用不符合要求的装备器材,将视情节轻重对其进行警告直至停止参加本项活动、取消其从业资格的处罚,对因此而发生事故的,由肇事者承担一切后果,并由公安、工商部门对其进行行政处罚。构成犯罪的,追究刑事责任。

第五章 附 则

第十五条 本办法实施前已从事攀岩、攀冰活动的单位和个人,应在本办法颁布之日起一年内,到当地体育行政部门补办有关手续。

第十六条 本办法由登山中心负责解释。

第十七条 本办法自颁布之日(2013年3月7日)起施行。

三、外国人来华登山管理办法

第一章 总 则

第一条 为了加强对外国人在中国境内登山的管理,有组织地进行国际登山交流,促进我国登山事业发展,制订本办法。

第二条 外国人在中国境内攀登下列对外开放的山峰以及附带在山峰区域内进行科学考察、测绘活动,适用本办法:

(一)西藏自治区海拔5 000m以上的山峰;

(二)其他省、自治区海拔3 500m以上的山峰。

第三条 外国人在中国境内进行登山活动,应当遵守中国的法律;外国人的正当权益,受中国法律保护。

第四条 对外国人在中国境内登山的管理,实行统一领导、分级负责的原则。

第五条 对外开放山峰由中华人民共和国国家体育运动委员会(以下简称国家体委)和公安部公布。

第二章 来华登山手续

第六条 外国人来华登山,可以自行组成团队,也可以由外国团队和中国团队组成联合团队。

第七条 外国人来华登山，应当向国家体委提出书面申请。外国人组成外国团队来华登山的，由外国团队提出申请，也可以委托我国各省、自治区登山协会代理申请事宜。外国团队和中国团队组成中外联合团队登山的，由中国团队提出申请。

第八条 国家体委收到外国团队或中外联合团队的登山申请后，应当在60日内作出是否批准的决定，并以书面形式通知外国团队或者中外联合队、代理申请事宜的省、自治区登山协会和登山活动所在省、自治区体委。

第九条 外国团队接到国家体委批准的登山通知后，应当按照通知要求缴纳注册费，并与通知中指定的单位签订登山议定书。

与外国团队签订登山议定书的单位（以下简称中方签约单位）应当及时将议定书副本报送国家体委备案。

第十条 议定书报送国家体委备案后，不得任意变更。如需要变更，应当经签订议定书的中外双方协商确认；如果变更攀登的季节、路线或者山峰，应当重新报国家体委审批。

第十一条 外国团队应当在入境的一个月前，将在中国境内登山的经费按预算全额汇寄中方签约单位，并按照国家体委的通知在中国驻外使（领）馆办理签证。

第三章 登山活动

第十二条 外国团队在登山前应当为随队的中国公民办理有关保险事项，并根据国家体委的要求落实保护山区自然环境的各项措施。

第十三条 外国人登山，应当遵守下列规定：

（一）按照国家体委批准的山峰和路线进行攀登，不得攀登其他山峰，不得越过批准的路线；外国登山团队之间不得互相转让攀登的山峰和路线；

（二）外国登山团队不得吸收本团队以外的队员；

（三）如要求展现外国团队所在国的国旗，应当经中国国家体委同意，并同时展现规格相当的中国国旗；

（四）使用山峰的名称和高度，应当以中国政府有关部门公布的为准；

（五）保持登山路线和营区的环境卫生，不得自行在登山活动区域安放纪念品和其他物品；

（六）将登山活动的结果和登山过程中的意外情况及时报告国家体委和中方签约单位。

第十四条 外国人在登山活动结束后，应当以团队为单位写出总结报告书。

登山活动总结报告书以及在登山期间摄录的音像资料，应当无偿向国家体委和登山活动所在省、自治区体委提供。

第十五条　外国人在我国境内登顶成功,由国家体委确认后,发给其登顶证明书。

第十六条　外国人在我国境内登山期间,必须有我国联络人员陪同。联络人员由中方签约单位指定,其职责是：

(一)协助并监督外国人执行我国的有关规定；

(二)协助解决外国人在登山活动中的有关问题；

(三)向中方签约单位报告有关情况；

(四)调解外国人与中方服务人员的纠纷。

第十七条　外国人登山,需要我国公民提供服务,由我国联络人员办理。中国公民向外国人提供服务,可以收取服务费用。服务费用的项目和标准,由国家体委公布。

第十八条　外国团队应当为随队的中国公民提供医疗、急救以及必要的宿营、炊事用具。未经我国联络人员同意,外国团队不得自行解雇随队的中国公民或者停发津贴。中外联合团队向随队的中国公民提供医疗、急救和宿营、炊事用具的办法,由组成中外联合团队的各方协商。

第四章　登山附带科学考察和测绘

第十九条　登山附带科学考察和测绘的,应当在办理登山申请的同时,向国家体委申报科学考察和测绘计划,由国家体委分别转国家科学技术委员会或者国家测绘局审批。科学考察和测绘计划未经批准,外国登山人员不得对所经地区的生物、岩石、矿物、冰雪、水样和土样进行系统观测,不得采集标本、样品、化石,不得进行测绘活动。

第二十条　外国团队、中外联合团队登山附带科学考察的,应当通过中方签约单位向国家科学技术委员会提供下列样品和资料：

(一)采集的标本、样品和化石的清单；

(二)发现的动植物新种或者特殊动植物的类群；

(三)采集的动植物新种正模式标本、特缺动植物类群的标本；

(四)标本、样品、化石的室内分析结果；

(五)登山附带科学考察的音像资料复制本。

外国团队、中外联合团体登山附带测绘的,应当通过中方签约单位向国家测绘局提供测绘成果的副本或复制件。

第五章　登山物资的入境和出境

第二十一条　外国人携带登山所需物资入境,按"特准进口物品"和"暂时进口物品"分别申报。经海关核准后,办理税收、担保手续。

第二十二条　登山物资中合理数量的专用食品、急救药品、防寒衣物、燃料等消耗物品,可以特准免税入境;超过合理数量的,应当纳税。国家有关部门允许的通讯、摄影、录像、测绘器材和专用运输工具可以暂时免税入境。登山活动结束,上述物资应当复运出境。如因特殊原因无法复运出境的,应当通过国家体委依照国家有关规定办理手续。

第二十三条　外国团队、中外联合团队登山时采集的标本、样品、化石以及制作的音像资料,经有关部门检验许可后,方可携带出境。

第六章　罚　则

第二十四条　外国人来华登山,违反本办法第十二条、第十三条、第十八条、第十九条、第二十条规定或者未经国家体委批准擅自登山的,国家体委或者省、自治区体委视情节轻重,可以分别给予警告、五千元至五万元的罚款以及停止登山活动等处罚。违反本办法第十九条、第二十条规定的,国家体委或者省、自治区体委,还可以单处或者并处没收采集的标本、样品、化石和资料的处罚。

第二十五条　当事人对行政处罚决定不服的,可以依照中国有关法律的规定先申请行政复议。当事人对复议决定不服的,可以依照中国有关法律的规定提起行政诉讼。当事人在规定的期限内不申请复议和不提起行政诉讼,逾期又不履行处罚决定的,作出处罚决定的行政机关可以向人民法院申请强制执行。

第七章　附　则

第二十六条　台湾、香港、澳门同胞回大陆登山,参照执行本办法的规定。

第二十七条　本办法由国家体育运动委员会解释。

第二十八条　本办法自发布之日(2013年3月7日)起施行。

第二节　从业人员管理办法

一、登山运动员技术等级标准

(一)国际级运动健将:凡达到下列条件之一者,可申请授予国际级运动健将称号。男子:①在有两国以上运动员参加的国际登山活动中,登上一座海拔8 500 m以上独立山峰顶峰者;②在世界攀岩锦标赛、世界杯总决赛中获得前八名者。女子:①在有两国以上运动员参加的国际登山活动中,登上一座海拔8 000 m以上独立山峰顶峰者;②在世界攀岩锦标赛、世界杯总决赛中获得前八名者;

(二)运动健将:凡达到下列条件之一者,可申请授予运动健将称号。男子:①登上一座海拔8 000 m以上独立山峰顶峰者;②登上两座海拔7 500 m以上独立山峰顶峰者;③登上一座海拔7 500 m以上独立山峰并在另一次登山活动中登达8 000 m以上高度;④在两次不同山区或不同活动中,登达海拔8 000 m以上高度者;⑤在世界攀岩锦标赛、世界杯总决赛中获得前二十名者;⑥在亚洲攀岩锦标赛中获得前六名者;⑦在全国攀岩锦标赛中两次获得前三名者。女子:①登上一座海拔7 500m以上独立山峰顶峰者;②登上两座海拔7 000m以上独立山峰顶峰者;③登上一座海拔7 000m以上独立山峰并在另一次登山活动中登达7 500m以上高度者;④在两次不同山区或不同活动中登达7 500m以上高度者;⑤在世界攀岩锦标赛、世界杯总决赛中获得前二十名者;⑥在亚洲攀岩锦标赛中获得前六名者;⑦在全国攀岩锦标赛中两次获得前三名者;

（三）一级运动员:凡达到下列条件之一者,可申请授予一级运动员称号。男子:①登上一座海拔7 500m以上独立山峰顶峰者;②登上两座海拔7 000m以上独立山峰顶峰者;③登上一座海拔7 000m以上独立山峰并在另一次登山活动中登达7 500m以上高度者;④在两次不同山区或不同活动中登达海拔7 500m以上高度者;⑤在亚洲攀岩锦标赛中获得前十名者;⑥在亚洲青年攀岩锦标赛中获得前六名者;⑦在全国攀岩锦标赛中获得前三名或两次获得前四至六名者;⑧在全国青年攀岩锦标赛中两次获得前三名者。女子:①登上一座海拔7 000m以上独立山峰顶峰者;②登上两座海拔6 500m以上独立山峰顶峰者;③登上一座海拔6 500m以上独立山峰并在另一次登山活动中登达7 000m以上高度者;④在两次不同山区或不同活动中登达7 000m以上高度者;⑤在全国攀岩锦标赛中获得前三名或两次获得前四至六名者;⑥在亚洲青年攀岩锦标赛中获得前六名者;⑦在亚洲攀岩锦标赛中获得前十名者;⑧在全国青年攀岩锦标赛中两次获得前三名者;

（四）二级运动员:凡达到下列条件之一者,可申请授予二级运动员称号。男子:①登上一座海拔7 000m以上独立山峰顶峰者;②登上两座海拔6 500m以上独立山峰顶峰者;③登上一座海拔6 500m以上独立山峰并在另一次登山活动中登达7 000m以上高度者;④在两次不同山区或不同活动中登达海拔7 000m以上高度者;⑤在亚洲青年攀岩锦标赛中获得前十名者;⑥在全国攀岩锦标赛中获得第四名至第六名者;⑦在全国青年攀岩锦标赛中获得前三名者。女子:①登上一座海拔6 500m以上独立山峰顶峰者;②登上两座海拔6 000m以上独立山峰顶峰者;③登上一座海拔6 000m以上独立山峰并在另一次登山活动中登达6 500m以上高度者;④在两次不同山区或不同活动中登达6 500m以上高度者;⑤在亚洲青年攀岩锦标赛中获得前十名者;⑥在全国攀岩锦标赛中获得第四名至第六名者;⑦在全国青年攀岩锦标赛中获得前三名者;

（五）三级运动员:凡达到下列条件之一者,可申请授予三级运动员称号。男子:①登上一座海拔6 500m以上独立山峰顶峰者;②登上两座海拔6 000m以上独立山峰顶峰者;③登上一座海拔6 000m以上独立山峰并在另一次登山活动中登达6 500m以上高度者;④在两次不同山区或不同活动中登达海拔6 500m以上高度者;⑤在全国攀岩锦标赛中获得第七名至第九名者;⑥在全国青年攀岩锦标赛中获得第四名至第六名者。女子:①登上一座海拔6 000m以上独立山峰顶峰者;②登上两座海拔5 500m以上独立山峰顶峰者;③登上一座海拔5 500m以上独立山峰并在另一次登山活动中登达6 000m以上高度者;④在两次不同山区或不同活动中登达6 000m以上高度者;⑤在全国攀岩锦标赛中获得第七名至第九名者;⑥在全国青年攀岩锦标赛中获得第四名至第六名者。

二、高山向导管理暂行规定

第一章 总 则

第一条 为加强高山向导的管理,推动我国登山事业健康发展,根据《中华人民共和国体育法》和相关法规,制订本规定。

第二条 本规定所称高山向导,是指在登山活动中带领并帮助队员或客户达到预期目标的专业技术人员。高山向导分为高山协作、初级向导、中级向导和高级向导4个等级。

第三条 国家体育总局是登山运动的归口管理部门,国家体育总局登山运动管理中心负责实施对全国高山向导的具体管理,各省、自治区、直辖市体育行政部门对本行政区域内高山向导进行管理。

第四条 国家对高山向导实行持证上岗制度。

第二章 资格取得

第五条 各级高山向导的培训、考核均由国家体育总局登山运动管理中心统一组织。

第六条 高山协作基本条件:

(一)了解登山理论,掌握一定的登山知识和技能,取得高山协作培训合格证书;

(二)登顶5 000m以上山峰;

(三)登山活动中具备基本技术的运用能力、高山活动能力和高山活动后勤保障能力。

第七条 初级向导基本条件:

(一)掌握登山理论知识和基本技术,取得初级向导培训合格证书;

(二)至少3次6 000m以上不同山峰的登顶或高度记录;

(三)达到攀岩难度至少5.8级和攀冰难度至少W13级至W14级先锋攀登水平;

(四)具备4级以下技术等级地形登山活动的向导工作能力。

第八条 中级向导基本条件：

（一）比较系统掌握登山理论知识，取得中级向导培训合格证书；

（二）至少3次6 000m以上不同山峰的登顶记录，或至少3次7 000m以上不同山峰的高度记录，或至少1次7 500m以上山峰的登顶记录，或至少1次8 000m以上山峰的高度记录；

（三）达到攀岩难度至少5.9级和攀冰难度至少W14级先锋攀登水平；

（四）至少两年初级向导的工作经历；

（五）具备计划、组织、实施登山活动的能力，正确判断危险的能力及控制活动的能力。

第九条 高级向导基本条件：

（一）系统掌握并精通登山理论知识，取得高级向导培训合格证书；

（二）至少3次7 000m以上不同山峰的登顶记录和1次8 000m以上山峰的高度记录，或至少1次8 000m以上山峰的登顶记录；

（三）达到攀岩难度至少5.10级和攀冰难度至少W14级先锋攀登水平；

（四）具有四年以上向导工作经历；

（五）通晓一门外语；

（六）具备计划、组织、实施登山活动的能力，综合协调能力和领导能力。

第十条 具备申请高山向导技术等级条件的，应由本人填写申请书，提交必备的书面材料，经所在地登山组织推荐并签署意见后报国家体育总局登山运动管理中心统一审批。

第十一条 各级高山向导的申请者考核合格后需提供以下材料。

（一）高山协作：①申请书及5张2寸免冠近照；②高山协作培训合格证书（复印件）；③2名向导的评定书；④相应标准的登顶、登高证书（复印件）；

（二）初级向导：①申请书及5张2寸免冠近照；②初级向导培训合格证书（复印件）；③2名中级以上向导的评定书；④相应标准的登顶、登高证书；⑤登山经历记录；

（三）中级向导：①申请书及5张2寸免冠近照；②中级向导培训合格证书（复印件）；③2名高级向导的评定书；④相应标准的登顶、登高证书（复印件）；⑤至少两年初级向导的工作经历记录；

（四）高级向导：①申请书及5张2寸免冠近照；②高级向导培训合格证书（复印件）；③3名高级向导的评定书；④相应标准的登顶、登高证书（复印件）；⑤至少四年中级向导的工作经历纪录。

第十二条 审批通过后发给由国家体育总局登山运动管理中心统一制作的各级高山向导资格证书。

第三章 基本职责

第十三条 高山向导的基本职责是在登山活动中为队员或客户提供安全保障、技术指导和相关服务。

第十四条 高山协作职责：

（一）在向导的领导下工作，服从向导安排，接受向导的业务指导；

（二）运送登山物资、建设登山营地，协助向导做好各种安全保障和后勤服务。

第十五条 初级向导职责：

（一）接受中级和高级向导的业务指导；

（二）根据山峰条件，按要求进行登山物资的准备工作；

（三）按计划做好队员身体素质训练和基本技术指导；

（四）在4级以下技术等级地形登山活动中提供向导服务；

（五）登山活动中发生危险情况时，协助实施救援行动。

第十六条 中级向导职责：

（一）收集山峰资料，根据登山队伍大小和人员结构拟定攀登计划；

（二）确定登山活动组织人员配置名单，安排具体工作；

（三）制订并实施队员身体素质训练和技术训练计划；

（四）检查登山物资和装备的准备情况；

（五）在登山活动中提供向导服务，实施攀登计划，提供安全保障，安排攀登日程和人员活动；

（六）登山活动中对危险情况做出快速反应，及时采取有效救援措施；

（七）指导初级向导和高山协作的工作，并对其能力做出评定。

第十七条 高级向导职责：

（一）制订或审定登山活动计划；

（二）监督队员身体素质训练和技术训练计划的实施；

（三）监督登山活动的各项准备工作、登山活动实施过程；

（四）登山活动中发生危险情况时，组织、实施救援行动；

（五）指导向导的业务，提高向导的素质，并对其能力做出评定。

第四章 资格管理

第十八条 取得各级高山向导资格的人员在国家体育总局登山运动管理中心登记注册。

第十九条 各级高山向导每两年须参加继续培训或申请晋级培训。

第二十条 高山向导每两年须进行一次资格验审，验审时须提供其2年内的登山活动经历和相应的证明材料。

第二十一条 被注销资格证书的高山向导若继续从事向导工作的须重新

申报。

第五章 法律责任

第二十二条 违反本规定,情节轻微的,由主管部门给予批评或警告。

第二十三条 违反本规定,属于下列情况之一的,由发证机关撤销其高山向导资格,收回高山向导证书:

(一)严重违反《国内登山管理办法》规定的;

(二)以高山向导身份在登山活动中发生严重责任事故的;

(三)未参加继续培训的;

(四)资格验审不合格,或逾期半年以上未进行资格验审的;

(五)资格验审间隔时间内未从事任何向导工作或登山活动的;

(六)违反其他有关规定的。

第六章 附 则

第二十四条 在国外接受高山向导培训并取得资格证书的人员,按本规定执行。

第二十五条 本规定自发布之日(2002年12月31日)起试行。

三、户外运动员注册与交流管理办法

第一条 为加强户外运动员的管理,保证我国户外运动比赛的正常有序进行,根据国家体育总局相关规定,制订本管理办法。

第二条 国家体育总局登山运动管理中心是全国户外运动员注册和交流的主管单位。

第三条 户外运动员的注册与交流应本着自愿、公开、合法、有序的原则进行。

第四条 户外运动员所属的法人代表负责为运动员进行注册。每年进行一次。

第五条 每年12月1日至次年1月31日为户外运动员年度注册时间。逾期不予办理。

第六条 户外运动员本人应与所代表的法人单位签订代表资格协议书(由中国登山协会统一印制)。时间为一年。

第七条 办理注册的户外运动员所属法人单位须填写报送户外运动员代表资格协议书和交流协议书(由中国登山协会统一印制),并提供运动员两张二寸照片和每人20元的注册工本费。

第八条 国家体育总局登山运动管理中心自收到注册申请表10个工作日内,为运动员办好注册,同时发放注册证。

第九条 国家体育总局登山运动管理中心在每年度注册期结束后10天内,将本年度运动员注册名单以文件形式向全国公布。

第十条 户外运动员参加国家体育总局登山运动管理中心和中国登山协会主办的比赛,应代表所属的具有法人资格的单位。

第十一条 户外运动员参加全国比赛,应出示注册证。没有注册证的运动员不能参加比赛。

第十二条 户外运动员参加全国比赛,应出示注册证。没有注册证的运动员不能参加比赛。

第十三条 一个注册年度结束,户外运动员可以进行交流,交流采取自愿的原则。

第十四条 对违反本办法的单位,给予批评;情节严重的,给予停止注册资格一年直至取消其注册资格的处罚。

第十五条 触犯刑律的运动员,自动取消其注册资格。

第十六条 本办法的解释权属国家体育总局登山运动管理中心。

第十七条 本办法自发布之日(2004年1月9日)起执行。

四、攀岩运动员参加全国比赛代表资格注册管理办法

第一条 为保证全国攀岩运动竞赛工作质量和竞赛秩序,促进人才合理流动,加强运动员代表资格的管理,特制订本细则。

第二条 国家体育总局登山运动管理中心是负责攀岩运动员注册的主管单位,由其签发的注册证是攀岩运动员参加全国攀岩锦标赛及全国攀岩邀请赛等由国家体育总局批准主办的攀岩比赛的唯一资格代表证。各省、自治区、直辖市、计划单列市、行业体协、解放军、高校、登山俱乐部的业余和专业运动员、试训、集训运动员均需按照国家体委体训竞综字(1996)032号文件和本实施细则的有关规定进行代表资格注册。注册运动员有资格参加当年所有由中国登山协会主办的各种全国性或区域性攀登比赛(活动)。

第三条 注册证从签发之日起生效。无注册证的运动员不能参加全国比赛。

第四条 运动员参加全国攀岩正式比赛,必须代表一个经中国登山协会认可的参赛单位。各省、自治区、直辖市、计划单列市、解放军和行业体协、大专院校及经中国登山协会批准的登山俱乐部是参加全国攀岩比赛的基本单位。运动员以其所属单位统一到国家体育总局登山运动管理中心办理注册手续。一名运动员不准在两个以上(含两个)单位同时注册。参加由各省市或行业体协举办的全国或跨省市区域性攀登比赛(活动),须提前20天向国家体育总局登山运动管理中心申报,登山运动管理中心将根据比赛(活动)的性质,于收到申报后的7天内给予回复。未提出申请或未被批准而擅自参加攀岩及相关的攀登比赛(活动),视情节轻重给

主要的户外运动法规制度

予警告、一年禁赛直至终身禁赛的处罚。

第五条 注册手续每年办理一次,时间在每年的 12 月 1 日至次年的 1 月 31 日,注册证有效期为两年,第一年办理注册手续的运动员,第二年只办理确认手续。办理注册手续时,每注册一人须交纳注册费 20 元。

第六条 首次注册:

(一)注册单位须填写运动员注册申请表,并提供注册运动员近期免冠正面一寸照片 2 张;

(二)提供运动员与省级体委或俱乐部签订的服役年限协议书;

(三)提供本人的身份证复印件,无身份证的须提供注册者原始户口本的复印件;

(四)现役军人须提供入伍证明复印件;

(五)大专院校学生注册办法按国家体委体训竞综字(1996)032 号文件执行。

第七条 重新注册:

(一)办理注册后,如进行人才交流,注册单位须持原单位与接收单位签订的协议书和运动员原注册证和注册单位与运动员签订的注册协议重新进行注册;

(二)已在注册单位退役的运动员如代表新单位参赛,须持原单位同意其参赛的证明材料,方可代表新单位注册。如原单位不同意,则需退役满两年后,才能代表新单位重新注册。

第八条 注册后的确认:

(一)按规定已办理注册证的运动员第二年的 12 月 1 日至次年的 1 月 31 日须由注册单位统一办理注册确认手续,办理确认不收费;

(二)注册单位须填写注册确认登记表,并审核、签字、盖章。

第九条 办理注册和确认手续时的要求:

(一)各项手续不完备者不予办理注册手续;

(二)在规定时间内未办理注册和确认手续者,参加全国比赛时须按国家体委体训竞综字(1996)032 号文件第十一条的规定办理临时注册手续。

第十条 如发现运动员在注册中有弄虚作假或一人多证者,取消该运动员一年参加全国比赛的资格。

第十一条 注册时应填写由登山协会统一印制的注册申请表和注册确认登记表,注册证由国家体育总局统一制作。

第十二条 本办法自发布之日(2001 年 2 月 27 日)起施行,原办法即日起作废,按新办法执行,其解释权属国家体育总局登山运动管理中心。

第三节　行业俱乐部管理办法

一、登山户外运动俱乐部及相关从业机构技术等级标准

第一章　技术等级评定的范围

第一条　参加技术等级评定的俱乐部及相关从业机构必须是经过中国登山协会资质认证的俱乐部。

第二条　参加技术等级评定的俱乐部及相关从业机构必须自愿申请,并交纳一定的评审费和管理费。

第二章　技术等级及其标准

第三条　中国登山协会对登山户外运动俱乐部及相关从业机构实行三级技术等级标准:从低到高为 A 级、AA 级和 AAA 级。

第四条　A 级标准:①具有 1 名以上中级、2 名以上初级技术人员(包括攀岩教练员、户外运动指导员、高山向导、拓展培训师等)和若干辅助技术人员(保护员、医护人员等)的技术力量;②正式注册会员在 50 人以上;③具有组织每次 50 人以上的、符合国家技术标准规定(拟订中)的技术装备;④每年组织 10 次以上的户外运动活动或比赛;⑤成功组织或承办过 2 次以上县级或 1 次以上地区级的活动或比赛;⑥没有因为人为原因导致重大伤亡事故的记录。

第五条　AA 级标准:①具有 2 名以上中级、4 名以上初级技术人员(包括攀岩教练员、户外运动指导员、高山向导、拓展培训师等)和若干辅助技术人员(保护员、医护人员等)的技术力量;②注册会员在 100 人以上;③具有组织每次 60 人以上户外运动的技术装备;④每年组织 15 次以上的户外运动活动或比赛;⑤成功组织或承办过 2 次以上地区级或 1 次以上省级的活动或比赛;⑥没有因为人为原因导致重大伤亡事故的记录。

第六条　AAA 级标准:①具有 3 名以上中级、5 名以上初级技术人员(包括攀岩教练员、户外运动指导员、高山向导、拓展培训师等)和若干辅助技术人员(保护员、医护人员等)的技术力量;②注册会员在 300 人以上;③具有组织每次 100 人以上户外运动的技术装备;④每年组织 20 次以上的户外运动活动或比赛;⑤成功组织或承办过 2 次以上省级或 1 次以上全国的活动或比赛;⑥没有因为人为原因导致重大伤亡事故的记录。

第三章　评定程序

第七条　技术等级标准的评定程序:①具有中国登山协会《资质认证证书》的俱乐部及相关从业机构向中国登山协会提出申请,并交纳一定的评审费(A 级不需申请);②中国登山协会聘请 5~7 名相关专家(一般为各相应专业委员会的委

员)组成技术等级评定小组,对提出申请的俱乐部及相关从业机构进行审查(必要时实地考察)。

第四章 技术等级标准的管理

第八条 技术等级标准的有效期为一年,一年后须申请延长有效期或重新申请技术等。

第五章 技术等级标准的降级或取消

第九条 俱乐部出现以下情形的,中国登山协会有权对其技术等级标准进行降级或取消:①技术条件出现重大变化,不能满足现有技术等级标准的;②因为人为原因导致重大伤亡事故的;③不按时申请延长有效期或重新申请评定技术等级的;④被中国登山协会取消资质认证资格的。

二、登山户外运动俱乐部及相关从业机构资质认证标准

第一章 认证的目的及范围

第一条 为了有效地建立与国内各登山户外运动俱乐部及相关从业机构的联系,落实"服务、引导、规范"的管理宗旨,中国登山协会决定对国内各登山户外运动俱乐部及相关从业机构进行资质认证。

第二条 凡从事登山运动及其相关运动的登山户外运动俱乐部及相关从业机构,可自愿申请中国登山协会的资质认证。登山运动及其相关运动为:

(一)登山运动为海拔超过3 500m的登山探险运动;

(二)登山运动的相关运动为由登山运动派生出来的或与登山运动有一定关联的体育运动,包括各种自然岩壁、人工岩壁、冰壁的攀登;山区健行、峡谷运动、山地运动、野外生存、洞穴探险等;蹦极运动、拓展运动、群众登山运动等。

第三条 从事上述运动的俱乐部及相关从业机构,须经当地体育行政主管部门批准,并在当地民政部门或工商部门注册登记。

第二章 认证俱乐部及相关从业机构的条件、义务和权利

第四条 认证俱乐部及相关从业机构的条件:

(一)拥护中国共产党的领导,拥护社会主义制度,遵纪守法,以推动全民健身为己任,在以往的工作、活动中有良好的表现,并有一定的社会影响;

(二)承认《中国登山协会章程》;

(三)具有1名以上中级、2名以上初级技术人员(包括攀岩教练员、户外运动指导员、高山向导、拓展培训师等)和若干辅助技术人员(保护员、医护人员等)的技术力量;

(四)正式注册会员在50人以上;

(五)具有组织每次50人以上的、符合国家技术标准规定(拟订中)的技术

装备；

（六）每年组织10次以上的户外运动活动或比赛；

（七）建立了规范的内部管理制度（包括《环保制度》《会员管理制度》《安全管理制度》《活动组织规范》《技术操作规范》，而《环保制度》《活动组织规范》和《安全管理制度》由中国登山协会统一拟订范本），并能严格执行；

（八）积极参加中国登山协会组织的比赛和登山户外运动的活动。

第五条 得到认证的俱乐部及相关从业机构的义务：

（一）协助中国登山协会进行推动当地登山户外运动的有关工作；

（二）须每年向中国登山协会书面报告年度工作情况，包括：组织变更情况、活动概况、经费基本情况、重大事故报告、环保工作情况等；

（三）按有关规定进行年审。

第六条 得到认证的俱乐部及相关从业机构的权利：

（一）可宣传、悬挂中国登山协会的资质证书，但必须完整（即要包括资质的项目）；

（二）可参加中国登山协会举办的有关活动和比赛，并享有参加培训、服务的优先权；

（三）可得到中国登山协会技术信息资料，包括《山野》杂志、技术咨询、有关法令条例、活动信息等；

（四）可参加中国登山协会组织的出国考察、对外交流活动。

第三章 认证程序

第七条 向中国登山协会提出认证申请，并提供以下材料：

（一）进行资质认证的申请书，其中须包括对《中国登山协会章程》承认的承诺、拟申请的登山户外运动的项目（攀岩、登山类户外运动、高山探险、群众登山、拓展训练等，可报其中一项或多项）；

（二）各地体育主管机关的批准材料、工商或民政部门的批复文件（复印件），学校俱乐部须有学校法人的签字和法人单位公章；

（三）俱乐部及相关从业机构的性质、业务范围；

（四）俱乐部及相关从业机构内部管理制度（包括《安全管理制度》《环保制度》《会员管理制度》《活动组织规范》《技术操作规范》）；

（五）俱乐部负责人和技术人员名单及其资质（姓名、性别、出生年月、学历、在俱乐部及相关从业机构中担当的技术工作、受专业技术教育情况及有关证明材料、工作或技术简历、主要成就、照片1张等）；

（六）俱乐部及相关从业机构的正式注册人数、开展活动情况（活动性质、次数和人数）、场地、装备、经费基本情况、以往重大事故及简要技术分析；

（七）俱乐部及相关从业机构的具体位置，联系方式；

（八）一定的评审费用。

第八条 中国登山协会在接到俱乐部及相关从业机构的申请后，将在1周内通知俱乐部收到申请，并尽快地组织评审工作。

第九条 评审工作由"户外运动及俱乐部管理部"负责组织实施：根据申请资质的项目，组织5～7名相关专家（一般为各相应专业委员会的委员）组成评审小组，在详细听取（有条件时）、仔细阅读有关申请材料（必要时实地考察）后，以无记名投票方式决定评审结果，报中国登山协会批准。

第十条 评审委员会主要是针对申请单位所申请开展的项目及其组织机构进行评审，评审结果须明确注明俱乐部及相关从业机构的名称、性质、法人代表和经过资质的运动项目。

第十一条 中国登山协会批准评审委员会的评定结果后，申请单位即成为"中国登山协会资质认证俱乐部及相关从业机构"，同时必须注明经过资质的项目，模式为"中国登山协会资质认证××（××项目）"。

第十二条 成为资质认证的俱乐部及相关从业机构，其所有申请材料由中国登山协会统一保存归档，并由中国登山协会颁发《资质认证证书》。

第十三条 通过资质认证的俱乐部及相关从业机构，同时具备A级技术等级标准。只有通过A级技术等级标准，才能申请AA级、AAA级技术等级。

第四章 认证资格的管理

第十四条 中国登山协会每年年末将对认证了的俱乐部及相关从业机构进行年审复核，俱乐部及相关从业机构须按时（12月1日—12月15日）提供年度俱乐部资料[见第五条之（二）]，并交纳一定的年审费用。

第十五条 俱乐部及相关从业机构出现以下情形的，中国登山协会有权吊销其认证资格证书：

（一）出现严重政治问题的；

（二）严重违反《活动组织规范》《技术操作规范》等安全管理制度，发生重大伤亡责任事故的；

（三）严重违反《环保制度》的；

（四）申请或复查时提供的资料严重失实的；

（五）被当地体育主管部门、当地民政部门或工商部门吊销注册登记证书的；

（六）出现重大变化，不能满足认证条件的；

（七）长期不参加中国登山协会组织的活动，或无故不参加中国登山协会要求参加的会议的；

（八）不按时进行年审的。

附录三

主要的户外运动赛事

一、世界攀岩锦标赛

世界上最具竞争力的攀岩赛事,每两年举行一次。设有难度赛、速度赛和攀石赛项目,年龄在 16 岁以下的运动员不允许参加比赛。

二、世界杯攀岩分站赛

世界最大规模攀岩赛事,每年共有 10 站,参赛运动员年龄必须在 17 岁以上。运动员参加在各地举行的比赛,然后根据每站比赛的得分进行年度总排名,总成绩最好者即为世界杯得主。

三、世界青年攀岩锦标赛

世界青少年最高级别赛事,参赛选手主要是 14~19 岁的青少年,每年举办一次。比赛项目分难度赛、速度赛。

四、亚洲攀岩锦标赛

亚洲最高级别赛事,每年举办一次。

五、亚洲杯攀岩比赛

亚洲最高级别赛事,每年举办一次。

六、亚洲青年攀岩锦标赛

亚洲青少年最高级别赛事,每年举办一次。

七、全国攀岩锦标赛

国内最高级别赛事,每年举办一次。

八、全国青年攀岩锦标赛

国内青少年最高级别赛事,每年举办一次。

九、世界定向锦标赛

该项比赛是由官方组织的授予世界冠军称号的定向赛事,该项比赛的权威主办方为国际定向联合会和指定的成员国。

十、定向世界杯赛

它是由国际定向联合会官方组织的系列赛事,评选出一个赛季中世界上最优秀的定向运动员。每站赛事只有一场比赛。系列赛事的权威主办方为国际定向联合会和主办方联盟。

十一、世界青少年定向锦标赛

它是由官方组织的授予世界青少年冠军称号的定向赛事。该项赛事的权威主办方为国际定向联合会和指定的成员国联盟。

十二、世界定向精英赛

它是邀请世界上最优秀的定向运动员参加的官方赛事。该项赛事权威主办方为国际定向联合会和主办方联盟。

十三、世界定向排位赛

它是一项已被国际定向联合会纳入官方赛事日程的国际赛事。该项赛事的权威主办方为国际定向联合会成员国联盟。

十四、O-Ringen 瑞典五日赛

它是世界最大规模的定向运动赛事,每年吸引世界各国 15 000 名男女老少运动员参加。

十五、全国定向锦标赛

1994 年 9 月,首届全国定向运动锦标赛在北京市怀柔举行,举办单位为国家体委、国家教委、国家测绘局、总参军训部,由中国定向运动委员会和中国测绘协会承办。全国有省市 18 支代表队参加。该项比赛现在是由国家体育总局、中国定向运动协会主办的国内最权威的定向运动赛事,每年一届。

十六、全国定向冠军赛

2004 年 5 月,在江苏省南京市举行了首届全国定向冠军赛。它是目前国内规

格最高的比赛,它只有当年全国锦标赛各组别、各单项的前 10 名才有资格参加。全国定向冠军赛也是国家定向队的选拔赛,从 2004 年开始,以后每年举行一届。第二届于 2005 年 11 月在云南省玉溪市举行。

十七、全国学生定向锦标赛

它是由教育部学生体育协会和中国学生定向协会组织的比赛。2002 年、2003 年与全国定向锦标赛一起举办,2004 年开始单独举办。

十八、全国大学生运动会定向越野比赛

定向越野比赛于 2004 年正式列入全国大学生运动会,同年 8 月,首届全国大学生运动会定向越野比赛在上海举行,以后每四年一届。

十九、全国体育大会定向越野比赛

2002 年 5 月,在四川省绵阳市举行的全国体育大会首次设置了定向越野比赛,之后作为全国体育大会正式比赛项目同体育大会一起举行。

二十、全国城市定向系列赛

2002 年首次设置,由中国定向运动协会举办,每年一届,首届在南京举行。

二十一、全国户外运动俱乐部挑战赛

2006 年由中国登山协会首次举办,每两年一届,首届在湖南省怀化市洪江举行。

附录四

主要的户外运动赛事竞赛规则

第一节 中国登山协会全国性以上山地户外运动竞赛组织管理规范

第一条 为规范全国山地户外运动竞赛工作,保证山地户外运动竞赛的顺利进行,促进我国户外运动事业的健康发展,根据《中华人民共和国体育法》《全民健身条例》等颁发的有关规定,特制订本规范。

第二条 本规范适用于中国登山协会(简称中登协)主办的全国性以上山地户外运动竞赛(以下称为比赛)。

在中登协登记注册的俱乐部、运动员、教练员、裁判员、定线员、安全员和有关工作人员均须遵守本规范。

第三条 中登协将全国及国际山地户外运动竞赛划分为 A、B、C 三个等级,并分别进行规范管理。

第四条 赛事级别划分。

(一)赛事级别,见下表。

赛事级别表

A 级	国家体育总局登山运动管理中心或中国登山协会承办或主办的国际性或全国性的规范性的竞技比赛,有规定的比赛项目,参赛人员为符合专项要求的国外运动员和国内注册运动员,副总裁判长以上的裁判员、定线员均要求国家级,严格按中国登山协会《山地户外运动竞赛规则》执行
B 级	国家体育总局登山运动管理中心或中国登山协会主办,可由其他具有资质的办赛机构承办,有规定的比赛项目,参赛人员为专业的运动员和非专业运动员,总裁判长、定线员要求为一级以上技术职称,参照中国登山协会《山地户外运动竞赛规则》执行
C 级	国家体育总局登山运动管理中心或中国登山协会主办,由其他具有资质的办赛机构承办,具有比赛性质的活动及活动性质的比赛,参赛人员以非专业运动员为主,总裁判长、定线员要求具备二级以上技术职称。参照中国登山协会《山地户外运动竞赛规则》执行

(二)赛事名称级别划定,见下表。

赛事名称级别划定表

国际赛 (均为A级)	国际锦标赛	A级	国内赛 (专业赛事 为A级, 其他为B级 或C级)	全国锦标赛	A级
	国际公开赛	A级		山地运动会-山地多项	A级
	世界杯赛	A级		全国冠军杯赛	A级
	国际邀请赛	A级		全国俱乐部联赛	A级
	国际越野挑战赛	A级		全国精英赛	B级
	洲际锦标赛	A级		全国邀请赛	B级
	洲际杯赛	A级		全国挑战赛	B级
	洲际邀请赛	A级		全国性的大奖赛	C级

第五条。

(一)所有全国性以上赛事的技术代表和安全监督,均由中国登山协会派出。

(二)主要裁判员技术等级见下表。

裁判员技术等级表

赛事级别		总裁判长	副总裁判长	裁判长
A级赛事	级别	国家级	国家级	一级以上(含一级)
	派出机构	中国登山协会	中国登山协会	中国登山协会
B级赛事	级别	国家级	一级以上(含一级)	二级
	派出机构	中国登山协会	办赛机构	办赛机构
C级赛事	级别	一级以上(含一级)	二级以上(含二级)	三级
	派出机构	办赛机构	办赛机构	办赛机构

第六条 技术代表的职责与权利。

技术代表的主要责任是确保山地户外运动比赛中技术方面规划和管理工作的顺利进行,有关比赛场地内的技术事宜,其主要职责如下。

(一)是代表管理单位的最高技术权威,有权利按照《中国登山协会山地户外运动竞赛规则》及其精神,最终确定比赛的线路和项目。并根据安全监督的要求,向竞赛委员会提出延期比赛、终止比赛的建议。

(二)协助并监督总裁判长工作,保证竞赛符合山地户外竞赛的规定。

(三)除发现重大安全隐患外,对比赛不得进行任何干预。

(四)在总裁判长提出的总结报告上签署意见。

(五)督促总裁判长将比赛技术档案归档。

第七条 安全监督员的职责与权利。由同行中经验丰富、具备一定的技术级别的人员担任,其主要职责如下。

(一)它是代表管理单位的最高安全监督,服从技术代表领导,监督比赛安全。

(二)对比赛线路、项目、器材进行审查,确定没有安全隐患,并向技术代表提交可以进行比赛的安全报告。

(三)对比赛过程实行监督,及时发现安全隐患,并提出解决的具体措施,向技术代表报告。

(四)发现安全隐患,向技术代表反映意见没有采纳,或认为采取的技术措施不足以消除安全隐患的,可再次向技术代表提出意见,直至向竞赛委员会提出意见。

(五)向技术代表提交赛事安全总结报告。总结安全方面的成功经验,指出安全方面存在的不足和改进意见。

第八条 本规范积极鼓励、支持各行各业、赞助商提供经费参与协办各类全国性以上山地户外运动竞赛。

第九条 各地方登山协会、AA级以上户外运动俱乐部可承办C级全国性山地户外运动竞赛,在中登协监督指导下组织竞赛。

第十条 各地方登山协会、AAA级以上户外运动俱乐部可承办B级全国性山地户外运动竞赛,在中登协监督指导下组织竞赛。

第十一条 本规范和中国登山协会颁发的其他各项管理办法、规定配套施行。

第十二条 本办法由中国登山协会负责解释和修改。

第二节 山地户外运动竞赛规则

1 总则

1.1 定义

户外运动是指在自然场地进行的一组集体运动项目群。它包括山地运动、峡谷运动、野外生存(含露营)以及荒漠运动。户外运动竞赛是指参赛运动队依靠集体合作,发扬团队精神,以最短时间完成三个以上山地竞赛项目的竞赛。

山地户外运动竞赛形式分为分日赛和连续赛两种。

1.1.1 分日赛:指整个赛程需要进行多天(一般2~5天)完成,但比赛只在白天进行,晚上所有运动员在指定的地点统一休息。而每天的比赛都是一个整体的赛程,多个项目连续不间断进行。

  1.1.2 连续赛:它指整个比赛所有赛段、项目是连续不间断的。无论白天或黑夜,运动员没有通过最后终点以前,都是在比赛中,比赛计时持续运行,包括运动员休息时间。运动员需要自行安排休息时间和地点。

  注:本规则是根据分日赛特点制订,适用于分日赛。

1.2 宗旨

  山地户外运动跟其他的体育项目不同,山地户外运动没有一套国际通用的竞赛规则。本赛事支持富有团队创意的队伍,山地户外运动竞赛强调公平竞争。当团队创意和公平之间发生冲突,赛事规则将以维护公平为主。中国登山协会(以下简称"中登协")作为该项目在中国的唯一管理机构,订立以下比赛规则。

  1.2.1 赛事组委会(以下简称"赛会")有自主的权力去制订与执行赛事规则及惩罚违反规则的方法。若出现各种特殊原因,赛会对此规则可能随时补充或修改。

  1.2.2 本赛事规则的解释及执行,在任何情况下都将会遵从以下基本原则:任何参赛队伍所做的行为,其结果使自己的队伍占有不公平的优势或对其他队伍产生不公平的劣势,都会被裁定为违反规则,而作出此种行为的队伍将会受罚。

  1.2.3 赛事规则的执行会尽量让多些队伍能够完成每一段赛程。

  1.2.4 赛事组委会有权对违反赛事规则或对赛事造成不利的队伍判罚加时或取消参赛资格。赛事仲裁委员会的一切决定均为最终裁决。

  1.2.5 判罚加时的方法,可能是把罚时加在完成比赛的时间上,也可能是把犯规队伍扣留在赛道上或交替站中,以达到罚时之效。

1.3 目的

中国登山协会制订本规则的目的如下。

  1.3.1 创造一种公平、公正并体现良好体育道德的竞赛环境。

  1.3.2 提供安全保卫和保护措施。

  1.3.3 强调独创性和技巧性,不过分限制队伍和运动员自由发挥的空间。

  1.3.4 对非法获利的运动员及队伍给予处罚。

  1.3.5 明确一项原则:山地户外运动是集体项目,鼓励队伍中运动员之间的配合和帮助。

2 队伍及运动员行为

2.1 总则

  山地户外运动竞赛是由多个户外运动项目组成的集体体育运动,比赛的战术、策略只是队伍之间相互竞争的一方面,运动员还必须做到以下几点。

2.1.1　始终奉行和遵守良好的体育道德风尚。
2.1.2　对自己和他人的安全负责任。
2.1.3　理解中登协山地户外运动竞赛规则。
2.1.4　遵守比赛当地的交通规则,听从裁判员的指挥。
2.1.5　对待其他运动员、裁判员、官员、志愿者和观众要尊重和有礼貌。
2.1.6　不使用不文明语言。
2.1.7　故意违反规则的运动员,如有必要裁判员可责令其队伍立即退出比赛。
2.1.8　运动员商业行为不得影响赛事及运动员安全。
2.1.9　运动员退出比赛,必须并有义务通知比赛当执裁判员。
2.1.10　所有参赛运动员及领队必须遵守国家的一切法律法规。

2.2　兴奋剂
中登协严禁参赛者使用任何目前被IAAF、UCI或者ITU禁止的药品。

2.3　身体条件
山地户外运动竞赛是高强度的体能类运动项目。要参加此类运动项目的比赛,运动员必须要具备良好的身体条件和体能状况,运动员的健康与安全至关重要。每次比赛各赛段及全程的关门时间将由赛事技术组决定。这些关门时间写在赛前相关的资料内。

2.4　参赛资格
2.4.1　基本参赛资格,具体如下。
2.4.1.1　比赛以队伍的形式进行,每队由四名参赛队员(其中必须至少有一名异性)和一名教练兼领队组成。
2.4.1.2　参赛队员在比赛期间年龄必须在18周岁至50周岁之间。
2.4.1.3　参赛队员必须掌握各比赛项目技术,具备良好的水性和体能。
2.4.1.4　被国际或国内任何单项组织停赛的运动员没有资格参加中国登山协会(登山中心)主办/审批的任何比赛。
2.4.2　体检。每名参赛队员必须交体检表,并附心电图。
2.4.3　参赛服装。各队伍的队员在比赛场地时必须穿着相似或相同的队服,包括上衣及长或短裤(每天赛事的队服都应该是同一种设计的)。

3　计时与成绩

3.1　总则
每个比赛赛段的名次将以每个队伍完成该赛段的时间决定,而整个赛事的最终成绩则以所有比赛赛段成绩相加。赛事的计时器会在每天比赛的发令枪响起之后开始计时,在每队最后一名队员通过比赛终点线时停止计时。赛会可能会在个别赛段让各队伍先后间隔或分批出发。

3.2 交替站规定

在赛道中,项目间的交换处设有交替站。运动员及队伍须按下面规定执行。

3.2.1 某些赛程中设有强制休息站,每名运动员必须在休息站内休息至少15min,休息时间超过15min后计入比赛时间。最多不得超过25min。除非其中有队员在等待或接受赛会医疗人员治疗。

3.2.2 队伍可以停留在任何交替站的最长时间是25min,任何队伍停留在一个交替站/休息站多于25min或在休息站停留少于15min,将按多出或不足时间的3倍给予罚时。

3.2.3 队伍需按上述两条规则自行负责计划在交替站内花费的时间。

3.2.4 山地车在交替站内不许骑行,须推出交替站后方可骑行。

3.2.5 不得有意或无意使用及损坏其他队伍任何器材装备。

3.2.6 在交替站和补给站内除运动员和必要的工作人员外,其他人员不得入内。

3.2.7 每支队伍必须4名队员同时进入和离开交替站和补给站。

3.3 完赛、替补和退出

3.3.1 完赛。完赛是指队伍按开始指定的参赛运动员在规定时间内完成所有赛段的比赛。完赛的队伍都有正式的排名。

3.3.2 替补。在每个队伍中有一名教练兼领队,他/她可作为替补参加比赛,须按以下规定执行。

3.3.2.1 队伍中有一名队员因伤病不能参加下一天的比赛,可在比赛前一天向赛会递交书面替补申请材料,经赛会和医疗组同意后领队或教练可作为替补继续参加比赛。

3.3.2.2 替补后的队伍中仍有一名异性。比赛成绩在所有未使用替补队伍之后排名。

3.3.3 退出。

3.3.3.1 如有队员或整个队伍要退出赛事,该队伍必须马上在最近的检查站/交替站通知赛道工作人员。任何队伍未能及时和清楚地通知赛道工作人员而退出赛事,将被取消比赛资格。需要退出比赛的运动员的队友需负责协助该名要退出比赛的运动员到达附近的检查站或交替站,以便工作人员能安排交通工具和医疗服务。如运动员需要退出比赛而同队队员没有提供协助,该队伍将被取消比赛资格。

3.3.3.2 队伍中如有一名或两名队员退出了赛事,该队伍余下的队员仍可完成余下的赛事,但没有赛事的正式名次,在比赛中不得影响其他参赛队伍正常比赛。而当队伍只剩一人时就不能继续参加比赛。

3.3.3.3 根据赛事制订的关门时间,如队伍在关门时间之前未通过指定地点,赛会将强制该队退出比赛。

3.3.3.4 由于健康、时间及其他以外原因,医生和裁判员有责任提出强制运动员退出比赛的建议,由裁判长决定并通知运动员。

4 装备

4.1 赛会提供的设备

根据比赛的需要赛会将为队伍提供必要设备,每名运动员都不得故意破坏赛会提供的装备。

4.2 装备的基本规则

4.2.1 装备规则的设定是以安全性、公平性和简单参与的几个目标为基础。

4.2.2 根据赛事运动员需按通知要求自带个人装备。

4.2.3 队伍在全程比赛中携带指北针。

4.2.4 队伍在比赛中不得使用全球定位系统(GPS)。

4.2.5 运动员在全程比赛中必须戴头盔,在交替站内可以摘下头盔。

4.2.6 如在比赛中队伍山地车出现故障,队伍自行修理。

4.2.7 个人装备检查。比赛前将进行装备检查,工作人员将会对赛事所需自带装备仔细检测,包括检查运动员对装备的使用情况。对于缺少或不合格装备不得参加相应项目比赛,不会使用装备的运动员也将不得参加相应项目比赛。

4.2.8 器材箱。赛会将把指定的器材箱运送到指定的交替站内,参赛队伍需自己负责。

4.2.8.1 根据赛事资料提供的器材箱计划和时间表正确地将器材放进器材箱。

4.2.8.2 队伍在交替站需自行取放装备,领队不得进行帮助。

4.2.8.3 没能把所需要的设备放到指定的器材箱里的队伍,将会由于没有所需装备而不能继续进行比赛。

4.2.8.4 队伍必须将所有用过或没用的器材装备在离开交替站前放回本队的器材箱,盖好箱子;任何队伍把装备放到器材箱外或器材箱盖子未盖好,将被处罚。

5 赛道

5.1 赛道标记

赛道上将会有路标、方向指示牌、丝带、粉笔字、浮标及其他装置作记认。各队伍需沿正确赛道比赛、慢速度以留意赛道标记及指示、对赛道的方向作出合理的推断及决定,对危险路段按指示牌所示减速前进,并不得超越前方队伍。

5.2 赛道规定

通常,赛道都有显著的路标。除了定点穿越、划船等个别项目。

5.2.1 所有参赛队伍必须在指定的赛道上进行比赛,任何不小心离开赛道的队伍,需在离开赛道的地点重新返回赛道,否则将被判罚加时。任何队伍故意离开赛道,将被取消比赛资格。

5.2.2 在可以同时看到两个标记的情况下,队伍必须选择最近的一个标记前进;队伍必须沿合逻辑的赛道前进,除非赛事标记有特别指示;队伍在之字形赛道上走捷径将被当作故意缩短赛道,每次违规罚加时最少一个小时。

5.2.3 比赛路线可能会因天气情况或安全因素而临时更改。若比赛路线在比赛进行时有更改,赛事组委会有权因各队所完成的路线的差异来调整时间。

5.2.4 任何队伍作出任何破坏或损害比赛场地的生态环境的行为,包括乱抛或弃置任何废物、垃圾或用品在赛道上,将受到判罚加时最少 10min 或被取消比赛资格。

6 起点与终点

6.1 起点

6.1.1 每天比赛出发前 20min 进行检录,如果队伍 3 次检录未到将按退出比赛处理。

6.1.2 每天出发前裁判将分别在离出发前 5min、3min、1min 时给予提示。

6.1.3 如比赛出发时间有变动,赛会将会及时发出通知。

6.1.4 队伍首日出发站位顺序将按号码的排位顺序进行,以后每日出发站位顺序按累计成绩的顺序进行。例 5 号队累计成绩 6h30min,3 号队累计成绩 6h32min,那么 5 号队站在 3 号队前面出发。

6.2 终点

6.2.1 队伍中最后一名队员通过终点时停止计时。

6.2.2 运动员到达终点后不得妨碍裁判人员工作,如不准围着计时裁判询问成绩等。

7 团队配合

山地户外竞赛的比赛策略是一个完整比赛的重要部分。队员可以在以下的条件下进行配合:必须在每个赛段 4 名队员同时出发;4 名队员必须一起完成赛程;4 名队员必须一起进入及离开交替站;在越野跑、登山、定点穿越项目中队员之间最大距离不得超过 50m;在山地车项目中队员之间最大距离不得超过 100m;所有形式的团队合作,包括推、拉和运送队员都是允许的,但不得帮助其他队伍或接受其他队伍的帮助。

8 各项目规则

8.1 越野跑

8.1.1 越野跑指不借助任何代步工具,在各种自然场地(非水域)进行的徒步运动,包括跑步、登山、丛林/戈壁/沼泽穿越等。

8.1.2 运动员可以跑,可以走,也可以爬行。

8.1.3 运动员不可借助任何交通工具。

8.1.4 在峡谷穿越项目中,运动员需注意看路标,沿着河道行进。在个别路段必须按现场裁判的要求连接绳索保护,否则将取消比赛资格。

8.2 山地车

8.2.1 赛事指示牌显示危险路段需减速慢行,不可超车。

8.2.2 运动员或队伍必须同山地车一起通过山地车赛段,不准扔下山地车及其部件。

8.2.3 如山地车在比赛中损坏,自行修理。

8.2.4 必须佩戴头盔。

8.3 划船

划船包括团队划船、双人皮艇、竹筏、自制船只等。

8.3.1 规定路线划行,不准离开河道或湖面抬船行进。

8.3.2 不准下水游泳。

8.3.3 在比赛中队员必须穿救生衣等必要装备。

8.3.4 运动员不准丢弃船桨和救生衣。

8.4 山地车/赛跑交替赛

8.4.1 每队4名队员交替使用2辆山地车,1辆自行车不得多人同时使用。

8.4.2 山地车与越野跑的运动员之间不得使用绳索拖拽。

8.4.3 每名参赛运动员必须佩戴头盔。

8.4.4 运动员必须按指定的路线进行比赛。

8.4.5 运动员必须靠右侧进行比赛,山地车必须放在道路右侧,在路口和狭窄的路段不得停放山地车。

8.5 越野技能

8.5.1 越野技能包括速降、攀岩、定点穿越、跨越障碍、生存技能等项目。

8.5.2 越野技能项目设置会尽量避免积压等待,如出现队伍等待赛会坚持先到先得的原则,不给予减时。若因工作人员的原因或不可预见的因素造成队伍等待,赛会将根据实际情况给予减时。

8.6 直排轮滑

8.6.1 必须使用直排轮滑鞋。

8.6.2 必须佩戴头盔。

8.6.3 可以使用登山/滑雪杖。

8.6.4 不可以改造成偏离生产厂家所设计原来的功能(例如从五轮的旱冰鞋上撤除其中一个轮子的)。

9 中立援助

队伍可以从任何中立人士那里得到援助。"中立者"来源于比赛官员、比赛工作人员、其他对手(但不得违反本规则的1.2.2)。如队伍在比赛期间可以在当地商店购买食品和饮料;队伍可以从沿途为队伍加油的观众那里获得自行车修理工具;队伍在比赛期间任何时候都不允许从领队、家庭、朋友、相识、经理人或者代理商接受食品,饮料及工具等帮助;除了比赛裁判或者官员以外,队伍不可以计划在比赛途中任何地方放置补给品或者工具。

10 医疗

赛事医疗人员有权要求询问和检查运动员,被询问或检查的运动员必须停止比赛,配合医疗人员的询问和检查。

根据医疗人员的检查结果,有权让运动员停止比赛休息或退出比赛。

参赛运动员如在比赛中需要静脉注射,该运动员将会被移离赛道(该运动员所属队伍将被取消比赛成绩)。

在比赛期间队伍中任何一名队员要求给予非治疗性的静脉注射或吸氧将会被罚加时。罚则如下:第一升的静脉注射将罚时30min,以后的每升将一律罚时15min,而罚时将以每名运动员每天做基本单位。如同一队伍里有两名队员接受了各1L的静脉注射,该队将被罚加时1h。另如果一位队员在第一天比赛后接受了1L而第二天比赛后接受了2L的静脉注射,该所属队伍将被罚时1h15min。

在遇上医疗紧急事件时,整个队伍必须停止比赛直到适当并且有效的援助到达现场。

11 标志

11.1 号码背心

整个赛事期间,所有在赛道上的参赛运动员必须按以下规则穿上由赛会提供的比赛号码背心。

11.1.1 号码背心穿在衣服的最外面。背包、救生衣和水袋都必须穿在赛事号码背心内。

11.1.2 参赛者只能在交替站内脱下赛事号码背心。参赛者在赛道上任何地方不得脱下号码背心(除接受赛会医疗人员检查时,要求脱下),先到达的运动员在等待其他队员进入交替站时不能脱下背心。

11.1.3 在背心前面的底部中央,可放置一个赞助商的商标,队伍放置标志的赞助商不得与赛事赞助商有行业冲突。上述所允许的标志,必须放置在赛事标志之下,以及不能大于25cm长、15cm宽。

11.2 队伍号码

队伍号码必须恰当地装好和显示在每一辆自行车的前面把横上。

11.3 其他

11.3.1 各队伍均不能更改、涂污或修改赛会提供的比赛编号及背心。违例的队伍将会被罚加时或取消比赛资格。

11.3.2 按照赞助商种类的规则,运动员赞助商的标志可随意放置在比赛衣服和器材上。运动员赞助商的商标必须整齐和稳当的放置在衣服/器材设备上。赛会有权摘除认为是不雅、不恰当或不合标准的商标。

11.3.3 参赛者的赞助商不可与赛事冠名赞助商产生利益冲突。

11.3.4 赛会将给领先的队伍提供特别颜色的背心以方便媒体辨认。

11.3.5 各队伍的队员在比赛场地时必须穿着相似或相同的队服,包括上衣及长、短裤(每天赛事的制服都应该是同一种设计的)。

12 补给站

在每天的赛程中都将设有补给站,运动员必须按以下规定执行。

运动员不可以把补给站的水瓶或运动饮料容器带离补给站或交替站。队伍必须把垃圾扔到垃圾箱或装在自己背包中,不得把垃圾扔到赛道中。

队伍需自行带着在每一天各赛段期间需要的所有食品和水。在赛道上的补给站将有装瓶的水,补充水分和营养的产品供应。

13 罚则

违反山地户外竞赛规则的队伍及运动员将受到警告、加罚时间、取消比赛资格、停赛或者禁赛的处罚,相应视情节严重和责任给予参赛单位处罚。下面是对于违反规则的处罚方针。这些仅仅作为一个大纲,仲裁委员会保留最终决策权。

13.1 警告

在对运动员做出严厉的判罚之前,裁判员无须先给予警告。警告的目的只是为了提醒运动员可能会出现犯规行为和表明裁判员的"已关注"态度。

13.1.1 警告的判罚。

裁判员给予运动员警告的方式。

a. 吹哨或喇叭;

b. 出示黄牌;

c. 呼叫运动员的号码。

13.1.2 警告的理由。

当出现下列情况时,裁判员可判罚警告。

a. 运动员无意犯规;

b. 裁判员认为运动员可能要出现犯规行为;

c. 运动员没有获利。

13.1.3 判罚警告后的处理。

当运动员受到裁判员警告后,需按裁判员的示意正确操作。如果仍然没有理会裁判员的意图,裁判员根据情况给予该队处罚或者停止比赛,待搞清楚裁判员的安全意图后,可继续进行比赛。

13.2 加罚时间

加罚时间是对参赛运动员及队伍犯规行为的相应处罚,根据情节加罚时间。判罚的理由(加时判罚包括但不限于以下行为)。

13.2.1 故意违反行为。

a. 骚扰另一队的前进或者破坏器材;

b. 不立即和恭敬地服从比赛裁判的指令;

c. 公然对官方的决定显示出厌恶;

d. 移走或改变赛道标记;

e. 故意走短程赛道;

f. 在自行车/越野跑交替赛项目中两名队员同时骑车;

g. 接受非中立的外界援助;

h. 拒绝赛事医疗人员询问和检查。

处罚——根据意图的严重性和意向,队伍将被取消参赛资格或最少罚加时 1h。

13.2.2 装备违反。

a. 使用不合要求的器材装备,如山地车、速降装备等;

b. 改造装备原来的功能。

处罚——每个项目赛程所出现的装备违反将被罚时30min。

13.2.3 安全违反。

a.没有带上或没扣好头盔；

b.没有穿上或没扣好救生衣；

c.缺少必需的安全装备。

处罚——第一次违反将罚时15min,随每一次附加违反而升级。

13.2.4 比赛背心使用违反。

a.未能够作为最外层的衣服；

b.在比赛过程中,在赛道上脱下背心。

处罚——第一次违反将罚时5min,随每一次附加违反而升级。

13.2.5 无意违反。

a.妨碍另一队的前进；

b.损坏另一队的装备；

c.离开有标记的赛道；

d.在自行车/越野跑交替赛中把自行车搁在错误的道路的侧面。

处罚——每一次违反将处罚加时3min。

13.2.6 环境违反。

a.对生态环境有害的行为；

b.从交替站或补给站带走饮料容器。

处罚——第一次违反罚时10min,处罚随每一次附加违反而升级。

13.3 取消比赛资格

13.3.1 概述。取消比赛资格是对运动员及队伍严重犯规行为的相应处罚。

13.3.2 判罚。裁判员判罚取消运动员比赛资格的方式。

a.吹喇叭或哨；

b.挥动红旗或出示红牌；

c.呼叫运动员的号码；

d.完赛后宣布。

13.3.3 判罚取消比赛资格的理由。

a.对任何裁判员有不文明用语或举动,或者严重违反体育道德的行为；

b.拒绝听从裁判员的指示；

c.把山地车或者船只丢弃在赛道上；

d.提出欺诈性的抗议；

e.故意扰乱赛场秩序；

f.使用未经批准的装备获利,或对他人构成危险。

13.3.4 判罚取消比赛资格后的处理。

运动员被判罚取消比赛资格后,可终止比赛。被取消比赛资格的队伍可根据本规则中有关上诉的条款规定,对此判罚提出上诉。

13.4 停赛

13.4.1 定义。停赛意味着运动员在停赛期间,不能参加中国登山协会主办或国家体育总局登山运动管理中心批准的比赛。

13.4.2 判罚停赛的理由。运动员可能因下列原因被停赛(但不仅限于下列原因)。

a. 违反体育道德的行为;

b. 欺诈手段,如谎报姓名或年龄,伪造相关资料,或提供虚假信息;

c. 在没有参赛资格的情况下参加比赛;

d. 服用兴奋剂;

e. 停赛决定由比赛仲裁委员会做出,视运动员犯规情况而定,停赛期可为3个月到4年。

13.5 禁赛

13.5.1 定义。运动员终生不得参加中国登山协会主办及国家体育总局登山运动管理中心批准的比赛。

13.5.2 判罚禁赛的理由。运动员可能因下列原因被禁赛(但不仅限于下列原因):

a. 第二次被查出服用兴奋剂;

b. 罕见和粗暴的违反体育道德的行为。

13.5.3 判罚禁赛后的处理。

a. 被判罚的禁赛的运动员或队伍终身不得参加中国登山协会主办或国家体育总局登山运动管理中心批准的比赛;

b. 被判罚运动员所代表单位在一年内不能参加中国登山协会主办或国家体育总局登山运动管理中心批准的比赛。

13.5.4 因服用兴奋剂而被禁赛。

如果运动员因服用兴奋剂而被停赛或禁赛,则该运动员不能参加任何被国际奥委会或国际单项体育联合会总会所承认的国际单项体育联合会举办的比赛。

13.5.5 处罚的通知。如果运动员或队伍被停赛或禁赛,则中国登山协会将在30天内以书面方式通知其所属会员协会、俱乐部及高校。

13.5.6 复赛。停赛期满后,运动员及其所在的协会、俱乐部或高校必须向中国登山协会提出恢复参赛的申请。

14 奖品

14.1 奖金
赛事对取得前8～12名的队伍颁发奖金或奖品。

14.2 奖杯
对取得前三名的队伍颁发奖杯。

14.3 单项奖项
比赛设道德风尚奖和拼搏奖,颁发奖杯。
对每天取得前三名的队伍颁发奖金。

15 裁判

15.1.1 裁判。中国登山协会山地户外竞赛中的裁判包括。

a.仲裁委员会:由中国登山协会指定,负责指导裁判员的资格认证以及对犯规行为做最终裁决;

b.裁判长:负责分配并监督所有裁判员的工作;

c.裁判员:负责检录,起点/终点,转换区,各项目及装备控制等部分的工作,每个比赛区域都将分配到足够数量的裁判员,并由他们在各自授权范围内确保比赛规则的实施。

15.1.2 仲裁委员会的职责。对一切抗议和上诉做出裁决。

15.1.3 仲裁的公正。仲裁委员会应遵守以下原则。

a.公平衡量一切证据和证词;

b.认识到由于个体观察和记忆不同,诚实的证词也会出现多样性和矛盾性;

c.接受并获取所有的证据;

d.在对犯规的判罚得到仲裁委员会认可之前,都认为运动员是无辜的。

16 抗议

16.1 对参赛资格的抗议
对某运动员或队伍参赛资格提出的抗议应在赛前书面提交给仲裁委员会,对抗议的处理决定将在比赛成绩公布之前做出。

16.2 对比赛路线的抗议
对比赛路线安全或不符合规则之处提出的抗议必须在赛前24h书面提交给仲裁委员会。

16.3 由参赛运动员提出的抗议

参赛队伍对其他队伍运动员或裁判提出的抗议,应在其完成比赛后 15min 内书面提交给裁判长。

16.4 对计时的抗议

对计时错误的抗议应在裁判长公布非正式比赛成绩后的 30min 内提出。对正式比赛成绩的抗议可由俱乐部、协会或高校代表在赛后 3h 内以书面形式向中国登山协会提出。

16.5 对比赛装备抗议

对某名运动员或队伍不符合规则的器材装备的抗议应在完成比赛后 15min 内书面提交给裁判长。

16.6 抗议申诉书

提交抗议申诉书的同时须同时交纳 500 元人民币作为抗议费,如果抗议成功,此费用将予以退还。抗议申诉书可从裁判长处获得,其内容包括如下。

a. 犯规情况;

b. 犯规时间及地点;

c. 犯规涉及的人群;

d. 相关陈述,如可能可包含图表说明;

e. 证人姓名及签名。

16.7 抗议程序

16.7.1 总则。抗议应遵循以下程序。

a. 抗议申诉书应由抗议申诉人签字,并在上述条款说明的时间范围内以书面形式提交给裁判长或仲裁;

b. 抗议由仲裁委员会研究并做出裁决,必要时可召开听证会;

c. 召开听证会的时间与地点应及时通知参加的相关运动员和官员;

d. 任何一方当事人缺席听证会,仲裁委员会均有权在该方缺席的情况下做出裁决;

e. 经仲裁委员会主任认可,原告或被告可由其代表出席听证会;

f. 听证会不公开举行;

g. 由仲裁委员会主任宣读抗议申诉书;

h. 应给予原告和被告充分的时间陈述本方观点;

i. 双方证人各有 3min 时间陈词;

j. 仲裁委员会将根据各方证词,按相对多数原则作出裁决;

k. 裁决立即公布,并以书面形式通知各当事人。

16.7.2 抗议时间限制。由参赛运动员或参赛队代表提出的抗议应在他/她完成比赛后 15min 内提出,上诉应在完成比赛或犯规公布后 15min 内提出,以上述两个时间中较晚的为准。

注：如有更改，以补充规则为准。

第三节 山地竞速竞赛规则

一、总则

国家体育总局登山运动管理中心负责山地竞速项目在全国的普及推广及管理。本规则适用于2014年全国山地竞速比赛。

(一)定义

山地竞速也称为山地跑，是一项在山地自然环境中开展的表现奔跑能力的一项运动。

(二)竞赛形式

山地竞速竞赛形式分正赛与参与赛两类，正赛设积分。

(三)竞赛项目

山地竞速正赛分爬坡赛和升降赛。

爬坡赛分为5km以下短距离爬坡赛、5～10km长距离爬坡赛。

升降赛分为5km以下短距离升降赛、5～10km中长距离升降赛、10～20km长距离升降赛、20～45km超长距离升降赛和45km以上极限升降赛。

接力赛为10～45km距离。

每次山地竞速赛，必须在所有项目中选择至少两项作为正赛，其中一项必须为20km以上升降赛。

(四)竞赛组别

设男子个人组、女子个人组、混合双人接力组、团体接力组。

(五)奖项设置

(1)赛会对获得每站比赛的各组前八名运动员颁发"国家体育总局全国体育竞赛"获奖证书。

(2)赛会对获得每站比赛的各组别前八名运动员颁发奖金，具体额度见竞赛规程。

(3)赛会为团体和个人设体育道德风尚奖。

二、组织机构

(一)组委会

赛事组委会负责整个赛事的筹备、组织与具体实施。下设具体办事机构为办公室、竞赛组、新闻宣传组、场地器材组、安全保卫组、后勤保障组和医疗救护组。各办事机构具体职责另附。

(二)仲裁委员会

负责受理比赛期间的一切申诉,并对申诉做出最终裁决,仲裁委员会须由多于一人的单数人员组成,其中至少有一名竞赛官员。

(三)竞赛委员会

竞赛官员、技术代表、裁判长和主定线员一起组成竞赛委员会。

1. 竞赛官员

竞赛官员由中国登山协会指派的,主要职责是全面协调赛事组委会、仲裁委员会和竞赛委员会以及裁判员之间的工作,保障赛事正常运转,全面监督赛事组织管理工作。

2. 技术代表

技术代表的主要责任是确保山地竞速比赛中技术规划合理和管理工作的顺利进行,及负责有关比赛场地内的技术事宜。技术代表由中国登山协会指派,其主要职责如下。

(1)技术代表是赛事期间的最高技术权威,有权利按照《中国登山协会山地竞速比赛规则》及其精神,最终确定比赛的线路,监督比赛安全。并根据安全要求,向竞赛委员会提出延期比赛、终止比赛的建议。

(2)协助并监督裁判长工作,保证竞赛符合山地竞速赛的规定。

(3)对比赛线路、项目、器材进行审查,确定没有安全隐患,并向竞委会提交可以进行比赛的安全报告。

(4)除发现安全隐患外,对比赛不得进行任何干预。

(5)在总裁判长提出的总结报告上签署意见。

(6)督促总裁判长将比赛技术档案归档。

(7)向赛事组委会提交赛事安全技术总结报告。

3. 裁判长

在整个赛区内享有最高权力,该区域包括隔离区、检录区、比赛区和休息区。另外任何关系到比赛安全及比赛公平性的其他区域也可以认为属于比赛区,例如摄像区及媒体报道区,其具体职责如下。

(1)约束媒体单位和由主办方任命的其他工作人员的行为。

(2)裁判长的权限涉及关系到比赛正常进行的各个方面。

(3)裁判长应当主持所有由中国登山协会和组织者参加的会议及由主办方、领队和运动员参加的技术会议。

(4)裁判长不直接参与比赛具体的裁判工作,一般来说由其他裁判执行具体的裁判工作和成绩判定,但在他/她认为有必要的情况下,可以参与各项裁判相关工作。

(5)在比赛开始前,裁判长有义务向线路裁判及其他裁判员简述如何应用此规则。

(6)比赛结束后裁判长须向中国登山协会提交一份详细的赛事报告和每名裁判员工作表现的评估报告。

4.主定线员

主定线员与赛事承办方指定的定线员组成定线员团队,主要负责比赛线路的设计,其主要职责如下。

(1)在赛前规划所有线路的设计和维护。

(2)依照规定设置路标、检查点和其他相关设备。

(3)维护和清理比赛线路。

(4)检查每条比赛线路的技术标准和安全问题,对比赛区域内的所有技术问题,向技术代表或裁判长提出建议。

(5)核实比赛线路具体信息及保证数据的准确。

(6)在赛前对每条比赛线路进行试线,并设定关门时间。

(7)比赛结束后,需向中国登山协会提交一份赛事报告和每名定线员工作表现的评估报告。

三、参赛资格及相关人员

(一)参赛资格

(1)参赛以团队形式报名,不接受个人报名。

(2)参赛运动员年龄必须在18周岁至55周岁之间。

(3)凡参加了个人组其中某一个组别的比赛,则不允许再参加其他组别的比赛(接力组除外)。青年组可参加成年组的比赛,但不得跨组,即选择了参加成年组比赛,则不得再参加青年组的比赛。

(4)运动员可参加各类别的比赛,但每一类别比赛最多可参加两项。

(5)参赛运动员须具备良好的体能,经三级或以上医院常规体检合格(需附心电图)。

(6)任何注册运动员因参赛而发生的一切与注册运动项目相关管理规定冲突的后果责任自负。

(7)被国际或国内任何单项组织停赛的运动员没有资格参加此赛事。

(8)所有报名的运动员须得到赛会确认后方可参赛。

(二)运动员的权利与义务

(1)熟悉并遵守山地竞速竞赛规则、规程及有关规定。

(2)尊重裁判员、服从裁判、积极支持和协助大会工作。

(3)在竞赛中有权向裁判员询问亟待解决的问题。

(4)有权通过领队或教练员对竞赛、裁判工作提出建议和意见。

(三)领队

领队是运动队的代表,参加竞赛的单位应派领队一人(可由教练员或运动员兼任),其职责如下。

(1)熟悉并要求代表队全体人员遵守竞赛规则、规程和各种规定。

(2)负责运动员与组委会之间的联系,及时向本队传达组委会及裁判委员会等部门的通知和决议。

(3)对竞赛和裁判工作的意见,应以口头或书面形式提出。凡提出与成绩有关的申诉,须在成绩公布后 0.5h 内按规定提交。

(四)教练员

参加竞赛的单位应派教练员(可由领队或运动员兼任)在技术上指导运动员,并协助领队工作。

四、技术会

(1)在赛前(通常是正式比赛前一天)应召开技术会议。会议由裁判长主持,技术代表、运动队领队或教练员必须参加。会议时间、地点必须提前告知参会人员并张贴在公告区。

(2)技术会须详细介绍本次比赛的路线情况并解释有关赛程的任何问题。

五、计时与成绩

(一)总则

每个组别比赛的名次将以每名运动员完成该赛段的时间快慢决定,赛事的电子计时器会在每天比赛的发令枪响起之后开始计时,并会在运动员通过比赛终点线时停止计时。赛会可能会因人数、场地等情况,决定运动员分批出发的间隔时间和人数。

(二)完赛和退出

(1)完赛是指参赛运动员在关门时间内按要求完成全程赛段的比赛。完赛的运动员都有正式的排名。

(2)如有运动员要退出赛事,该运动员必须马上在最近的检查站通知赛道工作人员,并原地待命等待组委会送返。任何运动员未能及时和清楚地通知赛道工作人员而退出赛事,将被取消比赛资格。

(三)成绩

(1)终点计时,以运动员胸部越过终点线后为结束时间,计时精确到0.01s。如用电子计时器则以成绩单上显示时间为准。

(2)依据运动员完成全赛程的时间先后,排列名次。如有一名以上的运动员取得相同的成绩,则他们的名次并列,空出下一名次。在成绩单上排在同一位置,但姓名的前后顺序按出发表的顺序排列。

(3)接力赛中,竞赛名次取决于各队最后一名运动员到达终点的成绩。

(4)如运动员漏过检查点,则运动员的成绩无效。如果不是由于运动员本人的过错造成遗漏检查点(如检查点打卡器损坏或电子计时器不工作等原因)并经裁判员证明运动员确已通过检查点,经裁判长认可,成绩仍有效。

(四)积分办法

(1)仅20km以上长距离升降赛设积分,参加比赛且完赛的前30名运动员将获得相应积分。

(2)年终总决赛将按照运动员积分排名前后顺序决定参赛运动员的名单。

(3)每站比赛积分靠前的运动员优先出发。

(4)积分按下表进行计算。

积分计算表

名次	积分	名次	积分	名次	积分
1	100	11	35	21	10
2	85	12	30	22	9
3	75	13	27	23	8
4	70	14	24	24	7
5	65	15	22	25	6
6	60	16	20	26	5
7	55	17	18	27	4
8	50	18	16	28	3
9	45	19	14	29	2
10	40	20	12	30	1

六、线路设计

(一)竞赛路线的设计

(1)路线设计应充分体现比赛的公正性和山地竞速的特点。竞赛路线的设计应充分考验运动员的奔跑能力。

(2)整个线路不得有危及运动员安全的危险路段。

(3)整个路线柏油或水泥等硬化路面不得多于30%。

(4)下坡路段须遵循以下原则:①不得有石阶路;②不得有碎石路面;③从下坡路段开始,每千米路段平均不得有超过30%的降幅。

(5)爬坡赛中,总下降高差不得超过总上升高差的10%。

(6)升降赛中,起终点如不在同一地点时,总上升或下降的差不得高于或低于5%。

(7)竞赛路线上应设有检查点,这些点要求运动员按要求通过。

(8)路线设计应避开苗圃、播种地、有农作物的田地、铁道、车道和禁行区域。

(9)整个路线全程须设置明显的路标加以指示,路标须明显清晰,运动员可轻易沿路标完赛。在岔路口或地形复杂处最好有工作人员指引。

(10)所有路段选择和设计均需遵循环保原则,避免对环境造成破坏。

(二)竞赛路线的距离

(1)确定竞赛距离时,除要考虑组别的因素外,还应考虑到比赛地区的复杂程度、季节、竞赛开始时间和其他对比赛可能产生影响的因素。

(2)爬坡赛各路线总上升高度为路线总长度的10%,允许前后有20%的误差。具体数值根据路线长度不同按此公式推算:爬坡赛累计上升高度=(路线总距离×10%)±20%。如8km爬坡赛,累计上升高度应为640~960m。

(3)升降赛各路线总累计上升高度为路线总长度的8%,允许前后有20%的误差,但各路线的总上升高度不得大于2 000m。具体数值根据路线长度不同按此公式推算:升降赛累计上升高度=(路线总距离×8%)±20%。如10km升降赛,累计上升高度应为500~1 200m。

七、补给站

(1)在起点、终点和运动员休息区要备有充足的水、能量食品以及运动队整理箱。

(2)根据路线长度和特点设置能量补给站的位置,通常每个补给站的间隔距离不得大于20km。

(3)补给站的水和食物要放置在运动员容易取用的位置,并提前拆除所有外包装,不至于造成拥挤或浪费时间。

(4)运动员自行准备并携带的能量补给须提前交给领队或工作人员,并放置在该运动队的整理箱内供运动员取用。

八、装备器材

(一)赛会提供的设备

根据每次比赛的需要,赛会将为运动员在当此比赛期间提供下面的设备。

(1)比赛号码衣。

(2)电子计时器(腕表或指卡)。

(二)运动员自备的装备

(1)适合比赛的服装和鞋子。

(2)可自行准备的装备仅限背包和水袋。

(三)注意事项

(1)比赛结束时,须及时归还电子计时器(腕表或指卡),如中途丢失,则成绩无效。

(2)比赛结束时,须及时将本队整理箱内的物品取走。

九、医疗与救护

(1)起终点、运动员休息区及路线上须合理设置医疗救护点并配备医护人员。

(2)比赛过程中,运动员如出现异常征兆,赛事医护人员有权对运动员进行体检,被询问或检查的运动员必须立即暂停比赛,配合医护人员进行检查。

(3)根据医护人员的检查结果,裁判长有权终止运动员比赛或强制其休息。

(4)运动员可在比赛过程中随时申请救援。

十、标志

(1)整个赛事期间,所有在赛道上的参赛运动员必须按以下要求穿上由赛会提供的比赛号码布或背心:①在衣服的最外面,背包、水袋都必须穿在赛事号码背心内;②参赛者在赛道上任何地方不得脱下号码背心(接受赛会医护人员检查时例外)。

(2)各队伍或运动员均不能更改、涂污或修改大会提供的比赛号码背心,否则将被取消比赛资格。

(3)运动员赞助商的标志必须整齐和稳固的放置在服装上,赛会有权摘除认为是不雅、不恰当或不合标准的商标。商标大小的总面积不得超过 $10cm \times 10cm$,否则将按第十一条罚则进行处罚。

(4)同一支运动队的运动员须穿着相同的队服参加比赛、出席开闭幕式及颁奖仪式等。

十一、参赛细则

(1)比赛期间,参赛者可选择步行或爬行,但不得使用任何机动式或有车轮的交通工具。违规者将会被取消参赛资格。

(2)参赛者必须靠自己的力量完成赛事。严禁借助其他参赛者或公众人士,以背、拖动或推行等方式前进,违者将被取消参赛资格。

(3)运动员须全程沿着有标记的跑道路线进行比赛,并在每个检查站及计时站打卡或登记。抄近道者,将被取消参赛资格。

(4)严禁在跑道上乱丢垃圾,参赛者有责任确保他们丢掉的东西是否被准确地投进垃圾桶中。乱抛垃圾将导致参赛者被取消资格。

(5)参赛者的号码布必须全程朝外,在身体的前方,衣服的最外层。注意别让背包的肩带或其他衣物挡住你的号码布,如号码丢失,比赛成绩作废。

(6)如果需退出比赛,必须在最近距离检查站签署退出申请书或电话通知赛事组委会。

(7)比赛期间,全程时间选手必须全程贴身携带组委会要求的强制装备,工作人员会进行随机的强制装备检查,如发现缺少或未带装备,将被取消参赛资格或劝退比赛。

(8)特别提示:在终点线,裁判会对所有组别前12名到达的男女选手进行强制装备检查,并作为判定成绩是否有效的依据。缺少强制装备的参赛者将不能继续比赛,直至找到遗漏工具的替代品。为对其他跑手公平起见,将根据违规行为的严重程度,作出加罚比赛时间惩罚甚至取消参赛资格。

(9)如果你在任何一个关门时间点被关门后,请服从裁判的指示停止前进。如果执意不停止比赛,拒绝收容者将被裁判委员会取消比赛资格,列入本赛事禁赛名单。

(10)严禁参赛号码转让,由此引起的医疗救援、保险索赔责任由转让参赛号码双方承担相关的法律责任,其替跑行为一经核实,将被裁判委员会取消比赛资格,列入禁赛名单。

十二、罚则

违反竞赛规则的队伍及运动员将受到口头警告、黄牌警告、取消比赛资格、停赛或者禁赛的处罚。视情节严重和责任大小给予参赛单位相应处罚。下面是对于规则违反的处罚条例。

(一)口头警告

警告的目的是提醒运动员可能会出现犯规行为和表明裁判员的"已关注"态度。

1. 警告的理由

当出现下列情况时,裁判员可判罚警告。

(1)运动员无意犯规。

(2)裁判员认为运动员可能要出现犯规行为。

(3)运动员没有获利。

2. 判罚警告后的处理

当运动员受到裁判员警告后,需按裁判员的示意正确行进。

(二)黄牌警告

黄牌警告是对参赛运动员及队伍犯规行为的相应处罚,累计两张黄牌则取消比赛资格。

1. 故意违反行为

(1)干扰其他运动员的前进。

(2)不立即服从比赛裁判的指令。

(3)对任何裁判员有不文明用语或举动。

(4)不按赛道规定路线进行。

(5)接受外界援助并获益。

(6)拒绝赛事医护人员询问和检查。

2. 比赛背心使用违规

(1)未能够作为最外层的衣服。

(2)在比赛过程,赛道上随意脱下背心。

3. 破坏环境

(1)对生态环境有破坏行为。

(2)沿途随意丢弃垃圾。

(三)取消比赛资格或成绩

1. 概述

取消比赛资格或成绩是对运动员及队伍严重犯规行为的相应处罚。

2. 判罚

裁判员判罚取消运动员比赛资格或成绩的方式如下。

(1)挥动红旗或出示红牌。

(2)呼叫运动员的号码。

(3)完赛后宣布。

3.判罚取消比赛资格或成绩的理由

(1)违反体育道德的行为。

(2)拒绝听从裁判员的指示。

(3)提出欺诈性的申诉。

(4)故意扰乱赛场秩序。

(5)故意移走或改变赛道标记。

(6)故意破坏比赛器材。

(7)违反规则并获利,或对其他运动员造成影响。

(8)参赛服装违反标志规定。

(四)停赛或禁赛

视运动员犯规情况及情节严重程度另行处理,被判罚停赛或禁赛的运动队伍或运动员在一定时期内将不得参加由中国登山协会主办的任何比赛。

十三、申诉

(一)对参赛资格的申诉

对某名运动员或队伍参赛资格提出的申诉应在赛前书面提交给仲裁委员会,对申诉的处理决定将在比赛成绩公布之前做出。

(二)由参赛运动队提出的申诉

参赛队伍对其他队伍运动员或裁判员提出的申诉,应在运动员完成比赛后 30min 内以口头或书面形式提交仲裁委员会。

(三)对成绩的申诉

对计时错误的申诉应在裁判长公布非正式比赛成绩后的 15min 内提出。对正式比赛成绩的申诉可由俱乐部、协会或高校代表在赛后 30 天内以书面形式向中国登山协会提出。

(四)申诉书

申诉书可从裁判长处获得,并按要求如实填写。

(五)申诉费

提交申诉书的同时须交纳 500 元人民币作为申诉费,如果申诉成功,此费用将予以退还。

(六)申诉程序

(1)申诉书应按要求如实填写并由申诉人、领队或教练签字认可,在上述条款规定的时间范围内以书面形式提交仲裁委员会。

(2)受理申诉后,仲裁委员会应立即召集相关人员召开听证会。

(3)任何一方当事人缺席听证会,仲裁委员会有权在该方缺席的情况下作出裁决。

(4)经仲裁委员会认可,申诉人可由其代表出席听证会。

(5)听证会不公开举行。

(6)由仲裁委员会主任宣读申诉书。

(7)应给予当事人充分的时间陈述本方观点。

(8)双方证人各有3min时间陈词。

(9)仲裁委员会将根据各方证词,按相对多数原则作出裁决。

(10)裁决立即公布,即时生效,仲裁委员会的裁决为最终裁决。

十三、反兴奋剂

(1)组委会采用国际反兴奋剂条例,坚决反对使用兴奋剂。

(2)本条例适用于所有中国登山协会授权组织的山地竞速比赛。以任何身份(如运动员、教练员、领队、医生等)报名、准备或参加比赛的人员都必须遵守和服从本条例。

十四、解释

组委会对本规则负责最终解释和修订。

第四节 山地马拉松赛竞赛规则

一、总则

国家体育总局登山运动管理中心负责山地马拉松项目在全国的普及推广及管理。本规则适用于2016年全国山地马拉松比赛。

(一)定义

山地马拉松赛是一项在山地自然环境中开展的表现奔跑能力的运动。

(二)竞赛形式

山地马拉松赛形式分正赛与参与赛两类,正赛设积分。

(三)竞赛项目

(1)全程山地马拉松:路线总长42.195km,累计爬升1 000m以上。

(2)半程山地马拉松:路线总长21.097 5km,累计爬升500m以上。

(3)迷你山地马拉松:路线总长3～10km,累计爬升100m以上。

(4)超长山地马拉松:路线总长42.195km以上,累计爬升超过2 000m以上。

每次山地马拉松赛,必须在所有项目中选择至少两项作为正赛,其中一项必须为全程山地马拉松。

(四)竞赛组别

竞赛组别设男子个人组、女子个人组、混合双人组、团队(3人)组。

(五)奖项设置

(1)赛会对每站比赛获得各组前12名的运动员颁发"国家体育总局全国体育竞赛"获奖证书。

(2)赛会对每站比赛获得各组别前12名的运动员颁发奖金,具体额度见竞赛规程。

(3)赛会为团体和个人设体育道德风尚奖。

二、组织机构

(一)组委会

赛事组委会负责整个赛事的筹备、组织与具体实施。下设具体办事机构为办公室、竞赛组、新闻宣传组、场地器材组、安全保卫组、后勤保障组和医疗救护组。各办事机构具体职责另附。

(二)仲裁委员会

负责受理比赛期间的一切申诉,并对申诉做出最终裁决,仲裁委员会须由多于一人的单数人员组成,其中至少有一名竞赛官员。

(三)竞赛委员会

竞赛官员、技术代表、裁判长和主定线员一起组成竞赛委员会。

1. 竞赛官员

竞赛官员由中国登山协会指派,主要职责是全面协调赛事组委会、仲裁委员会和竞赛委员会以及裁判员之间的工作,保障赛事正常运转,全面监督赛事组织管理工作。

2. 技术代表

技术代表的主要责任是确保在山地马拉松比赛中合理进行技术规划并顺利进行管理工作,负责有关比赛场地内的技术事宜。技术代表由中国登山协会指派,其主要职责如下。

(1)技术代表是赛事期间的最高技术权威,有权利按照《中国登山协会山地马拉松比赛规则》及其精神,最终确定比赛的线路,监督比赛安全。并根据安全要求,向竞赛委员会提出延期比赛、终止比赛的建议。

(2)协助并监督裁判长工作,保证竞赛符合山地马拉松赛的规定。

(3)对比赛线路、项目、器材进行审查,确定没有安全隐患,并向竞赛委员会提交可以进行比赛的安全报告。

(4)除发现安全隐患外,对比赛不得进行任何干预。

(5)在总裁判长提出的总结报告上签署意见。

(6)督促总裁判长将比赛技术档案归档。

(7)向赛事组委会提交赛事安全技术总结报告。

3.裁判长

在整个赛区内享有最高权力,该区域包括隔离区、检录区、比赛区和休息区。另外任何关系到比赛安全及比赛公平性的其他区域也可以认为属于比赛区,例如摄像区及媒体报道区,其具体职责如下。

(1)约束媒体单位和由主办方任命的其他工作人员的行为。

(2)裁判长的权限涉及比赛正常进行的各个方面。

(3)裁判长应当主持所有由中国登山协会和组织者参加的会议及由主办方、领队和运动员参加的技术会议。

(4)裁判长不直接参与比赛具体的裁判工作,一般来说由其他裁判执行具体的裁判工作和成绩判定,但在他/她认为有必要的情况下,可以参与各项裁判相关工作。

(5)在比赛开始前,裁判长有义务向线路裁判及其他裁判员简述如何应用此规则。

(6)比赛结束后裁判长须向中国登山协会提交一份详细的赛事报告和每名裁判员工作表现的评估报告。

4.主定线员

主定线员与赛事承办方指定的定线员组成定线员团队,主要负责比赛线路的设计,其主要职责如下。

(1)在赛前规划所有线路的设计和维护。

(2)依照规定设置路标、检查点和其他相关设备。

(3)维护和清理比赛线路。

(4)检查每条比赛线路的技术标准和安全问题,对比赛区域内的所有技术问题,向技术代表或裁判长提出建议。

(5)核实比赛线路具体信息及保证数据的准确。

(6)在赛前对每条比赛线路进行试线,并设定关门时间。

(7)比赛结束后,需向中国登山协会提交一份赛事报告和每名定线员工作表现的评估报告。

三、参赛资格及相关人员

(一)参赛资格

(1)参赛以个人或团队形式报名。

(2)参赛运动员年龄必须在18周岁至60周岁之间。

(3)凡参加了个人组其中某一个组别的比赛,则不允许再参加其他组别的比赛。青年组可参加成年组的比赛,但不得跨组,即选择了参加成年组比赛,则不得再参加青年组的比赛。

(4)运动员可参加各类别的比赛,但每一类别比赛最多可参加两项。

(5)参赛运动员须具备良好的体能,经三级或以上医院常规体检合格(需附心电图)。

(6)任何注册运动员因参赛而发生的一切与注册运动项目相关管理规定冲突的后果责任自负。

(7)被国际或国内任何单项组织停赛的运动员没有资格参加此赛事。

(8)所有报名的运动员须得到赛会确认后方可参赛。

(二)运动员的权利与义务

(1)熟悉并遵守山地马拉松赛规则、规程及有关规定。

(2)尊重裁判员、服从裁判、积极支持和协助大会工作。

(3)在竞赛中有权向裁判员询问亟待解决的问题。

(4)有权通过领队或教练员对竞赛、裁判工作提出建议和意见。

(三)教练员

参加竞赛的单位应派教练员(可由领队或运动员兼任)在技术上指导运动员,并协助领队工作。

四、技术会

(1)在赛前(通常是正式比赛前一天)应召开技术会议。会议由裁判长主持,技术代表、运动队领队或教练员必须参加。会议时间、地点必须提前告知参会人员并张贴在公告区。

(2)技术会须详细介绍本次比赛的路线情况并解释有关赛程的任何问题。

五、计时与成绩

(一)总则

每个组别比赛的名次将以每名运动员完成该赛段的时间快慢决定,赛事的电子计时器会在每天比赛的发令枪响起之后开始计时,并会在运动员通过比赛终点线时停止计时。赛会可能会因人数、场地等情况决定运动员分批出发的间隔时间和人数。

(二)完赛和退出

(1)完赛是指参赛运动员在关门时间内按要求完成全程赛段的比赛。完赛的运动员都有正式的排名。

(2)如有运动员要退出赛事,该运动员必须马上在最近的检查站通知赛道工作人员,并原地待命等待组委会送返。任何运动员未能及时和清楚地通知赛道工作人员而退出赛事,将被取消比赛资格。

(三)成绩

(1)终点计时,以运动员胸部越过终点线后为结束时间,计时精确到0.01s。如用电子计时器则以成绩单上显示时间为准。

(2)依据运动员完成全赛程的时间先后,排列名次。如有一名以上的运动员取得相同的成绩,则他们的名次并列,空出下一名次。在成绩单上排在同一位置,但姓名的前后顺序按出发表的顺序排列。

(3)接力赛中,竞赛名次取决于各队最后一名运动员到达终点的成绩。

(4)如运动员漏过检查点,则运动员的成绩无效。如果不是由于运动员本人的过错造成遗漏检查点(如检查点打卡器损坏或电子计时器不工作等原因)并经裁判员证明运动员确已通过检查点,经裁判长认可,成绩仍有效。

(四)积分办法

(1)参加全程山地马拉松的运动员完赛的前30名运动员将进入到中国登山协会山地竞速赛的全年积分体系,获得相应积分。

(2)年终总决赛将按照运动员积分排名前后顺序决定参赛运动员的名单。

(3)每站比赛积分靠前的运动员优先出发。

(4)积分按以下积分计算表进行计算。

积分计算表

名次	积分	名次	积分	名次	积分
1	100	11	35	21	10
2	85	12	30	22	9
3	75	13	27	23	8
4	70	14	24	24	7
5	65	15	22	25	6
6	60	16	20	26	5
7	55	17	18	27	4
8	50	18	16	28	3
9	45	19	14	29	2
10	40	20	12	30	1

六、线路设计

(一)竞赛路线的设计

(1)路线设计应充分体现比赛的公正性和山地马拉松的特点。竞赛路线的设计应充分考验运动员的奔跑能力。

(2)整个线路不得有危及运动员安全的危险路段。

(3)整个路线柏油或水泥等硬化路面不得多于80%。

(4)下坡路段须遵循,从下坡路段开始,每千米路段平均不得有超过30%的降幅。

(5)竞赛路线上应设有检查点,这些点要求运动员按要求通过。

(6)路线设计应避开苗圃、播种地、有农作物的田地、铁道、车道和禁行区域。

(7)整个路线全程须设置明显的路标加以指示,路标须明显清晰,运动员可轻易沿路标完赛。在岔路口或地形复杂处最好有工作人员指引。

(8)所有路段选择和设计均需遵循环保原则,避免对环境造成破坏。

(二)竞赛路线的距离

(1)确定竞赛距离时,除要考虑组别的因素外,还应考虑到比赛地区的复杂程度、季节、竞赛开始时间和其他对比赛可能产生影响的因素。

(2)各路线总累计上升高度为路线总长度的8%,允许前后有20%的误差,但除超长山地马拉松外的其他各路线的总上升高度不得大于2 000m。具体数值根据路线长度不同按此公式推算:累计上升高度=(路线总距离×8%)±20%。如10km路线,累计上升高度应为500~1 200m。

七、补给站

(1)在起点、终点和运动员休息区要备有充足的水、能量食品以及运动队整理箱。

(2)根据路线长度和特点设置能量补给站的位置,通常每个补给站的间隔距离不得大于10km。

(3)补给站的水和食物要放置在运动员容易取用的位置,并提前拆除所有外包装,不至于造成拥挤或浪费时间。

(4)运动员自行准备并携带的能量补给须提前交给领队或工作人员,并放置在该运动队的整理箱内供运动员取用。

八、装备器材

(一)赛会提供的设备

根据每次比赛的需要,赛会将为运动员在当此比赛期间提供下面的设备。

(1)比赛号码衣/号码布。
(2)电子计时器(腕表或指卡)。

(二)运动员自备的装备

(1)适合比赛的服装和鞋子。
(2)可自行准备的装备仅限背包和水袋。

(三)注意事项

(1)比赛结束时,须及时归还电子计时器(腕表或指卡),如中途丢失,则成绩无效。
(2)比赛结束时,须及时将本队整理箱内的物品取走。

九、医疗与救护

(1)起终点、运动员休息区及路线上须合理设置医疗救护点并配备医护人员。
(2)比赛过程中,运动员如出现异常征兆,赛事医护人员有权对运动员进行体检,被询问或检查的运动员必须立即暂停比赛,配合医护人员进行检查。
(3)根据医护人员的检查结果,裁判长有权终止运动员比赛或强制其休息。
(4)运动员可在比赛过程中随时申请救援。

十、标志

(1)整个赛事期间,所有在赛道上的参赛运动员必须按以下要求穿上由赛会提供的比赛号码布或背心:①在衣服的最外面,背包、水袋都必须穿在赛事号码背心内;②参赛者在赛道上任何地方不得脱下号码背心(接受赛会医护人员检查时例外)。
(2)各队伍或运动员均不能更改、涂污或修改大会提供的比赛号码背心。否则将被取消比赛资格。
(3)运动员赞助商的标志必须整齐和稳固的放置在服装上,赛会有权摘除认为是不雅、不恰当或不合标准的商标。商标大小的总面积不得超过 $10cm \times 10cm$,否则将按第十一条罚则进行处罚。
(4)同一支运动队的运动员须穿着相同的队服参加比赛、出席开闭幕式及颁奖仪式等。

十一、罚则

违反竞赛规则的队伍及运动员将受到口头警告、黄牌警告、取消比赛资格、停赛或者禁赛的处罚。视情节严重和责任大小给予参赛单位相应处罚。下面是对于规则违反的处罚条例。

(一)口头警告

警告的目的是提醒运动员可能会出现犯规行为和表明裁判员的"已关注"态度。

1. 警告的理由

当出现下列情况时,裁判员可判罚警告。

(1)运动员无意犯规。

(2)裁判员认为运动员可能要出现犯规行为。

(3)运动员没有获利。

2. 判罚警告后的处理

当运动员受到裁判员警告后,需按裁判员的示意正确行进。

(二)黄牌警告

黄牌警告是对参赛运动员及队伍犯规行为的相应处罚,累计两张黄牌则取消比赛资格。

1. 故意违反行为

(1)干扰其他运动员的前进。

(2)不立即服从比赛裁判的指令。

(3)对任何裁判员有不文明用语或举动。

(4)不按赛道规定路线进行。

(5)接受外界援助并获益。

(6)拒绝赛事医护人员询问和检查。

2. 比赛背心使用违规

(1)未能够作为最外层的衣服。

(2)在比赛过程,赛道上随意脱下背心。

3. 破坏环境

(1)对生态环境有破坏行为。

(2)沿途随意丢弃垃圾。

(三)取消比赛资格或成绩

1. 概述

取消比赛资格或成绩是对运动员及队伍严重犯规行为的相应处罚。

2. 判罚

裁判员判罚取消运动员比赛资格或成绩的方式如下。

(1)挥动红旗或出示红牌。

(2)呼叫运动员的号码。

(3)完赛后宣布。

3.判罚取消比赛资格或成绩的理由
(1)违反体育道德的行为。
(2)拒绝听从裁判员的指示。
(3)提出欺诈性的申诉。
(4)故意扰乱赛场秩序。
(5)故意移走或改变赛道标记。
(6)故意破坏比赛器材。
(7)违反规则并获利,或对其他运动员造成影响。
(8)参赛服装违反标志规定。

(四)停赛或禁赛

视运动员犯规情况及情节严重程度另行处理,被判罚停赛或禁赛的运动队伍或运动员在一定时期内将不得参加由中国登山协会主办的任何比赛。

十二、申诉

(一)对参赛资格的申诉

对某名运动员或队伍参赛资格提出的申诉应在赛前书面提交给仲裁委员会,对申诉的处理决定将在比赛成绩公布之前做出。

(二)由参赛运动队提出的申诉

参赛队伍对其他队伍运动员或裁判员提出的申诉,应在运动员完成比赛后30min内以口头或书面形式提交仲裁委员会。

(三)对成绩的申诉

对计时错误的申诉应在裁判长公布非正式比赛成绩后的15min内提出。对正式比赛成绩的申诉可由俱乐部、协会或高校代表在赛后30天内以书面形式向中国登山协会提出。

(四)申诉书

申诉书可从裁判长处获得,并按要求如实填写。

(五)申诉费

提交申诉书的同时须交纳500元人民币作为申诉费,如果申诉成功,此费用将予以退还。

(六)申诉程序

(1)申诉书应按要求如实填写并由申诉人、领队或教练签字认可,在上述条款规定的时间范围内以书面形式提交仲裁委员会。
(2)受理申诉后,仲裁委员会应立即召集相关人员召开听证会。
(3)任何一方当事人缺席听证会,仲裁委员会有权在该方缺席的情况下作出裁决。

(4)经仲裁委员会认可,申诉人可由其代表出席听证会。

(5)听证会不公开举行。

(6)由仲裁委员会主任宣读申诉书。

(7)应给予当事人充分的时间陈述本方观点。

(8)双方证人各有3min时间陈词。

(9)仲裁委员会将根据各方证词,按相对多数原则作出裁决。

(10)裁决立即公布,即时生效,仲裁委员会的裁决为最终裁决。

十三、反兴奋剂

(1)组委会采用国际反兴奋剂条例,坚决反对使用兴奋剂。

(2)本条例适用于所有中国登山协会授权组织的山地马拉松比赛。以任何身份(如运动员、教练员、领队、医生等)报名、准备或参加比赛的人员都必须遵守和服从本条例。

十四、解释

组委会对本规则负责最终解释和修订。

第五节 溯溪比赛竞赛规则

第一章 总则

一、宗旨

溯溪运动竞赛没有国际专用规则。赛事规则以公平、公正、有利于项目开展为原则,该规则由中国登山协会制订。

二、场地设施和装备

场地设施的建设遵守"溯溪场所国家标准"(正在制订中);技术装备,必须经过UIAA或CE认证。

三、竞赛形式

溯溪运动竞赛只设团队赛,每个参赛团队由四人组成:两名女队员和两名男队员。

四、竞赛项目

溯溪运动竞赛项目只设团队竞速赛。

五、竞赛组委会

(1)根据比赛场地情况制订赛事规则和办法。
(2)对违反赛事规则或造成不良影响的队伍进行判罚或取消参赛资格。
(3)仲裁委员会的一切决定为最终裁决。
(4)严禁参赛者使用任何竞技体育比赛禁止的药品。

六、参赛资格

(1)比赛以团队形式报名,每队由四名参赛运动员(男、女各两名)组成。
(2)参赛运动员年龄要求在16周岁至50周岁之间。
(3)参赛运动员熟练掌握各比赛项目的技术,具备良好的体能。
(4)参赛运动员需要提供体检表和心电图(县级以上医院)。
(5)参赛运动员比赛时必须穿溯溪鞋,戴护膝、护踝、护肘、护腕和半指手套。

七、录像的使用

(1)只有组委会的录像才能用于项目裁判和总裁判长的成绩判定。
(2)在参赛队伍对成绩判定有疑义时,向仲裁委员会提交书面申请。
(3)只有总裁判长、副总裁判长、项目裁判、仲裁委员会成员有权观看录像。

第二章 技术规则

一、竞赛区域

(1)竞赛区域应选择在有一定流量的溪水的山间,并且有多种天然的障碍。
(2)竞赛区域内,须具备便于裁判工作、便于及时救援和接应的条件。

二、竞赛路线的选择与设计

(1)竞赛场地的选择应充分展现溯溪运动的性质,体现安全、公平、公正的竞赛理念。项目设置充分体现集体合作和团队的精神。同时能考验参赛运动员跳跃、奔跑、攀登、协作、思考、器械操作等综合技能。
(2)竞赛项目的设计难度应与参赛运动员的技能水平相适应。

三、名次判定

(1)溯溪运动竞赛成绩,按溯溪运动竞赛规则的规定进行。最后以该队最后一名运动员到达终点的时间计算参赛队成绩。

(2)溯溪运动竞赛按竞赛成绩取前八名进行奖励。

(3)本次活动不设决赛,如果出现成绩相同,则排名并列,空出下一个名次。

四、项目规则

路线说明:溯溪路线总长约1.5km,高差350m,水流较适合比赛。

必备装备:以下装备为每个参赛队员必备装备。

(1)技术装备:户外头盔、半身安全带、手式上升器、丝扣锁2个、扁绳2条(60cm、120cm各1条)。

(2)辅助装备:护肘、护腕、半指手套、护膝、护踝、墨镜。

五、比赛规则

(1)参赛的队员必须在标志线设置的规定路线上进行溯溪比赛。

(2)线路中所设人工支点及绳索,队员可以使用。

(3)在比赛中队员必须穿戴好技术装备及辅助装备,否则不得参加比赛。

(4)成绩判定以该队最后一名队员通过终点计算成绩。

六、处罚规则

(1)如出现下列情况,裁判长将终止该队继续比赛,判该队无成绩:①队员使用装备和安全措施失误;②体力消耗过大或发生伤病;③队员没有按规定穿戴技术装备和辅助装备;④队员没有按规定路线比赛。

(2)如本队有队员未完成赛程,则判该队无成绩。

七、申诉

所有的申诉必须在比赛结果发布20min内由领队书写并递交给裁判长。

申诉须交纳500元人民币作为申诉费,如果申诉被驳回,该费用将不予返还。

第六节 全国拓展比赛竞赛规则

第一章 总则

一、宗旨

拓展比赛是由多个单项组成的,拓展竞赛没有国际专用规则。赛事规则以公平、公正、有利于项目开展为原则,该规则由中国登山协会制订。

二、场地设施和装备

(1)场地设施的建设遵守"拓展场所国家标准"。
(2)高空项目的保护办法遵守攀岩速度赛的国际标准,高度为12m。
(3)技术装备,必须经过UIAA或CE认证。

三、竞赛形式

拓展运动竞赛主要有男女个人赛、混双赛、双人赛、团队赛(6人)。比赛设置有3~4项不同性质的单项比赛,以运动队(员)完成所有规定项目后,积分累加,决定最终成绩名次。

个人赛:由个人独立完成多个规定项目的过程。
双人赛:由两人(一男一女)协作,共同完成多个规定项目的过程。
团队赛:由六人(至少两名女队员)组成,共同完成多个规定项目的过程。

四、竞赛项目

(1)拓展运动竞赛项目。①地面运动系列:营救行动、有轨电车;②低空运动系列:荡绳、胜利墙、飞夺泸定桥、携手并进;③高空运动系列:空中单杠、空中穿越、狭路相逢、天梯、高空天平、合力过桥。
(2)拓展运动竞赛必须是以上三大系列的组合,每系列里的项目不可低于两个,其他自编类项目可视举办地具体情况进行选择。

五、竞赛组委会

(1)根据比赛场地情况制订赛事规则和办法。
(2)对违反赛事规则或造成不良影响的队伍进行判罚或取消参赛资格。
(3)仲裁委员会的一切决定为最终裁决。

(4)严禁参赛者使用任何竞技体育比赛禁止的药品。

六、参赛资格

(1)比赛以团队的形式报名,每队由6名参赛运动员(两名以上女性)和一名教练兼领队组成。

(2)参赛运动员年龄要求在16周岁至50周岁之间。

(3)参赛运动员熟练掌握各比赛项目的技术,具备良好的体能。

(4)参赛运动员需要提供体检表和心电图(县级以上医院)。

(5)参加个人赛的运动员,不得参加双人混合赛。

(6)参赛运动员比赛时必须穿戴长衣长裤。

(7)参赛运动员不留长指甲、不佩戴饰品。

七、录像的使用

(1)只有组委会的录像才能用于项目裁判和总裁判长的成绩判定。

(2)在参赛队伍对成绩判定有疑义时,向仲裁委员会提交书面申请。

(3)只有总裁判长、副总裁判长、项目裁判、仲裁委员会成员有权观看录像。

第二章 技术规则

一、竞赛区域

(1)竞赛区域应选择在能设置多种项目竞赛的地形和环境,各项目相对集中又不相互干扰。

(2)竞赛区域内,各项目位置应能具备便于裁判工作、便于及时救援和接应的条件。同时,在多项目同时竞赛时,各组其他等待比赛的运动员有安全的休息区域。

二、竞赛路线的选择与设计

(1)竞赛场地的选择应充分展现拓展运动的性质,体现安全、公平、公正的竞赛理念。项目设置充分体现集体合作和团队的精神。同时能考验参赛运动员跳跃、奔跑、攀登、协作、思考、器械操作等多种技能。

(2)场地设置尽量选择在开阔、平坦、交通便利处,避开标有"不准入内"的区域。

(3)竞赛项目的设计难度应与参赛运动员的技能水平相适应。

三、名次判定

(1)拓展运动竞赛各单项成绩,按各单项竞赛规则的规定进行。双人和团队项目(6～10人)以最后一名运动员到达终点的时间计算参赛队成绩。

(2)拓展运动竞赛的名次判定,以参赛运动员完成各个单项获得积分的总和判定成绩。各组别由多个单项组成,每个单项只要完成项目就有积分,第一名至第十六名按以下数值积分:20、18、16、14、13、12、11、10、9、8、7、6、5、4、3、2。"狭路相逢"项目只取前八名进行积分,积分方式:10、8、7、6、5、4、3、2。

(3)各组别依据每个单项取得的积分总和排名,积分多者,名次列前,每个组别取前八名获得奖励。

(4)本次活动不设决赛,各组别如果出现积分相同,参照单项排名成绩,成绩好的胜出。

注:单项中如有一个以上参赛队或个人取得相同积分,则名次并列,空出下一个名次,在成绩单上排在同一位置;如果单项没有成绩,则不参与积分。

四、各单项项目规则

个人项目

(一)空中单杠

项目说明:运动员站在9m高的独立圆柱的顶端,向前跃起双手抓住设置在前上方的单杠,跃出的水平距离决定运动员的成绩。

装备:须佩戴符合规定(具有CE或UIAA认证)的全身安全带和头盔。

比赛规则如下。

(1)比赛分三轮次进行,女子起步距离为1.30m,男子起步距离为1.80m。

(2)单杠间距增幅以5cm为单位,跳跃距离只增加不减少。

(3)运动员出场顺序按抽签顺序出场,不想在哪个距离出场可以跳过此距离在下一个距离出场,每名运动员每轮次只有一次跳跃抓杠的机会,如果某一距离只有一名运动员出场,并且他要连续跳二次以上时,则该名运动员每次落地后有1min休息时间,1min后必须开始攀登。

(4)运动员以完成跳跃并抓住单杠的距离排名,距离远的排名靠前,如果成绩相同则以完成该成绩所用的次数判定成绩,如果次数也相同则以此为原则参考第二好成绩,第二好成绩也相同,看第三好成绩,如果第三好成绩相同则判为并列。

(5)跳跃成功标准为双手抓住单杠,在空中停留2s以上。

(6)运动员从爬梯子开始计时,限时2min内完成该次比赛。

处罚规则如下。

(1)比赛结束后迅速离开比赛场地。

(2)超过时限起跳的,本次试跳成绩无效。

(3)如果该某名运动员连续出场时,每次间隔如超过 1min,则视为弃权。

(二)空中穿越

项目说明:运动员从地面出发计时开始,攀登到 9m 高空后,利用四肢及腰腹的力量,通过空中悬垂的圆形、三角形、轮胎等障碍物,运动员抓住最后一个障碍物 2s,并沿梯子爬回到地面,视为项目完成。

装备:须佩戴符合规定(具有 CE 或 UIAA 认证)的半身安全带和头盔。

比赛规则如下。

(1)裁判员发令后计时开始,运动员从地面出发,直至运动员通过高空设定的障碍,沿另一侧的梯子爬回到地面,听到裁判口令为结束,所用时间进行排名。

(2)中途脱落者,不计成绩。

(3)完成标准为沿梯子逐级爬回地面,听到裁判口令为结束。

(4)关门时间男子为 6min,女子为 8min。

处罚规则如下。

(1)不得使用除障碍物以外的物体作为借力点进行比赛,如保护绳、保护钢缆等,否则取消成绩。

(2)比赛中保护绳不能缠绕在障碍物上,如有缠绕必须理顺,否则取消成绩。

(3)完成障碍物沿梯子下降时,必须逐级下降,如有跨越,每跨越一格加罚 1min。

(三)狭路相逢

项目说明:9m 高空处有一面墙,2 名运动员分别从两端开始,沿着 20cm 宽度的通道相向移动,到达对抗区后,双方开始对抗,成功迫使对方从墙上脱落,后脱落或留在墙上者获胜。

装备:须佩戴符合规定(具有 CE 或 UIAA 认证)的全身安全带和头盔。

比赛规则如下。

(1)该项目采取对抗淘汰的方式排名,对抗方向采取抛硬币方式决定,对抗组合通过抽签决定。

(2)双方队员听到裁判发令后必须在 60s 的时间内攀爬到达上方平台。

(3)双方都在规定时间内到达上方平台,听到裁判的口令后移动到对抗区进行对抗,对抗中只允许用手臂进行对抗,并且不允许触碰对方的头部、喉部、裆部。

(4)以明显脱落的先后顺序判定成绩,先脱落者判输;判罚脱落的原则以先失去重心为脱落原则;如果双方同时脱落或脱落顺序不明显,则重新对抗,双方最多对抗三次,三次之后仍未分胜负,则双方抽签决定胜负。

(5)运动员在攀爬、移动和对抗过程中都不允许触碰、抓握保护绳。

(6)关门时间为5min。

(7)如果关门时间内双方都没有迫使对方脱落,则罚定离对抗区中心点近的队员获胜。

处罚规则如下。

(1)消极对抗者(远离对抗区、没有对抗动作等),第一次给予黄牌警告,出现二次黄牌警告,判定该运动员失败。

(2)对抗中只允许用手臂进行推、拉等合理对抗行为,禁止采用打、挠、掐、踢等粗暴行为,否则将取消该队员该项目的比赛成绩,情节严重的将取消个人或全队比赛资格。

(3)对抗中如果使用攻击对方的头部、喉部、裆部的危险动作,情节较轻且没有使对方脱落,则黄牌警告一次,继续比赛,如情节严重或使对方脱落则判使用危险动作的运动员失败。

(4)运动员出现中途脱落、攀爬和移动过程中抓握保护绳行为,判该运动员输。

(5)裁判员发令后未在规定的60s的时间内到达上方平台的队员判输。

(四)荡绳跳远

项目说明:运动员站在1m高的平台上,抓绳荡出(可在平台范围内助跑),在空中适当位置放手向前跃出,以运动员跃出的水平距离决定成绩。

装备:须佩戴符合规定的头盔。

比赛规则如下。

(1)比赛分三轮进行,每名队员每轮只跳跃一次,裁判员发令后30s内起跳。

(2)出场顺序按技术会的抽签顺序出场。

(3)以运动员跳跃距离的最好成绩进行最终排名,成绩判定以1cm为单位。

(4)以身体接触地面后,距起跳点最近处的触地点判定成绩。

(5)运动员只能在起跳台上的标志线内起跳,不允许在荡绳上打结。

(6)运动员只要双脚同时离开起跳台,就视为一次起跳。

(7)运动员每次试跳限时30s。

处罚规则如下。

(1)30s内没有起跳,本次起跳资格取消。

(2)运动员只能在起跳台标志线内起跳,否则本次成绩无效。

(3)落地时超出沙地范围,本次成绩无效。

(4)运动员脱离荡绳前,身体任何部位不得触地,否则判成绩无效。

双人混合项目

(五)天梯

项目说明:两人配合攀爬间距不等高 12m 的悬梯,攀登中可以利用彼此的肢体相互配合,以其中 1 人敲响终点标志视为项目完成。

装备:须佩戴符合规定的全身安全带、头盔。

比赛规则如下。

(1)出场前在指定区域按规定穿戴好装备,运动员在听到裁判指示时进入比赛场地。

(2)两名运动员必须都站到第五根圆木上,才可以有一名运动员去敲终点标志。

(3)裁判员口令发出计时开始,直至攀登结束,以时间判定成绩,用时短者排名在前。

(4)运动攀爬过程中不得触碰保护绳、主锁及圆木二侧的钢丝。

(5)裁判员发令后计时开始,以其中一名队员敲响终点标志为计时结束。

(6)中途有任何运动员脱落,则不计成绩。

(7)项目关门时间为 6min。

处罚规则如下。

(1)比赛过程中,运动员之间除可以借助安全带、运动员肢体、圆木外,不得借助任何外力,如保护绳、主锁、钢丝,否则运动员将被罚下,判罚取消成绩。

(2)运动员攀爬过程中如出现触碰保护绳、主锁、二侧钢丝的情况,但并未因此借力,则判罚加时 30s。

(3)比赛中如头盔松动,必须停止比赛,在不违反规则的情况下戴好头盔再继续比赛;如头盔脱落到地上则比赛结束,判罚取消成绩。

(六)高空天平

项目说明:参赛运动员攀登至 9m 高空的 T 型台,两名运动员相互配合掌握天平的平衡向外侧移动,直至两名运动员都触碰到结束标志为完成。

装备:个人须佩戴符合规定的安全带、头盔。

比赛规则如下。

(1)出场前在指定区域穿戴好装备,按裁判员指示进入场地。

(2)裁判员发令后计时开始,运动员从地面开始,直至两名运动员一起触摸到结束标志,为计时结束(一名队员触摸结束标志时,另一名队员也要在该时间段内摸到结束标志;如果二名队员分别在不同时间段内摸到结束标志,则不计成绩)。

(3)结束标志只能用手触摸,不得抓握、拉拽。

(4)以时间判定成绩,用时短为获胜。

(5)比赛过程中,运动员不允许跑动,不得以任何方式借助外力,如保护绳等。

(6)项目关门时间为 5min。

处罚规则如下。

(1)在未完成项目前有运动员脱落,则该项目不计成绩。

(2)运动员不得跳起触碰结束标志,否则取消成绩。

(3)在两名运动员都触摸到结束标志前,两名运动员都不能脱落,否则不计成绩。

(4)两名队员必须在同一时间段内都碰到结束标志,否则该项目不计成绩。

(5)比赛中运动员出现抓握、拉拽结束标志,判罚该名运动员结束比赛,成绩无效。

(七)携手并进

项目说明:地面上架设高度相同的由两根钢索组成的悬桥,两名运动员各踩踏一根钢索,相互协同,沿钢索前行,以两人共同行进的距离判定成绩或以两人完成项目的时间判定成绩。

装备:须佩戴符合规定的头盔。

比赛规则如下。

(1)以距离长短排名,距离长为取胜,成绩判定以 1cm 为单位。

(2)裁判员发令后计时开始,距离相同以时间少为获胜。

(3)中途脱落,以距离起点最近的落地点判定距离。

(4)比赛中除身体外,不得借助外力。

(5)关门时间为 6min,规定时间没有完成,计关门时运动员所行走的距离。

处罚规则如下。

(1)比赛中如借助外物和外力,则取消成绩。

(2)比赛结束后迅速离开场地,不得干扰其他队员比赛,否则取消成绩。

团队项目

(八)合力过桥

项目说明:全体运动员协作完成通过悬挂在 9m 高空的由木板与绳索组成的多个不同形状的木桥,一人过桥时,其他人员在下方将木桥拉向不同方向,协助过桥运动员通过,以全队 6 人全部通过空中桥的时间判定成绩。

装备:须穿戴符合规定的安全带、头盔。

比赛规则如下。

(1)根据裁判指示进入比赛场地,裁判发令后计时开始,在规定时间内最后一名运动员完成并返回地面计时结束。

(2)以时间判定成绩,用时短为获胜。

(3)裁判员发令后计时开始,运动员从规定位置攀上、攀下以接力的形式进行。

(4)其他运动员在下方协助参赛者完成过桥,协助人员不可双脚同时离开地面。

(5)运动员必须按梯子间隔逐级攀登和下降,不得跨越蹬踏。

(6)前一位队员攀登结束后将自己的保护绳解开给下一位队员挂上,得到裁判确认后该队员开始攀登,直到第六位队员攀登结束。

(7)项目关门时间为18min。

处罚规则如下。

(1)攀登和下降梯子时,跨越一格一次加罚1min,以此类推。

(2)中途如有人脱落,则不计成绩。

(3)给下一位队员挂保护时,没得到裁判员的确认不得开始攀登,否则加罚1min。

(九)胜利墙

项目说明:6名运动员利用肢体连接等方式,通过高4m的一面障碍墙,途中不能借助任何可以延长肢体的物品,如衣服、腰带等,以最后一名运动员到达障碍墙顶端举手示意的时间判定成绩。

装备:提供厚20cm的保护垫。

比赛规则如下。

(1)运动员根据裁判指示进入比赛场地,站在垫子四周,裁判员发令后比赛开始,全体成员到达上方平台计时结束。

(2)以时间判定成绩,用时短为获胜。

(3)裁判员发令后计时开始,在关门时间内以最后一人到达上方平台站稳后,由最后到达的这名运动员举手示意,则裁判员计时结束。

(4)不得折叠和叠加保护垫,运动员不允许助跑。

(5)项目关门时间为6min。

处罚规则如下。

(1)到达顶部的运动员按指定梯子返回地面,如有直接从上方平台跳跃到地面者,取消该项成绩。

(2)比赛过程中只允许身体接触,但不得踩踏队友的头部、背部等关节部位,否则裁判员可视情节严重程度给予该队警告或终止该队比赛。

(3)比赛中运动员身体任何部位不得接触墙体侧面,不得抓墙体的缝隙,否则取消比赛成绩。

(十)营救行动

项目说明:全队运动员利用由三根圆木或竹竿、五根绳索搭建成规定的救援工具(两根长圆木搭成三角架,并固定交叉点,交叉点朝上,将短圆木横着固定在这个三角架中间偏下的位置,其中一人站在短圆木上,手扶两侧的长圆木,其他成员在通道两侧用绳索协助平衡,向前不断移动直至将营救工具与人移动至终点,用时少的队伍获胜。

装备:使用赛会统一提供的公用器材装备,佩戴符合规定的头盔。

比赛规则如下。

(1)根据裁判指示进入比赛场地,裁判发令后运动员开始搭建工具,营救队员。

(2)以时间判定成绩,用时短为获胜,以营救人员和所有营救工具均通过终点为计时结束。

(3)裁判未发令时不得接触营救工具,比赛道具在赛前由裁判员统一摆放,运动员只能利用大会提供的工具,并且不得破坏工具。

(4)营救过程中如果营救用的工具(木架)散了,则比赛停止,判定该队无成绩。

(5)营救过程中,被营救人员和行走用的木架必须在规定的5m宽的通道内活动,其他的营救人员必须在通道两侧活动,不得触碰和越过通道两侧的边界线。

(6)中途被营救运动员身体不得接触地面。

(7)营救中,不得用抬、背、抱和拖拽等方式。

(8)比赛结束后,参赛队必须将所有大会提供的营救工具带回起点。

(9)项目关门时间为20min。

处罚规则如下。

(1)中途被营救运动员身体不得接触地面,否则视为犯规,每犯规一次加时1min。

(2)比赛途中被营救人员和行走用的木架不得触碰和越出通道两侧的边界线,否则视为犯规,每犯规一次,加时1min。

(3)比赛途中其他5名营救队员(保护人员)同样不得触碰通道两侧的边界线,否则视为犯规,每犯规一次,加时1min。

(4)比赛中5名营救队员都不得进入营救通道内,否则取消该队比赛资格,判定该队该项目无成绩。

(5)通过终点后裁判清点营救工具,每少一样加时1min。

(6)不得有意破坏工具,否则取消比赛资格,如果比赛中圆木正常损坏按技术故障处理。

(7)不得使用规定工具以外的任何工具进行比赛,否则取消比赛资格。

(十一)有轨电车

项目说明:全队运动员站在一块木板和绳索组成的工具上,共同完成规定的比赛路线。

装备:使用赛会统一提供的公用器材装备。

比赛规则如下。

(1)根据裁判指示进入比赛场地,裁判发令前队员不得触碰比赛用具,发令后计时开始,结束时间内以车头到达终点为计时结束。

(2)只能在规定的赛道内比赛,以时间判定成绩,用时短的队伍获胜。

(3)比赛途中运动员身体任何部位不得接触地面。

(4)比赛中只能采用手握绳索的方式进行比赛。

(5)项目关门时间为5min。

处罚规则如下。

(1)中途如有运动员身体任何部位接触地面,则取消该项成绩。

(2)不得妨碍其他队伍比赛,否则取消该项成绩。

(3)运动员必须在规定的赛道内比赛,否则取消成绩。

五、申诉

(1)所有的申诉必须在比赛结果发布20min内由领队书写并递交给裁判长。

(2)申诉须交纳500元人民币,如果申诉被驳回,该费用将不予返还。

附录五

中国登山协会登山户外运动俱乐部管理办法

第一章 总则

第一条 为了有效地建立与国内各登山户外运动俱乐部及相关从业机构的联系，落实"服务、引导、规范"的宗旨，推动我国登山户外运动持续、稳定、健康的发展，特制订本办法。

第二条 登山户外运动俱乐部应以推动全民健身事业为宗旨，实施《全民健身计划纲要》和《全民健身条例》，培育登山户外市场，促进登山户外事业稳步持续发展。

第三条 中国登山协会与各俱乐部之间是业务指导关系。俱乐部根据其行政隶属关系，可分别隶属于地方各级登山协会、体育组织、行业体协、机关、团体、企事业单位、学校等，或独立执业。

第四条 登山类户外运动包括高山探险、山地户外运动、攀岩攀冰、群众登山、拓展运动等。

第五条 中国登山协会户外运动专业委员会授权负责登山户外运动俱乐部的注册与管理。本委员会由高山探险、攀岩攀冰、登山类户外运动、群众登山、拓展运动等方面的专家和技术骨干组成。

第二章 俱乐部注册

第六条 登山户外运动俱乐部是开展群众性登山户外活动，普及登山户外知识，提高登山户外竞技水平的基层组织，各类登山户外运动俱乐部及相关从业机构均可向中国登山协会申请注册。

第七条 注册俱乐部应具备以下条件：

（一）遵守中国登山协会章程和各项规章制度、管理办法；

（二）须经当地体育行政主管部门批准，并在当地民政部门或工商部门注册登记；

(三)具备法人地位,或经法人授权、代表该法人的团体;

(四)有固定的办公场所及技术人员;

(五)积极参加中国登山协会组织的比赛和各项活动。

第八条 注册俱乐部的权利:

(一)可参加中国登山协会组织的全国登山户外运动俱乐部会议;

(二)有选举权和被选举权;

(三)可申请运动员注册;

(四)可申请参加登山户外俱乐部及相关从业机构等级评定;

(五)可参加中国登山协会举办的各项活动、比赛和培训;

(六)可得到中国登山协会技术信息资料、技术咨询、有关法令条例、活动信息等;

(七)入会自愿、退会自由。

第九条 注册俱乐部的义务:

(一)遵守中国登山协会章程和各项规章制度、管理办法;

(二)积极向会员和广大登山户外爱好者宣传科学的户外理念,促进和推广登山户外运动的健康发展;

(三)积极开展登山户外运动,对中国登山协会的工作给予支持和配合,承担协会交办的各项工作;

(四)参加中国登山协会的相关会议和活动;

(五)按照中国登山协会要求提供俱乐部的有关情况和资料。

第十条 注册程序。

(一)俱乐部申请注册,须经历以下程序,并提交以下材料:

(1)提交书面申请材料;

(2)经中国登山协会户外运动专业委员会常务委员会讨论通过。

(二)首次注册的俱乐部须提供以下申请材料:

(1)申请书;

(2)法人或所代表法人的资格证明(社会团体登记证或企业法人营业执照等);

(3)非法人团体的,需提供法人的授权委托书;

(4)保证执行中国登山协会各项规章制度和管理办法,以及注册申报材料真实性的声明;

(5)俱乐部的基本情况包括名称、地址、资产状况、从业人员和场地器材的配置等;

(6)有关从业人员的技术证明及相关证书。

(三)俱乐部应按要求在每次户外运动专业委员会常委会前提交注册申请,经常务委员会讨论通过后,上报中国登山协会批准。俱乐部注册申请得到批准后,中国登山协会将在官方网站上公布名单。

(四)注册俱乐部退出应提前30日书面通知中国登山协会,协会收到通知之日视为该注册资格终止。

第十一条　有下列情形之一的,不予批准:

(一)有证据证明其宗旨、业务范围违反国家宪法、法律、法规;

(二)发起人或责任人正在受到剥夺政治权利的刑事处罚,或者不具有完全民事行为能力的;

(三)在申请中弄虚作假的;

(四)被当地体育主管部门、当地民政部门或工商部门吊销注册登记证书的;

(五)有法律、行政法规禁止的其他情形的。

第三章　俱乐部技术等级

第十二条　申请技术等级评定的俱乐部及相关从业机构必须是在中国登山协会注册的俱乐部。

第十三条　中国登山协会根据俱乐部的规模、技术等级、场地器材、运营情况等将申请评定的俱乐部按照技术等级分为三个级别,从低到高为A级、AA级和AAA级。

第四章　俱乐部技术等级评定条件

第十四条　申请成为A级俱乐部应具备以下条件:

(一)能够行使A级俱乐部的权利并履行义务;

(二)承认《中国登山协会章程》,遵纪守法,以推动全民健身为己任,并有一定的社会影响;

(三)具有1名以上中级、2名以上初级技术人员(包括经中国登山协会培训的攀岩教练员、户外运动指导员、高山向导、拓展培训师等)和若干辅助技术人员(保护员、医护人员等)的技术力量;

(四)正式注册会员在50人以上,并具备开展相应活动的技术装备;

(五)每年组织至少500人次或以上的登山户外运动活动或比赛;

(六)有较规范的名称、章程、组织机构和内部管理制度,如《环保制度》《会员管理制度》《安全管理制度》《活动组织规范》《技术操作规范》等,并能严格执行;

(七)积极参加中国登山协会组织的比赛和登山户外运动的活动;

(八)没有因为人为原因导致重大伤亡事故的记录。

第十五条　申请成为AA级俱乐部应具备以下条件:

(一)能够行使 AA 级俱乐部的权利,履行义务;

(二)已获得 A 级资质满一年的俱乐部;

(三)具有 2 名以上中级、4 名以上初级技术人员(包括经中国登山协会培训的攀岩教练员、户外运动指导员、高山向导、拓展培训师等)和若干辅助技术人员(保护员、医护人员等)的技术力量;

(四)成功组织或承办过 2 次以上地区级或 1 次以上省级的登山户外活动或比赛;

(五)有固定的场地和设施(包括自建、合建、租用和共用等),正式注册会员在 60 人以上,并具备开展相应活动的技术装备;

(六)积极参加中国登山协会组织的比赛和登山户外运动的活动;

(七)具有一定的社会影响力和公信力,有网站要反映俱乐部活动情况,并定期更新。

(八)没有因为人为原因导致重大伤亡事故的记录。

第十六条　申请成为 AAA 级俱乐部应具备以下条件:

(一)能够行使 AAA 级俱乐部的权利,履行义务;

(二)已获得 AA 级满一年的俱乐部;

(三)具有 3 名以上中级、5 名以上初级技术人员(包括经中国登山协会培训的攀岩教练员、户外运动指导员、高山向导、拓展培训师等)和若干辅助技术人员(保护员、医护人员等)的技术力量;

(四)正式注册会员在 100 人以上,并具备开展相应活动的技术装备;

(五)拥有可供训练、培训、活动、比赛使用的场地,有承办一般全国性比赛或活动的能力;

(六)积极参加中国登山协会组织的比赛和登山户外运动的活动;

(七)没有因为人为原因导致重大伤亡事故的记录。

第五章　等级评定程序及年审

第十七条　等级评定程序。

(一)注册俱乐部申请等级评定,须经历以下程序:

(1)提交书面申请材料;

(2)中国登山协会在接到俱乐部及相关从业机构的申请后,将在 1 周内通知俱乐部收到申请,原则上每半年评定一次;

(3)评定工作由中国登山协会户外运动专业委员会常委会负责,在详细听取、仔细阅读有关申请材料后(必要时实地考察),以无记名投票方式决定评定结果,报中国登山协会批准;

(4)中国登山协会批准户外运动专业委员会常委会的评定结果后,通过等级评定的俱乐部及相关从业机构,其所有申请材料由中国登山协会统一保存归档,并由中国登山协会颁发证书;

(5)只有通过 A 级俱乐部的,才能申请 AA 级、AAA 级俱乐部。

(二)向中国登山协会提出等级评定申请,需提供以下材料:

(1)进行等级评定的申请书;

(2)社会团体登记证或企业法人营业执照,学校俱乐部须有学校法人的签字和法人单位公章,非法人团体的需提供法人的授权委托书;

(3)所在地登山协会或体育行政主管部门的推荐信。特殊情况(无登山协会或体育行政主管部门暂不行使对本项目管理权限)下,可由具有等级的两家以上的俱乐部或从业机构进行推荐;

(4)俱乐部及相关从业机构的性质、业务范围;

(5)俱乐部及相关从业机构内部管理制度,如《安全管理制度》《环保制度》《会员管理制度》《活动组织规范》和《技术操作规范》等;

(6)俱乐部负责人和技术人员名单及其资质(姓名、性别、在俱乐部及相关从业机构中担当的技术工作、受专业技术培训情况及相关资质证书、工作或技术简历、主要成就等),主要技术人员还需提供劳动合同;

(7)俱乐部及相关从业机构的正式注册人数、开展活动情况(活动性质、次数和人数)、承办全国性或地方性比赛和活动的情况,场地、装备、经费基本情况,以往重大事故及简要技术分析;

(8)俱乐部及相关从业机构的具体位置及联系方式。

第十八条 年审程序。

(一)中国登山协会每两年对评定了的俱乐部及相关从业机构进行一次年审复核;

(二)俱乐部及相关从业机构须按提供年度俱乐部资料。要求提供的书面材料,报告年度工作情况,内容包括如下。

(1)组织变更情况(包括负责人及主要技术人员名单及其资质变更情况);

(2)活动概况、赛事情况、经济状况、环保工作情况;

(3)受奖情况;

(4)重大事故报告;

(5)对协会工作的意见和建议。

第六章 等级管理

第十九条 有下列情形之一的,应当降级并收回原等级证书:

（一）俱乐部情况变化，不再满足原等级条件要求的；

（二）不能履行其所承担义务的。

第二十条 有下列情形之一的，应当注销并收回等级证书：

（一）有严重违反国家法律行为并被处罚的；

（二）获得认证的服务项目不再向社会提供服务的；

（三）因人为因素造成重大安全事故的；

（四）持有证书的俱乐部申请注销的。

第二十一条 认证机构对有下列情形之一的，应当暂停使用等级证书：

（一）等级证书超过有效期，未申请复审的；

（二）未按照规定使用等级证书的；

（三）有违反中国登山协会要求的；

（四）监督审查结果证明获得认证的服务项目提供的服务不符合认证要求的，但不需要立即撤销认证证书的。

第二十二条 任何单位和个人不得转让、买卖、伪造、冒用等级证书。

第七章　权利与义务

第二十三条 俱乐部的权利。

（一）A级俱乐部的权利：

(1)可宣传、悬挂中国登山协会颁发证书；

(2)可参加中国登山协会举办的有关活动和比赛，并享有参加培训、服务的优先权；

(3)可得到中国登山协会技术信息资料、技术咨询、有关法令条例、活动信息等；

(4)可参加中国登山协会组织的出国考察、对外交流活动。

（二）AA级俱乐部的权利。

(1)可宣传、悬挂中国登山协会颁发证书；

(2)可参加中国登山协会举办的有关活动和比赛，并享有参加培训、服务的优先权；

(3)可得到中国登山协会技术信息资料、技术咨询、有关法令条例、活动信息等；

(4)可参加中国登山协会组织的出国考察、对外交流活动；

(5)有申请承办中国登山协会组织的各类全国性活动的权利；

(6)有申请承办中国登山协会主办的C级全国性比赛的权利。

(三)AAA级俱乐部的权利:
(1)可宣传、悬挂中国登山协会颁发证书;
(2)可参加中国登山协会举办的有关活动和比赛,并享有参加培训、服务的优先权;
(3)可得到中国登山协会技术信息资料、技术咨询、有关法令条例、活动信息等;
(4)可参加中国登山协会组织的出国考察、对外交流活动;
(5)有申请承办中国登山协会组织的各类全国性活动的权利;
(6)有申请承办中国登山协会主办的B级、C级全国性比赛的权利。

第二十四条 俱乐部的义务。

(一)A级俱乐部的义务:
(1)遵守中国登山协会章程,执行中国登山协会相关规定;
(2)协助中国登山协会进行推动当地登山户外运动的有关工作;
(3)须每年向中国登山协会书面报告年度工作情况,包括组织变更情况、活动概况、经费基本情况、重大事故报告、环保工作情况等;
(4)按有关规定进行年审。

(二)AA级俱乐部的义务:
(1)遵守中国登山协会章程,执行中国登山协会相关规定;
(2)协助中国登山协会进行推动当地登山户外运动的有关工作;
(3)须每年向中国登山协会书面报告年度工作情况,包括组织变更情况、活动概况、经费基本情况、重大事故报告、环保工作情况等;
(4)积极宣传和开展登山户外活动,积极支持和参加中国登山协会组织的各类比赛和活动;
(5)积极培养高水平运动员,提高登山户外运动竞技水平;
(6)向中国登山协会提交承办的比赛或活动的计划及完成情况、费用使用情况,接受中国登山协会的指导和检查;
(7)承担中国登山协会委托的工作;
(8)按有关规定进行年审。

(三)AAA级俱乐部的义务:
(1)遵守中国登山协会章程,执行中国登山协会相关规定;
(2)协助中国登山协会进行推动当地登山户外运动的有关工作;
(3)须每年向中国登山协会书面报告年度工作情况,包括组织变更情况、活动概况、经费基本情况、重大事故报告、环保工作情况等;
(4)积极宣传和开展登山户外活动,积极支持和参加中国登山协会组织的各类比赛和活动；

（5）积极培养高水平运动员，提高登山户外运动竞技水平；

（6）向中国登山协会提交承办的比赛或活动的计划及完成情况、费用使用情况，接受中国登山协会的指导和检查；

（7）承担中国登山协会委托的工作；

（8）按有关规定进行年审。

第八章　奖励与处罚

第二十五条　对为登山户外运动发展做出突出贡献的俱乐部，中国登山协会将给予奖励和表彰。

第二十六条　对违反中国登山协会章程和有关管理规定，对登山户外运动的发展造成不良影响或给中国登山协会造成名誉或经济损失的俱乐部，中国登山协会将按规定予以处罚直至终止其注册资格。

第二十七条　因违法乱纪被依法追究刑事责任的俱乐部将自动丧失全部资格，不再享有任何权利义务。

第九章　附则

第二十八条　本办法的解释权和修改权属中国登山协会。

第二十九条　各级地方登山协会、行业体协登山协会可参照本《管理办法》，制订各级地方俱乐部管理办法。

第三十条　本办法自颁布之日（2011年5月30日）起试行。

主要参考文献

陈兴兰.农村幼儿园开展户外活动的途径与原则[J].学前教育研究,2008(7):55-56.

陈志坚,董范.户外运动教学体系的研究[J].武汉体育学院学报,2006,40(6):106-108.

范旭东,于潇,张高华.美国户外运动的成长机制及其启示[J].体育文化导刊,2016(12):74-79.

方海明.我国高校户外运动课程与教学的理论研究[D].北京:北京体育大学,2015.

傅钢强,周红伟.我国青少年户外教育发展路径研究[J].四川体育科学,2016,35(4):8-11.

龚志恺,陈婷.国内青少年户外营地领域研究的现状及发展——基于2006—2015年中国知网刊登文献的文献计量分析[J].青少年体育,2015(12):43-45.

郭浩.体育管理要素分析[J].体育世界(学术版),2012(11):16-17.

国家体育总局登山运动管理中心.2019年中国登山协会培训工作交流活动顺利召开[EB/OL].[2020-05-15].http://www.sport.gov.cn/dszx/n5416/c939317/content.html.

国家体育总局职业技能鉴定指导中心.户外运动[M].北京:高等教育出版社,2012.

国家统计局.2018年全国体育产业总规模和增加值数据公告[EB/OL].[2020-06-01].http://www.stats.gov.cn/tjsj/zxfb/202001/t20200120_1724122.html.

蒋国权,张宗程,孙韧.我国户外体育俱乐部发展调查[J].体育文化导刊,2014(4):40-43.

李洪波,姜山,高立慧.中国户外运动发展现状与展望[EB/OL].[2018-08-02].https://www.sohu.com/a/244773990_126204.

李久全,高捷.我国户外运动产业发展现状与对策研究[J].北京体育大学学报,2008,31(12):1625-1627,1676.

李凌.青少年户外体验活动的理论与实践研究[D].成都:西南大学,2006.

李凌.试论教育理念指导下的高校户外运动——中日高校课程比较研究[J].首都体育学院学报,2006,18(4):36-38.

梁强,李伟.我国户外休闲产业发展环境与成长路径的分析研究[J].南京体育学院学报(社会科学版),2015,29(5):1-10,128.

刘昌亚.美国户外体育教育特征及启示[J].体育文化导刊,2018(7):117-121.

刘华荣,刘良辉.全民健身时代户外运动俱乐部的发展思考[J].体育与科学,2013,34(1):99-103.

刘华荣.我国高校户外运动风险管理研究[D].北京:北京体育大学,2017.

刘继才.贵阳市青少年户外营地教育发展策略研究[D].贵阳:贵州师范大学,2019.

刘娟.武汉市中小学生参与户外体育营地教育的现状调查[D].武汉:中南民族大学,2018.

潘俊杰.武汉市户外运动发展现状与对策研究[D].武汉:武汉体育学院,2017.

亓冉冉.我国户外运动发展现状与对策研究[D].北京:中国地质大学(北京),2013.

史悦红.我国大型体育赛事风险管理的研究[J].广州体育学院学报,2016,36(1):30-33.

宋瑞.2017—2018年中国休闲发展报告[M].北京:社会科学文献出版社,2018.

宋学岷,司虎克.中国户外运动研究的发展特征及趋势分析[J].广州体育学院学报,2018,38(2):48-56.

宋学燕.课程游戏化视域下幼儿户外活动的组织策略[J].课程教育研究,2019(45):7-8.

宋越,国伟.青少年户外营地的教育理念与课程设置[J].当代体育科技,2017,7(24):216-217.

童建红.我国青少年户外运动服务供给现状、问题和对策研究[J].广州体育学院学报,2017,37(1):23-27.

王健波.湖北省户外运动赛事分析与研究[D].武汉:武汉体育学院,2014.

王庆伟,骆秉全,苏如峰,等.体育赛事管理模式的变革:以上海市为例[J].首都体育学院学报,2014,26(6):543-546,567.

吴波.我国青少年营地培训师风险管理能力指标构建研究[D].沈阳:沈阳体育学院,2018.

吴军生.户外教育教程[M].北京:高等教育出版社,2015.

吴晔,秦尉富.消费促进背景下我国户外运动产业SCP范式分析及其发展路向[J].广州体育学院学报,2019,39(1):49-52.

夏欢.重庆武隆国际山地户外运动公开赛运营研究[D].北京:首都体育学院,2012.

熊建设.法律视阈下我国户外运动健康发展的政策控制[J].武汉体育学院学报,2016,50(10):37-41.

徐承玉,徐茂卫.基于WRS方法论的我国山地户外运动赛事可持续发展研究[J].中国学校体育(高等教育),2016,3(11):10-14,20.

徐文静.华夏烽火俱乐部户外运动参与人群现状研究[D].北京:首都体育学院,2017.

严奕峰.国外户外教育的发展及启示[J].外国中小学教育,2008(1):43-46.

杨汉,蔡楚元,刘华荣,等.构建户外运动专业人才培养体系的研究——中国地质大学(武汉)为例[J].北京体育大学学报,2010,33(4):76-80.

杨汉,董范,郑超,等.高校体育课程——户外运动教学体系的研究[J].北京体育大学学报,2005,28(6):789-791.

姚蕾,闻勇.对我国体育教学评价的理论思考[J].北京体育大学学报,2002,25(1):92-94.

余昭炜,兰自力,孙辉.国外学校户外教育研究[J].广州体育学院学报,2015,35(3):121-124.

张督成.我国攀冰运动的发展路径及对策研究[D].西安:陕西师范大学,2019.

张勇,王钰,胡好,等.中国户外运动发展的历史及趋势[J].商丘师范学院学报,2017,33(3):88-90.

张雨.我国山地户外运动赛事组织理论与实践研究[D].北京:北京体育大学,2011.

赵承磊.户外运动发展的国际经验探索及启示[J].体育文化导刊,2017(2):135-140.

赵鹏.美国户外运动的发展经验及启示[D].成都:成都体育学院,2015.

知识库.凯度消费者指数:2018全球户外消费市场报告[EB/OL].[2020-05-30].https://www.useit.com.cn/thread-18818-1-1.html.

中国登山协会官方网站.中国登山协会培训及背景简介[EB/OL].[2020-06-02].http://cmasports.sport.org.cn/px/2013/0502/239091.html.

中国登山协会培训信息网[EB/OL].[2020-06-02].http://www.cmatraining.net/about_us.html.

中国新闻网.中国户外市场规模超500亿元"老少"户外力量崛起[EB/OL].[2020-05-30].https://baijiahao.baidu.com/s?id=1604502148265777946&wfr=spider&for=pc.

周红伟,傅钢强.我国青少年户外教育开展现状调查及分析[J].青少年体育,2013(4):24-26.

朱洪军.我国大型体育赛事竞赛组织管理技术规范框架体系研究[J].体育科学,2013,33(6):45-51.

朱江华.长三角地区户外运动产业发展机遇与对策研究[J].山东体育学院学报,2012,28(3):34-37.

朱伟强.户外教育课程研究[J].当代教育科学,2010(12):16-18,42.

ISPO.2018年中国户外用品市场调研报告[EB/OL].[2020-06-01].https://max.book118.com/html/2019/0625/6242225000002042.shtm.

UIAA.2019 UIAA ANNUAL REPORT NOW AVAILABLE[EB/OL].[2020-06-02].https://www.theuiaa.org/uiaa/2019-uiaa-annual-report/.

百度百科.中国登山协会[EB/OL].[2020-06-02].https://baike.baidu.com/item/%E4%B8%AD%E5%9B%BD%E7%99%BB%E5%B1%B1%E5%8D%8F%E4%BC%9A/4413614?fr=aladdin.